AF125518

Schriften zur Popkultur
Hrsg. v. Thomas Hecken
Band 9

Martin Seeliger

Deutscher Gangstarap

Zwischen Affirmation und Empowerment

POSTH VERLAG

Bibliografische Information der Deutschen Bibliothek

Die Deutsche Bibliothek verzeichnet diese Publikation in der Deutschen Nationalbibliografie; detaillierte bibliografische Daten sind im Internet über http://dnb.ddb.de abrufbar.

http://www.posth-verlag.de
Satz: Margarethe Giesler – www.typearea.de
ISBN-13   978-3-944298-01-6

Inhalt

Vorbemerkung

Das vorliegende Buch setzt einen ersten Schlusspunkt unter die Auseinandersetzung mit Phänomenen aus dem Feld der Popkultur, die mich in den letzten Jahren beschäftigt hat. Dass diese Auseinandersetzung vor allem mit dem Genre des Gangstarap mir eine Menge Freude gemacht hat, liegt vor allem am anhaltenden Austausch mit Frank Borchers, mit dem ich wesentliche Teile des nun vorliegenden Buches, vermutlich meist ohne es wirklich zu merken, im unverbindlichen Gespräch ›vorgedacht‹ habe. Ähnliches gilt für Katharina Knüttel und Marc Dietrich, die als Diskussionspartnerin und -partner ebenfalls zur Entwicklung vieler Gedanken und Ideen beigetragen haben. Anerkennung gebührt darüber hinaus auch Stephan Szillus, dessen bereits an anderer Stelle (Szillus 2012) veröffentlichte Darstellung der Entwicklung von Gangstarap in Deutschland den im Rahmen des vorliegenden Textes getroffenen Ausführungen als wesentliche Grundlage dient (vgl. Kapitel 4.2.). Ermöglicht wurde diese Aufnahme durch die großzügige und unkomplizierte Zusammenarbeit mit dem Transcript-Verlag. Weiteren wesentlichen Anteil an der Umsetzung dieses Projektes können außerdem Barbara Laubenthal, Ilse Lenz und Katja Sabisch verzeichnen, die meine Arbeiten zum Thema vor allem zu Anfang äußerst wohlwollend und hilfreich unterstützt und angeleitet haben. Für wichtige Kommentare zum Text danke ich schließlich Jos Schäfer-Rolffs und Andreas Seeliger sowie Matthias Schmitt und Lea Eisele für die finale Gestaltung des Manuskripts. Dass es überhaupt zur Veröffentlichung des vorliegenden Textes gekommen ist, kann schließlich auf die bemerkenswert unkomplizierte und kollegiale Unterstützung von Thomas Hecken zurückgeführt werden. Ihnen allen und besonders letzterem sei hiermit herzlich gedankt!

Einleitung

*»Die soziale Welt ist ein Ort ständiger Kämpfe um den Sinn dieser Welt«
(Bourdieu/Wacquant 2006: 101).*

Glaubt man den Popularitätsumfragen der Meinungsforschungsinstitute, galt Karl Theodor [...] Freiherr von und zu Guttenberg dem Großteil der Bundesbürger für einige Zeit als das, was man gemeinhin einen ›patenten Kerl‹ nennt. So fuhr er in seiner Berliner Zeit nicht nur mit dem Fahrrad ins Ministerium, sondern gilt auch sonst als äußerst sportbegeistert (auf seiner Facebookseite gibt er eine Reihe von Sportarten als Interessen an, unter anderem Fußball, Tennis und Tourenski). Lieblingsbücher hat der ehemalige Minister sogar so viele, dass er sie dort nach eigener Aussage »gar nicht aufzählen« kann. Wie vor allem durch seinen umjubelten Auftritt als Diskjockey bekannt wurde, ist KT aber auch ein ausgesprochener Musikliebhaber (Lieblingsmusik bei Facebook: »Von Hard Rock über Rock bis hin zu House und Soul. Das AC/DC Konzert in München war klasse!«). Wenn der Bayrische Adelige hinter den Plattentellern stand (z.B. bei einer Tanzveranstaltung der Jungen Union), erwartete den Partybesucher oder die Partybesucherin ein bunter Mix unterschiedlicher Stilrichtungen.[1] Dass die Musik eine der ganz großen Passionen zu Guttenbergs darstellt, merkt man aber auch daran, dass er sich nicht auf die Rollen des Hörers und Diskjockeys beschränkt. So weist KT auch als Klavierspieler ein Liederrepertoire beeindruckender Breite auf. Von Bach über 12-Ton-Musik und Boogie reicht dieses bis hin zu einem »queren Jazz« (Parzer 2010), den der Ex-Minister ab und zu klimpert, wenn ihm der Schönberg zu komplex oder der Boogie zu fad wird. Für die Kultursoziologie ist das alles natürlich keine große Überraschung, denn wie bereits Peterson und Kern (1996) herausarbeiten konnten, machen sogenannte ›Cultural Omnivores‹ wie Karl Theodor einen immer weiter wachsenden Anteil von Kulturrezipienten aus. Dieses Trends zu kul-

---

1 http://www.technobase.fm/news/11205-karl-theodor-zu-guttenberg-als-dj

turellem Mischkonsum jenseits milieugebundener Zugehörigkeiten und Prä-
ferenzmuster eingedenk, könnte man sich nun die Tonträgersammlung zu
Guttenbergs vorstellen, die sich neben Plattenschränken und CD-Regalen
vermutlich zu einem nicht unwesentlichen Teil auf einem seiner Compu-
ter und dem I-Pod befindet. Von Classic Rock über Blues, R'n'B, Chanson
und Elektro bis hin zu deutschem Gangstarap ist hier mit Sicherheit alles
dabei. Halt, deutscher Gangstarap? »Sowas hören doch keine Politiker! Und
Adelige erst recht nicht.« Wenn Sie als Leser oder Leserin nun so oder auf
eine ähnliche Weise reagiert haben, besteht eine realistische Chance, dass sie
mit dem Autor des vorliegenden Buches im Bezug auf die eben dargelegte
These von Peterson und Kern (1996) ein gewisses Unbehagen teilen. Zwar
hat sich die subkulturelle Landschaft des deutschen Gangstarap besonders
im Jahr 2010 in einer Weise ausdifferenziert, dass dort so verschiedene Charaktere wie der Hamburger Nate57, die Frankfurter Rapperin Schwesta Ewa
oder die Berliner Rapper der Gruppe KIZ, die sich ohne weiteres auch dem
Feld des Avantgarde-Pop zurechnen ließen (vgl. Hecken 2012; Schönebäumer 2007), nebeneinander in Erscheinung treten können. Was diese innere
Ausdifferenzierung allerdings nicht mit sich gebracht hat, ist ein Maß an
gesellschaftlicher Akzeptanz, dass es auch Wirtschafts- oder Verteidigungs-
ministern erlauben würde, sich offen zu ihrer Genrepräferenz zu bekennen.
Tatsächlich erscheint ja bereits die Vorstellung, Karl Theodor zu Guttenberg
würde eine solche Vorliebe im Geheimen pflegen absurd. Aber woran liegt
das eigentlich?

    These des vorliegenden Buches ist es, dass die Bildwelten des Gangstarap
als gesellschaftlich höchst voraussetzungsreich anzusehen sind. So beziehen
sich die Vertreter des Genres in ihren Äußerungen in Liedern und Interviews
fast immer auf ihre spezifische soziale Situation, die sich durch Randständigkeit und Benachteiligung auszeichnet. Wie weiter unten zu zeigen sein
wird, findet die Thematisierung dieser Lebenssituation in einem breiteren
medialen Rahmen häufig in enger Verbindung mit einer Diskussion statt,
die die soziale Bedeutung entsprechender Lebenssituationen im gesellschaftlichen Zusammenhang zum Gegenstand hat. Der kultursoziologische Beitrag des vorliegenden Buches liegt nun in erster Linie darin, diese Formen
der Thematisierung auf zwei unterschiedliche Interpretationsmöglichkeiten
hin zuzuspitzen. Zum einen kommt Gangstarapimages hier eine wichtige Bedeutung in der Konstitution eines Krisendiskurses um migrantische
Männlichkeiten zu. Der Gangstarapper als »Sozialfigur (Moebius/Schroer
2010) erscheint hier als adoleszenter Gewaltkrimineller mit Migrations- und

ohne Bildungshintergrund, der die (vermeintlichen) Probleme ethnisch seg-
mentierter Bevölkerungsteile (mit ›der Gesellschaft‹ und sich selbst) zum
Thema hat. Indem die Figur des Gangstarappers hier zur Projektionsfläche
spezifischer Eigenschaften gemacht wird, versinnbildlicht sie ein Bündel
hegemonialer Vorstellungen, die Vertretern dieser Bevölkerungsteile die Verantwortung für ihre eigene Problemsituation zuschreibt. Gleichzeitig lässt
sich für die kulturellen Repräsentationen des Genres – so die hier vertretene Argumentation – aber auch eine andere mögliche Bedeutung erkennen:
Indem Gangstarapper die eigene Karriere zum erwerbsbiografischen Projekt
stilisieren, welches sie gegen die Widerstände sozialer Stigmatisierung erfolgreich verwirklichen, machen sie einen Anspruch auf legitime Vertreterschaft
eines kulturellen Ideals geltend, das von Connell (2006) als hegemoniale
Männlichkeit gefasst wird. Kernanliegen des vorliegenden Textes ist es nun,
diese beiden Interpretationsmöglichkeiten in Auseinandersetzung mit den
kulturellen Formen des Genres nachzuzeichnen.

Zu diesem Zweck widmen sich die ersten beiden Abschnitte des Buches
einer konzeptionellen Darstellung von HipHop als Bestandteil der Popkultur. Im Anschluss an einige generelle Ausführungen zu HipHop-Kultur und
Gangstarap soll zum grundlegenden Verständnis der genreimmanenten Dynamiken ein Modell HipHop-kultureller Bezugsmuster im Zusammenhang
der Wechselwirkung von Populärkultur und Gesellschaft erarbeitet werden.
Indem HipHop-Kultur ausgehend von ihrer Entstehung in den USA der
1970er Jahre beschrieben und in den Kontext breiterer gesellschaftlicher
Bezugsmuster von Populärkultur eingeordnet wird, dient das so erarbeitete
Begriffsverständnis als Grundlage für die Auseinandersetzung der Adaption HipHop-kultureller Formen im Kontext der Bundesrepublik. Wie im
folgenden Kapitel im Hinblick auf die der deutsche Migrationsgeschichte gezeigt werden kann, stand HipHop-Kultur hier schon immer in enger
Verbindung mit den kulturellen Äußerungen und Beiträgen der Bevölkerungsteile eines Milieus, welches innerhalb des breiteren gesellschaftlichen
Zusammenhangs entlang ethnischer Linien nicht nur klar abgegrenzt, sondern auch anhaltend diskriminiert und so von sozialen Teilhabechancen
ausgeschlossen wurde. Aufbauend auf diesen deskriptiven Elementen widmet sich das fünfte Kapitel der Darstellung des bereits angeführten Krisendiskurses um migrantische Männlichkeiten. Dass dieser seinen konkreten
Bestand im Rahmen breiterer gesellschaftlicher Auseinandersetzungen im
Übergang vom Fordismus zum Postfordismus gewinnt, kann anschließend
in Bezug auf aktuelle Diskussionen zum Zusammenhang von Wirtschaft,

Kultur und (Sozial-)Politik gezeigt werden (vgl. Dörre et al. 2009). Die Vorstellung der zweiten Interpretationsweise erfolgt dann unter Bezug auf eine intersektionale Sicht auf die kulturellen Repräsentationen des Gangstarap (vgl. Degele/Winker 2009). Die Analyse der Inszenierung von Genrevertretern beruht hier auf dem wesentlich von Connell (2006) und Meuser (2010) entwickelten Konzept der hegemonialen Männlichkeit. Wie abschließend gezeigt werden kann, steht die gesellschaftliche Praxis der Skandalisierung und Aneignung (im Buchtitel gefasst als Affirmation und Empowerment) gesellschaftlicher Verhältnisse, wie sie im Genre des Gangstarap vollzogen wird, in enger Wechselwirkung: Dass ein Krisendiskurs um migrantische Männlichkeiten überhaupt unter Einschluss der Sozialfigur des Gangstarappers geführt werden kann, setzt einerseits für diese spezifische (stereotype) Verhaltensweisen voraus. Auf der anderen Seite ist aber auch der Krisendiskurs als Referenzpunkt der Begründung legitimer Vertreterschaft für die Gangstarapper unverzichtbar.[2]

---

2   Leider lässt sich der Gesamtkomplex nicht in einem einzelnen Schritt erklären. In der Gliederung stellt sich daher »das für die Sozial- und Kulturwissenschaften bekannte Problem, dass zusammenhängende Sachverhalte nicht simultan dargelegt werden können, sondern nur nacheinander« (Barlösius 2004: 118). So lässt es die wechselseitige Bezogenheit der einzelnen Teile aufeinander mitunter als unumgänglich erscheinen, gewissen Punkten vorzugreifen. Um Verständlichkeit bemüht, werde ich daher versuchen, die Ergebnisse zwischendurch auf angemessene Weise zusammenzufassen.

Grundlegende Ausführungen zur HipHop-Kultur

Um zu einem angemessenen Verständnis von HipHop-Kultur als Gegenstand der folgenden Ausführungen zu gelangen, dient der folgende Abschnitt zur Darstellung der substanziellen Beschaffenheit ihrer Bildwelten, Praktiken und Geisteshaltungen. Nachdem eingangs ein kurzer Überblick zur gegenwärtigen Fachdiskussion in den Sozial- und Kulturwissenschaften gegeben wird, dient ein zweiter deskriptiver Teil der historischen Betrachtung ihrer Entwicklung und grenzüberschreitenden Verbreitung. Ihrer spezifischen Adaption im bundesrepublikanischen Zusammenhang soll dann weiter unten (Kapitel 4) nachgegangen werden.

1. Forschungsstand

Um einen Überblick über die Geschichtsschreibung von HipHop zu geben, eignet sich der Verweis auf zwei unterschiedliche Literaturstränge, von denen ein vor allem journalistisch geprägter hauptsächlich Selbstbeobachtungen von Szenegängern und/oder HipHop-affinen AutorInnen umfasst. Während Sachkenntnis und Aktualität hier in aller Regel wesentlich ausgeprägter vorzufinden sind als im zweiten Strang – der sozial- und kulturwissenschaftlichen Reflexion – finden sich meist tiefgreifendere Analysen, die die diskutierten Phänomene kontextuell und im Hinblick auf bestimmte Fragestellung betrachten.

»From the standpoint of the twenty-first century, hip hop is no stranger to academia« (Huq 2007: 78). Während diese Behauptung für die englischsprachige Forschungsgemeinde mit Fug und Recht getroffen werden kann, hat die wissenschaftliche Auseinandersetzung mit HipHop im Allgemeinen sowie mit Gangstarap im Besonderen im deutschen Sprachraum noch eine Menge ›Luft nach oben‹. Mit Blick auf die Nachzeichnung der historischen Entwicklungsdynamik und (normativ ausfallenden) Beurteilung innerhalb eines breiteren politischen Kontexts lassen sich hier zuerst die szeneaffinen Publikationen von Loh und Güngör (2002) sowie Loh und Verlan (2006) anführen. Ohne größere wissenschaftlich-methodologische Einordnung bieten die beiden Werke eine Fülle von Material, welches (mitunter stark subjektiv gefärbt) wiedergibt, wie sich die Entwicklung von HipHop in Deutschland zugetragen hat. Inwiefern diese beiden Standardwerke der deutschen HipHop-Geschichte im akademischen Lager rezipiert werden, ist unklar (zitiert oder angeführt werden sie eher selten). Wesentliche Beiträge – auch zum Thema HipHop in Deutschland – aus dem deutschsprachigen Raum versammeln die allesamt im Transcript-Verlag erschienenen Bände von Hörner und Kautny (2009), Bock et al. (2007) sowie Antroutsopulos (2003). Anhand einer Vielzahl multiperspektivischer Schlaglichter auf die Verfasstheit von HipHop-Kultur unter spezifischen lokalen Bedingungen schließt der Großteil der Beiträge aus den letzten beiden Titeln an einen Gedanken an, der von Gabriele Klein und Malte Friedrich (2003) in ihrer für den deutschen Raum wohl wichtigsten Studie ›Is this Real‹ entwickelt wurde. Während wesentliche Teile der Auseinandersetzung sich zwar auf Phänomene aus dem US-amerikanischen Raum richten, unterbreiten Klein und Friedrich mit ihrer Theorie von HipHop als »glokalem Kulturphänomen« eine plausible Interpretationsmöglichkeit der Kulturformen als lokale Adaptionen eines weltweit zirkulierenden Symbolsystems, das ihre Analyse vor dem Hintergrund kontext-spezifischer Gegebenheiten nahelegt. Verschiedene kleinere Arbeiten finden sich u.a. in den Bänden von Helms und Phleps (2007) sowie Kimminich (2003), bei Strick (2005), Weinfeld (2000) und Schröer (2009), Peters (2007), Loh (2005), Behrens (2004) sowie in Überblickswerken wie z.b. Wicke (2011), Hitzler et al. (2005) sowie Büsser (2000). Einen dezidierten Fokus auf Gangstarap richtet bis jetzt eine lediglich geringe Zahl an Aufsätzen wie Liell (2007), Kleiner/Nieland (2007), Wilke (2009), Scharenberg (2001), Lill (2011), Goßmann (2010) sowie Seeliger und Knüttel (2010) sowie Seeliger (2012). Während die vorgenannten Arbeiten zum Thema vor allem den Aspekt der kulturellen Repräsentation sozialer Ungleichheit zum Gegenstand haben, wie er auch im vorliegenden Text im Mittelpunkt steht, fokussiert der zum jetzigen Zeitpunkt wohl umfangreichste Band von Dietrich und Seeliger (2012) das Thema aus einer Reihe von Perspektiven, die außerdem auch auf ästhetische und historisch-deskriptive Aspekte abheben.

Auf Grund des relativ schlecht entwickelten Forschungsstandes zum Thema Gangstarap in Deutschland (bezogen zum einen auf den bundesrepublikanischen Diskussionshorizont und zum anderen auf das Kulturphänomen innerhalb deutscher Grenzen) lohnt es sich für eine Bestandsaufnahme zum Thema Gangstarap insgesamt, auch den Mediendiskurs in Betracht zu ziehen, der hier knapp und exemplarisch vorgestellt werden soll. Neben der subkulturellen Fachpresse, die in Deutschland von Magazinen wie Juice oder Backspin repräsentiert wird, und anderen Medienplattformen wie die Online-Portale Rap.de oder Hiphop.de[3] findet ein wesentlicher Teil der Auseinandersetzung auch innerhalb der breiteren deutschen Medienöffentlichkeit statt. Ohne Anspruch auf Vollständigkeit sollen im Folgenden unterschiedliche Formen der Berichterstattung in den deutschen Printmedien unterschieden werden: Zum einen lassen sich hier reguläre News-Meldungen und Kommentare zu aktuellen Geschehnissen anführen (1): Besonders in Verbindung mit dem Rapper Bushido, der in Deutschland von allen Gangstarappern wohl die größte Popularität genießt, lässt sich hier eine Vielzahl unterschiedlicher Artikel verzeichnen. So finden sich Berichte zu seiner Autobiografie (Müller 2008) und ihrer Verfilmung (Rabe 2010) sowie auch über die gerichtliche Verhandlung von Plagiatsvorwürfen gegen den Rapper (Gross 2010a). Reflexionen jenseits bloßer Berichterstattung findet sich etwa in Kages (2009) Text über die Auslösung von Aggro Berlin. Aus der Tatsache, dass Gangstarap zwar als etablierter Bestandteil der Mainstreampopkultur angesehen werden kann, hierbei aber gleichzeitig auch als potenziell skandalträchtig gilt, scheint sich erstens ein besonderer Konversationswert zu ergeben, der sich in Klatschmeldungen (2) niederschlägt. So erfahren wir etwa von Auer (2011) über den Sohn des bayrischen Innenministers, der als Gangstarapper in Erscheinung (und so mit dem Wertefundament der CSU in einen Disput) tritt. Auf ähnliche Weise kokettiert auch Horst Seehofer mit der mainstream-tauglichen Anrüchigkeit der Genrerepräsentanten, wenn er den Berliner Rapper Bushido (scherzhaft) um einen Wahlkampfsong bittet (Gross 2010). Dass der ebenfalls aus Berlin stammende Rapper Massiv als Kulturbotschafter des Goethe-Instituts nach Palästina reist, zieht bei Itzek (2008) aber auch weiter reichende Überlegungen über die politische Bedeutsamkeit solcher Diffusionstrips nach sich. Ein weiterer – wenn auch wesentlich weniger umfangreicher – Teil von Artikeln hebt auf die (meist biografische) Porträtierung konkreter Personen (3), wie z.B. den genannten Rapper Massiv (Oehmke 2007) oder seinen Kollegen MOK (Musik oder Knast) (Hüetlin 2010) ab. Schließlich findet sich mit sozialkritischen Kommentaren (4) eine letzte Gruppe von Artikeln, die zumeist konkrete Vorfälle – wie die homophoben Äußerungen der Rapper G-Hot und Kralle

---

3   Diese Selbstbeobachtung der HipHop-Szene weist zu großen Teilen einen hohen Grad
    an Reflexivität gegenüber dem eigenen Expertenwissen auf. So widmen sich verschiedene
    Talkrunden der führenden Repräsentanten von Leitmedien des Genres der Auseinander-
    setzung übergeordneter Diskussionsthemen, u.a. auch der Meta-Fragestellung, was denn
    HipHop-Journalismus eigentlich sei (http://blog.hiphop.de/spit-tv/94354/).

(Reichert 2007) – zum Anlass nehmen, sich auf unterschiedliche Weise mit dem Thema auseinanderzusetzen (zur vielfältigen Beurteilungsmöglichkeit populären Konsums siehe Hecken 2010).

2. US-amerikanischer Entstehungskontext

Zum Zeitpunkt ihrer Entstehung setzte sich HipHop-Kultur *unter anderem* aus den vier integralen Bestandteilen Rap, DJing (also dem Auflegen von Langspielplatten), Breakdance und Graffiti zusammen. Während die Kombination der vier genannten Elemente der heute in Deutschland vorherrschenden Verfasstheit von HipHop-Kultur nicht unbedingt entspricht,[4] spiegelt sie allerdings eine spezifische soziale Konstellation an ihrem Entstehungsort in den 1970er Jahren wider. Um ein umfassendes Verständnis der für die beteiligten Akteure handlungsleitenden Dynamik von HipHop-Kultur zu gewährleisten, erscheint es notwendig, den historisch-gesellschaftlichen Zusammenhang seiner Entstehung näher zu beleuchten. Trotz der zeitlich bedingten Weiterentwicklungen und den kontextspezifischen Veränderungen auf seiner transatlantischen Reise sind zentrale Bestandteile gegenwärtiger deutscher HipHop-Kultur – etwa die Bedeutung von Partizipation der Szeneangehörigen sowie die Formen der Inszenierung beteiligter KünstlerInnen und KonsumentInnen – ohne den geschichtlichen Bezug nicht vollkommen zu verstehen. Die folgende Skizze der Entstehungsbedingungen von HipHop-Kultur und ihrer Implikationen für die

---

4   So wären neben den genannten Bereichen diesem Verständnis entsprechend weiterhin Beatboxing und Producing (die Herstellung von ›Beats‹, also Instrumentalstücken, die i.d.R. als musikalische Grundlage für den Sprechgesang dienen) hinzuzurechnen (vgl. Loh/Verlan 2006). Andere Autoren schlagen eine Erweiterung um den Begriff des ›Knowledge‹ vor (vgl. Forman 2007). Hiermit ist die Anhäufung von Wissen über die emische Geschichte von HipHop-Kultur gemeint. Vor dem Hintergrund der kultursoziologischen Konzeptionalisierung erscheint interessant, dass die Zusammensetzung aus den vier (oder auch fünf, sechs, etc.) Elementen hier in der Regel recht unkritisch übernommen wird. Neben zahlreichen anderen VertreterInnen konstatiert auch Wilke (2009: 167), dass HipHop aus diesen »vier gleichwertigen Grundelementen« besteht. Tatsächlich ist mit einer Beschreibung der Konstitution von HipHop-Kultur mit dem Verweis auf die vier (oder mehr) Elemente keineswegs Genüge getan. Vielmehr spiegelt die unkritische Übernahme der genannten Elemente eine substanzialistische Perspektive auf Kultur, der es nicht gelingt, die Dynamiken der machtgebundenen Herstellung kultureller Formen in ihrer komplexen Zusammensetzung zu erfassen. Richtigerweise müsste Willke also nicht die vier vermeintlichen Grundelemente selbst, sondern vielmehr den ständigen Bezug auf sie als eines der Grundelemente von HipHop-Kultur erfassen.

Entwicklung in Deutschland soll als Grundlage für die weiteren Ausführungen dienen, indem sie Aufschluss über den HipHop-kulturellen Ursprungsmythos gibt, der bei der Konstitution und Interpretation derartiger Kulturphänomene weiterhin eine zentrale Rolle spielt.

Der am weitesten verbreiteten Auffassung zu Folge trat Hiphop zum ersten Mal Ende der 1970er Jahre in der New Yorker Bronx in Erscheinung. Im Rahmen von »*urban dance parties*«[5] (Friedrichs/Klein 2003: 15; Herv. im Original M.S.) kam es neben einer Weiterentwicklung der Rolle des Diskjockeys, der statt Platten einfach abzuspielen, begann, diese manuell zu bewegen und unterschiedliche Sounds miteinander zu mischen, außerdem zum vermehrten Auftreten sogenannter MC's (Masters of Ceremony), die die TeilnehmerInnen – etwa durch Ausrufe der Anfeuerung – zum Tanzen animieren sollten. Aus solchen aufmunternden Einlagen entwickelte sich nun innerhalb kurzer Zeit das Vortragen längerer Passagen in Form von Sprechgesang, welches bald als regulärer Bestandteil derartiger Musikevents institutionalisiert sein sollte. Ein charakteristischer Bestandteil dieser Veranstaltungen lag in ihrem Call-and-Response-Prinzip. So zeichneten sie sich durch eine rege Interaktion zwischen DJ('s), MC('s) und dem Publikum aus.[6] Die sich bereits hierin abzeichnende Bedeutung partizipativer Elemente steht beispielhaft für einen zentralen Bestandteil von HipHop-Kultur.

Neben der frühen Institutionalisierung spezifischer sozialer Praktiken, die für die weitere Entwicklung von HipHop-Kultur auch heute noch eine wichtige Rolle spielen, dient die raumzeitliche Konstellation ihrer Anfänge außerdem als Pool zahlreicher symbolischer Ressourcen, die in späteren Ausprägungen immer wieder auftreten sollen. Hierzu zählt etwa der urbane Kontext als zentrale Bildfigur textlicher wie auch visueller Motive. So beschreiben Klein und Friedrich den Rapper als »Kämpfer im feindlichen Dschungel der nachindustriellen Megastadt« (ebd.: 23). Während die

---

5   Hiermit sind oftmals spontan stattfindende Feste gemeint, die die zumeist schwarzen BewohnerInnen bestimmter Stadtteile auf der Straße feierten. Neben dem Mangel an öffentlichen Freizeitangeboten und finanziellen Ressourcen, die den Zugang zu privaten Bars oder Tanzclubs ermöglicht hätten, lag ein weiterer Grund in der restriktiven Einlasspolitik solcher Einrichtungen, die erst ab einem Alter von 21 Jahren betreten werden durften (vgl. Schröer 2009: 63).

6   Hierin sehen Friedrichs und Klein (ebd. 16) eine ethnisch-kulturelle Verwurzelung in der afroamerikanischen Erzähltradition, in der eine strikte Rollenverteilung zwischen Erzählenden und Zuhörenden immer wieder durch Rückfragen, Kommentare oder Einwände ergänzt und/oder angefochten wird.

Umgebung des urbanen ›Ghettos‹[7] einerseits die sozialen Ungleichheiten versinnbildlicht, die sich in städtischen Segregationsverhältnissen manifestieren, stilisiert der Kontrast des erfolgreichen Rappers, der sich bei Verfügbarkeit materialistischer Statussymbole weiterhin in seiner angestammten Umgebung aufhält, außerdem die Utopie sozialer Aufstiegschancen im Falle erfolgreich vermarkteter Kulturproduktion.[8]

Im Anschluss an ihre hier nur in Ansätzen skizzierte Entstehung folgte eine Phase der räumlichen Verbreitung von HipHop-Kultur mit ihrem Schwerpunkt in den Metropolen Nordamerikas. Dass diese auch mit einer inhaltlichen Diversifizierung unterschiedlicher Formen einherging, dient als erstes Indiz für die kontextspezifische Aushandlung von HipHop-Kultur. Diese beschreiben auch Klein und Friedrich (ebd.: 25ff.) in ihrer Unterscheidung von Party-, Pimp-, Polit- und Gangstarap als unterschiedliche Ausprägungen, die HipHop-Kultur ihnen zu Folge in ihrer frühen Phase annahm. Während im Partyrap vor allem Wert auf die Verbreitung einer positiven Atmosphäre durch die Schaffung humoristischer Entertainmentangebote gelegt wird, liegt dem Subgenre des Pimprap die selbstdarstellerische Stilisierung des Sprechers[9] als vor allem sexuell potent zu Grunde. Eine andere inhaltliche Ausrichtung findet sich im Politrap. Hier widmen sich die SprecherInnen der Auseinandersetzung mit soziopolitischen Fragen. In seinen Anfängen spielte daher vor allem die Thematisierung der sozialen Situation der prekären Realität des ›Ghetto‹-Lebens eine Rolle. Dass

7   Der Begriff des ›Ghettos‹ wurde ursprünglich eingeführt, um jüdische Stadtbezirke im Italien des 16. Jahrhunderts zu bezeichnen. Es erscheint zwar wichtig zu fragen, inwiefern die Mechanismen, die bei der Konstitution eben dieser Stadtteile wirksam waren, tatsächlich dieselben waren, die zur Entstehung derjenigen urbanen Räume führten, in denen sich HipHop Kultur in ihren Anfängen entwickelte. Die Tatsache, dass er im heutigen Sprachgebrauch sowohl in einem Meta-Diskurs (vgl. Kronauer 2007: 599) als auch in den Selbstreferenzen Betroffener gebraucht wird, lässt seine Verwendung genauso angemessen erscheinen, wie der Umstand, dass auch hinsichtlich der Prozesse xenophober Ausgrenzung und sozialer Benachteiligung starke Parallelen festzustellen sind. Um der Divergenz der unterschiedlichen historisch-politischen Konstellationen Rechnung zu tragen, soll der Begriff im Folgenden in Anführungszeichen gesetzt werden. Zur eingehenden Beschreibung der Lebensumstände in solchen Stadtvierteln siehe die umfassenden Sozialreportagen am Beispiel des US-amerikanischen Raums von Leblanc (2003) und Venkatesh (2008).

8   Zu einem ähnlichen Eindruck gelangt Menden (2008): »Der Reiz von Gangstarap liegt dabei darin, dass das Genre die Ghettoexistenz zu spiegeln scheint, zugleich aber auch das Gefühl vermittelt, Musik sei ein möglicher Ausweg aus diesem Leben«.

9   Tatsächlich handelt es sich hierbei bis auf wenige Ausnahmen hauptsächlich um Akteure männlichen Geschlechts, weswegen mir die exklusive Verwendung des Maskulinums an dieser Stelle angemessen erscheint.

es sich bei der von Klein und Friedrich vorgeschlagenen Typologie um eine idealtypische Unterteilung[10] handelt, die sicherlich keine klare Einordnung der unterschiedlichen Ausprägungen verschiedener Formen des Rap zulässt, wird auch an der im Unterschied zu den ersten drei Typen eher hybrid erscheinenden Kategorie des Gangstarap deutlich. Während hier die humoristisch-verherrlichenden bis hin zu fatalistisch anmutenden Beschreibungen des Konsums von Rauschmitteln Gang und Gebe sind, spielt neben der patriarchalischen Überhöhung dominanter Erscheinungsformen von Männlichkeit vor allem der Rekurs auf die sozialdarwinistisch geprägte Lebensweise im urbanen ›Ghetto‹ eine Rolle. Während hierbei die kritischen Topoi des Politrap zwar bisweilen, wenn, dann aber meist nur marginal Erscheinung finden, bestehen die vermittelten Inhalte zum Großteil aus einer eher distanzlos anmutenden Beschreibung der alltäglichen Lebenswelten der SprecherInnen, die von einer bedauernden Erzählweise über die Kritik an eben diesen Verhältnissen bis hin zu ihrer Glorifizierung reichen kann. Zentrales Element ist hier der »radikale Tabubruch mit der weißen Kultur Amerikas, mit bürgerlichen Konventionen und gesellschaftlichen Grundregeln« (Friedrich/Klein 2003: 28).

Das Subgenre des Gangstarap entwickelte sich ab Ende der 1980er Jahre zuerst in den Metropolen der US-amerikanischen Westküste, allen voran Los Angeles. Als besonders einflussreich erweisen sich hier einerseits der Rapper Ice-T sowie die Rap-Gruppe ›N.W.A.‹ (›Niggaz with Attitude‹) aus Los Angeles, die die oben genannten Stilelemente als Erste mit größerem Erfolg verbindet (vgl.ebd.). Im Anschluss hieran verbreitet sich der neu geprägte Stil relativ rasch auch in anderen Teilen der USA.[11] Den Höchststand seiner Popularität erreicht das Genre des US-amerikanischen Gangstarap zwischen

---

10 Diesen idealtypischen Charakter betont auch Weinfeld (2000: 257) indem er HipHop-kulturelle Symbolik und ihr immanente Mischformen beschreibt: »In der Praxis verschwimmen die Grenzen zwischen den sich eigentlich ausschließenden Elementen »trotz ihrer theoretischen Gegensätzlichkeit«.

11 Hierbei ist allerdings anzumerken, dass an der Ostküste produzierter Gangstarap oftmals als Hardcorerap bezeichnet wird, während der Begriff des Gangstarap häufig dem Rap aus dem Westen und den Südstaaten vorbehalten bleibt. Hierin spiegelt sich ein häufig im Rahmen HipHop-kultureller Zusammenhänge auftretendes Distinktionsbewusstsein, das Mitte der 1990er Jahre auf dem Gipfel seiner konfliktiven Ausprägung sogar zur Ermordung zweier berühmter Rapper führte (vgl. ebd.). Inwiefern die gekonnte Inszenierung derartiger Tabubrüche als Stück authentischer HipHop-Kultur eine fundamentale Funktion für den Fortbestand eben dieser Kultur erfüllt, soll weiter unten noch genauer ausgeführt werden.

Mitte und Ende der 1990er Jahre.[12] Seitdem sind zwar immer noch Erfolge
von Ganstarap-KünstlerInnen am Markt zu verzeichnen, für einen Großteil
der kommerziell erfolgreichen Rapper ist allerdings eher eine relative Ab-
kehr des Publikums zu konstatieren. Hierbei ist anzumerken, dass typische
Stilelemente des Gangstarap auch in vielen Mainstream-Produktionen des
US-Rap fortwirken.[13]

Insgesamt wird der HipHop-Kultur – und das erscheint aus kultursoziologischer Sicht auch durchaus plausibel – im Rahmen ihrer wissenschaftlichen Reflexion ein großer sozialer Voraussetzungsreichtum eingeräumt, welcher hauptsächlich auf der randständigen gesellschaftlichen Position schwarzer Bevölkerungsteile in den USA der 1970er Jahre beruht.
Rap »draws on many sources, experiences and mediations besides that of
African-American communal life, but nearly always with implicit reference
back to the homological relation between music and social group that is
central to its meaning« (Hesmondhalgh 2009: 47). Befragt man die vorliegende Literatur zum Thema weiter in Bezug auf eine Einordnung und
Interpretation des Phänomens HipHop, findet sich in den meisten Veröffentlichungen – wie auch bei Wicke (2011: 59) – eine Betonung des Bezugs
zu einem Marginalisierten-Status der Szenegänger und Kulturträger als Motor der frühen Entwicklungsdynamik: »Was einmal hauptsächlich als Party-
Untermalung begonnen hatte, verwandelte sich vor diesem Hintergrund in
den 1970er Jahren in eine kreative Ausdrucksform ethnischer Minderheiten« (ebd.). Interessanterweise bleiben wissenschaftliche Beschreibungsver-
suche hierbei oftmals nicht um einen (romantischen?) Unterton verlegen,
der die Frühphase der HipHop-Kultur als eine Art vor-kommerzielle (und
irgendwie auch authentischere?) Epoche umschreibt: »HipHop hat sich seit
seiner Entstehung in den frühen 1970er Jahren von einer Straßenkultur in
den amerikanischen Armenvierteln zu einer globalen Kultur entwickelt, die

---

12 Die besondere Bedeutung von Gangstarap für die kommerzielle Entwicklung von HipHop
    in den USA betont auch Cohn (2008: 102): Wäre Gangsta-Rap nicht passiert, dann wäre
    Hip-Hop inzwischen wieder weitgehend eine Erinnerung. Die Industrie hätte den Pop-Rap
    zweifellos zu Tode geritten und zugunsten eines neueren Fads ausgesondert, der seriöse Rap
    hätte in Kaffeehäusern, auf Poetry Slams und in den heiligen Hallen der schwarzen Intelli-
    genz dahinvegetiert«. Leider versäumt Cohn es, seine durchaus interessanten Überlegungen
    weiter zu begründen.
13 Hierzu ist sicher auch der Film *8-Mile* des Rappers Eminem zu zählen, der eine seinem
    eigenen Werdegang nachempfundene Geschichte erzählt und dabei zahlreiche Motive und
    Bildfiguren derjenigen urbanen Unterschichtenwelt aufgreift, die sich auch im Gangstarap
    immer wieder stilisiert findet.

im großen Stil kommerziell vermarktet wird« (Wilke 2009: 167).[14] Ein ähnlicher Verweis auf die Frühphase von HipHop-Kultur als ›goldenes Zeitalter‹ anti-bürgerlicher Kritik findet sich auch bei Scharenberg (2001: 247), der in ihrer Stoßrichtung »symbolische[n] Angriff auf die dominanzkulturelle Hegemonie« erkennt. Entsprechende Orientierungen seien im weiteren Entwicklungsverlauf allerdings abgelegt worden: »Hyper-Sexualismus, Homophobie, Gewaltverherrlichung und eine übersteigert machohafte Maskulinität haben den komplexen und widersprüchlichen Dialog der ersten beide Jahrzehnte auf einige wenige Grundmuster reduziert« (ebd. 61). Während die kollektive Aneignung öffentlichen Raums sowie die gezielte Thematisierung sozialer Ungleichheits- und Ausgrenzungsverhältnisse anfangs einen zentralen Bestandteil HipHop-kultureller Praxis dargestellt hätten, würden entsprechende Bezüge zunehmend verwässert und in neuen materialistischen Schwerpunktsetzungen der Sprecher individualisiert. So habe »sich der subkulturelle Gegendiskurs dabei auf antisoziale Grundwerte verengt« (ebd.). Nachdem nun sein US-amerikanischer Entstehungszusammenhang in seinen Grundzügen nachgezeichnet wurde, soll nun die kontextuelle Neueinbettung von HipHop im Rahmen kultureller Globalisierungsprozesse näher in den Blick gerückt werden.

3. HipHop als glokales Phänomen

Die Frage der Globalisierung hat in der sozialwissenschaftlichen Forschung und Theoriebildung in den letzten beiden Jahrzehnten einen zentralen Stellenwert eingenommen. Eine innerhalb der Diskussion verbreitete Auffassung darüber, was unter dem Begriff zu verstehen ist, lässt sich im Anschluss an Giddens (1990: 64) formulieren, der Globalisierung definiert als »a worldwide social relationship which links distinct localities in such a way that local happenings are shaped by events occurring miles away and vice versa«. Doch ist die Auseinandersetzung mit der Entwicklung weltumspan-

---

14   Weiter schreibt Wilke (ebd.): »Bis Ende der 80er Jahre war HipHop ausschließlich ein Live-Event und eine lokal auf die Bronx begrenzte Straßenkultur. Den Anhängern und Akteuren ging es (noch) nicht um großen kommerziellen Erfolg: Respekt, Anerkennung, Wettbewerb und Bekanntheitsgrad in der Szene waren die ausschlaggebenden Motive.« Dass die erste Platte der Sugar Hill Gang bereits 1979 veröffentlicht wurde und die Beastie Boys mit ihrem Album ›Licensed to Ill‹ bereits Mitte der 1980er Jahre zu Weltstars geworden waren widerlegt diese Darstellung genau so wie die ausführlichen historischen Beiträge zur Adaption von HipHop-Kultur in Deutschland z.B. bei Loh und Verlan (2006).

nender Beziehungen an sich kein Novum des Forschungszweigs. Bereits in
ihrem erstmalig im Jahr 1848 erschienenen ›Manifest der Kommunistischen
Partei‹ stellen Karl Marx und Friedrich Engels für die weitere Entwicklung
globaler Strukturen und Prozesse folgende Prognose auf:

> An die Stelle der alten lokalen und nationalen Selbstgenügsamkeit und Abgeschlos-
> senheit tritt ein allseitiger Verkehr, eine allseitige Abhängigkeit der Nationen vonein-
> ander. Und wie in der materiellen, so auch in der geistigen Produktion. Die geistigen
> Erzeugnisse der einzelnen Nationen werden Gemeingut. Die nationale Einseitigkeit
> und Beschränktheit wird mehr und mehr unmöglich, und aus den vielen nationalen
> und lokalen Literaturen bildet sich eine Weltliteratur (Engels/Marx 1959: 466.).

Nun mag die These einer globalen Vereinheitlichung von Kultur angesichts
der fortwirkenden Binnendifferenzierungen der Weltgesellschaft – wenn
man denn überhaupt von ihr sprechen möchte – wenigstens übertrieben
erscheinen.[15] Um die ambivalenten Entwicklungen angemessen erfassen zu
können, schlägt Pries (2008, S.119-168) eine Typologie sieben unterschiedlicher Formen der Internationalisierung vor. Neben Inter-Nationalisierung,
Supra-Nationalisierung, Re-Nationalisierung, Globalisierung, Transnationalisierung und Diaspora-Internationalisierung beschreibt er den Prozess der
Glokalisierung,[16] der im Folgenden genauer vorgestellt und mit der Fragestellung nach der Rekontextualisierung von HipHop-Kultur in Zusammenhang gebracht werden soll.

Bei der Betrachtung von Entwicklungen der Internationalisierung von
Vergesellschaftung ist es wichtig zu beachten, dass einerseits global wirk-

---

15 Was allerdings nicht bedeutet, dass sich nicht auch im jüngeren Diskurs immer wieder
    VertreterInnen der Sozialwissenschaft für eine Homogenisierungsthese stark machen. So
    schreibt etwa Müller (1997: 818): »Klar erkennbar ist die Entstehung und breite Durchset-
    zung einer globalen Kultur [...]. Die globale Kultur bewirkt eine Standardisierung von
    Produkten mit weltweiter Verbreitung, die die Erfahrung, Geschmacks- und Lebensstile
    von Generationen und Klassen nachhaltig prägen kann«. Ähnliches behauptet Bryman
    (1999: 36) mit seiner Einführung des Begriffes Disneyization, den er definiert als »the
    process by which the principles of Disney theme parks are coming to dominate more and
    more sectors of American society as well as the rest of the world«. Eine gegenteilige Auf-
    fassung vertritt Beck (1997: 100): »Die in der cultural theory angelsächsischen
    Beobachter der globalen Szenerie haben sich verabschiedet von dem, was man die ›Mc-
    Donaldisierung‹ der Welt nennen könnte. Man ist sich einig, dass Globalisierung keine
    Vereinheitlichung herbeizwingt; die Massenproduktion kultureller Symbole und Informa-
    tionen führt nicht dazu, dass so etwas wie eine ›globale Kultur‹ entsteht«. Zur kulturellen
    Globalisierung im Spannungsfeld von Konvergenz, Divergenz und Hybridisierung siehe
    überblickshalber Schwinn (2006).
16 Für grundsätzliche Ausführungen zum Begriff der Glokalisierung siehe auch Robertson
    (1998).

same Strukturen einen Einfluss auf lokale Akteure ausüben. Gleichzeitig kann das Handeln dieser lokalen Akteure wiederum auf eben diese Strukturen (zurück-)wirken. Die Grundannahme der Glokalisierungsthese ist es, dass trotz der prägenden Wirkung, die globale Strukturen auf lokales Handeln ausüben, die Folgeerscheinungen in einen spezifischen lokalen Rahmen eingebettet sind, dem auf einer Meso- und Mikro-Ebene ebenfalls eine handlungsstrukturierende Bedeutung zukommt. Dass eben dieser glokale Rahmen wiederum einen prägenden Einfluss auf Prozesse der Globalisierung ausüben kann, untermauert die Vorstellung einer wechselseitigen Beeinflussung des Globalen und des Lokalen in der heutigen Zeit: »Auf der alltagsweltlichen Praxisebene äußert sich Glokalisierung als Internationalisierung von Vergesellschaftungsbezügen vor allem in dem wachsenden Bewusstsein, dass das eigene lokale Schicksal untrennbar mit bestimmten globalen Voraussetzungen und Entwicklungstendenzen verbunden ist.«

Eine dieser Arbeit zu Grunde liegende Annahme ist es, dass die Herstellung von HipHop-Kultur in kulturindustrielle Produktionszusammenhänge eingebettet ist, die einer glokalen Referenzlogik unterliegen. Um hier kurz die Marktgesetze der global agierenden Kulturindustrie zu skizzieren, erscheint es sinnvoll, sich ein weiteres Mal an den klassischen Überlegungen von Marx und Engels zu orientieren. Für die Herausbildung des globalen Kapitalismus unterstellen sie folgende Entwicklung: »Das Bedürfnis nach einem stets ausgedehnteren Absatz für ihre Produkte jagt die Bourgeoisie über die ganze Erdkugel. Überall muss sie sich einnisten, überall anbauen, überall Verbindungen herstellen« (Engels/Marx 1959: 465). Die alten, national ansässigen Industrien – so Marx und Engels weiter – würden hierbei »verdrängt durch neue Industrien, deren Einführung eine Lebensfrage für alle zivilisierenden Nationen wird, durch Industrien, die nicht mehr einheimische Rohstoffe, sondern den entlegensten Zonen angehörige Rohstoffe verarbeiten und deren Fabrikate nicht nur im Lande selbst, sondern in allen Weltteilen zugleich verbraucht werden« (ebs.: 466).[17]

Obwohl es erneut wichtig erscheint anzumerken, dass die Organisation vollkommen globalisierter Wertschöpfungsketten nur eine Variante unter vielen anderen ist, die heute praktiziert werden, steckt bereits in diesen

17 Die große prognostische Kraft des Werks von Engels und Marx verdeutlicht sich auch im folgenden Passus aus der ›Deutschen Ideologie‹ (dies. 1990, S.60): »Die große Industrie universalisierte [...] die Konkurrenz [...], stellte die Kommunikationsmittel und den modernen Weltmarkt her, unterwarf sich den Handel, verwandelte alles Kapital in industrielles Kapital und erzeugte damit die rasche Zirkulation (die Ausbildung des Geldwesens) und Zentralisation der Kapitalien. [...] Sie vernichtete möglichst die Ideologie, Religion, Moral etc., und wo sie dies nicht konnte, machte sie sie zur handgreiflichen Lüge. Sie erzeugte insoweit erst die Weltgeschichte, als sie jede zivilisierte Nation und jedes Individuum darin in der Befriedigung seiner Bedürfnisse von der ganzen Welt abhängig machte und die bisherige naturwüchsige Ausschließlichkeit einzelner Nationen vernichtete«.

frühen Überlegungen eine zutreffende Beschreibung der globalen Kulturin-
dustrie.[18] So ist einerseits praktisch jeder Winkel der globalisierten Welt als
Markt für weltweit agierende Anbieter von Kulturwaren erschlossen. Gleichzeitig existieren aber auch Spezifika unterschiedlicher, über den gesamten
Globus verteilter Kulturräume als potentiell vermarktbare Elemente eines
Pools von für die globalisierte Kulturindustrie verfügbaren Ressourcen.[19]
Bei der Verbreitung dieser Kulturgüter ist es aber keineswegs so, dass ihr
spezifischer lokaler Charakter in Folge ihrer kulturellen Rekontextualisierung beibehalten wird. Vielmehr unterliegen global zirkulierende Symbole
und Artefakte der Popkultur einem lokalspezifischen Aushandlungscharakter. »Globalisierende kulturelle Praktiken werden angepaßt und unter Umständen sogar in ihrem Sinngehalt verkehrt, sobald sie in die Welt lokaler
Sinnbezüge geraten.«[20] Lokale Ausprägungen popkultureller Formen können demnach sowohl als Voraussetzung als auch als Ergebnis der globalisierten Kulturindustrie angesehen werden: Popkulturelle Produkte werden lokal
hergestellt, in kulturindustriellem Rahmen global verbreitet, um schließlich
in einem dritten Schritt wiederum lokal angeeignet zu werden. Da diese
Entwicklung auch in zirkulärer Form stattfinden kann – und dies in vielen
Fällen auch tut – ist ihr prinzipiell kein Ende gesetzt.[21]

---

18 Zur Geschichte der Globalisierung der Musikindustrie siehe Gebesmair (2008, S.15-18).
19 Hier stellen etwa die Überlegungen von Ha (2005) zur Warenförmigkeit von Otherness
    in der globalisierten Welt einen interessanten Beitrag dar. Dieser betont, dass der Diffe-
    renzkonsum exotisierter Kulturgüter, die ursprünglich räumlich differierenden Kontexten
    entlehnt sind, nicht nur eine wichtige Ressource für kulturindustrielles Profitstreben dar-
    stellt, sondern gleichzeitig eine mit Essenzialisierungen und Ausschließungen verbundene
    Wirkung nach sich ziehen kann.
20 Menden (2008) beschreibt in seinem Artikel den Einfluss, den Gangstarap auf die ge-
    waltförmigen Ausprägungen der Auseinandersetzungen zwischen Londoner Jugendgangs
    ausübt. Hierbei kommt er zu dem Schluss, dass »[a]lle Londoner Gangs [...] über das
    Fernsehen und Internet vom [US- Anm. M.S.] amerikanischen Gangstarap beeinflusst«
    sind.
21 Ein anschauliches Beispiel hierfür stellt die deutsche Band Rammstein dar, die selbst
    beeinflusst von ursprünglich aus den Vereinigten Staaten stammender Rockmusik einen
    spezifischen Stil geprägt hat, mit dem sie sich in den USA besonders um die Jahrtau-
    sendwende relativ großer Popularität erfreuen und wiederum zahlreiche andere Musike-
    rInnen inspirieren konnte. Dass die global zirkulierenden Formen der HipHop-Kultur
    bisweilen auch transnationale Ausprägungen annehmen, veranschaulicht der Artikel von
    Itzek (2008) über den Berliner Rapper Massiv, dessen Eltern aus Palästina stammen. Mit
    finanzieller Unterstützung des Goethe-Instituts leistet dieser auf einer Konzertreise im
    Gaza-Streifen einen transnationalen Kulturtransfer, indem er mit Intifada-Schal posierend
    diffus-antiimperialistische Solidaritätsbekundungen inszeniert.

4. Ursprungsmythen des HipHop im Spannungsfeld von Globalität und Lokalität

Als Ausgangspunkt einer Analyse von Popkulturphänomenen der westlichen Welt gilt - trotz Bollywood, Pop-Islam und anderer auch innerhalb westlicher Popdiskurse zunehmend an Bedeutung gewinnender Strömungen - auch für HipHop-Kultur die Grundregel, »dass ein großer Teil der Popmusik [...] unter dem Einfluss des angloamerikanischen Rock/Pop entsteht« (Regev 2003: 284). Nach Klein und Friedrich (2003: 86) existieren Ausprägungen lokaler HipHop-Kulturen mittlerweile in nahezu allen Teilen der Welt. Diese im letzten Kapitel beschriebene Verbreitungsdynamik von HipHop als popkultureller Arena mit globalen Konturen und lokalen Aneignungsformen wird auch von anderen AutorInnen betont (vgl. etwa den Band von Androutsopoulos 2003 oder Schröer 2009: 63). Als gemeinsamer Bezugspunkt der zahlreichen lokalen Ausprägungen von HipHop-Kultur kommt dem US-amerikanischen Entstehungszusammenhang eine Bedeutung als Ursprungsmythos (vgl. Malinowski 1986: 141) zu. Die Referenz an die oben skizzierte Situation in den Stadtteilen US-amerikanischer Metropolen der späten 1970er Jahre dient in der lokalen Adaption zur Herstellung und Festigung einer kulturellen Gemeinschaft bei einer gleichzeitigen Anpassung der Ursprungserzählung an den jeweiligen neuen Zusammenhang. In dieser Dialektik traditioneller Bezüge und raumzeitlich variierender Aktualisierungen in verschiedenen Kontexten liegt für die Akteure eine zentrale Ressource zur Herstellung lokaler Authentizität. Hierbei lässt sich eine innovative Verschränkung oraler Kulturtechniken zur Übermittlung historischer Bezüge mit modernen Formen der Mediennutzung feststellen. Anders als in traditionellen Stammesgesellschaften ermöglichen die heutigen Kommunikationstechnologien und wirtschaftlichen Verflechtungen eine relative Enträumlichung der Verbreitung kultureller Elemente, die die Herausbildung hybrider Kulturformen - wie zum Beispiel HipHop - begünstigt.

Als Gegenstand derart vermittelter Kulturtransfers dient zum einen der Bezug auf die marginalisierte Situation der Bevölkerungsgruppe, der die NutzerInnen HipHop-kultureller Formen in ihren Anfängen entstammten.[22] Im Bezug auf die Ursprungserzählung von HipHop-Kultur ergibt sich ein Referenzrahmen, der an die lokalen Spezifika des kulturellen Adap-

---

22 Beispielhaft sind an dieser Stelle die Adaption von HipHop-Elementen durch sich selbst als sozial marginalisiert erlebende Jugendliche in den Pariser Banlieues (vgl. Castel 2009: 35) sowie in Berlin (vgl. Loh/Verlan 2006, Loh/Güngör 2002) anzuführen.

tionsraumes angepasst werden kann. Auf dieser Grundlage werden HipHop-Elemente nun als Ausdrucksformen und Identifikationsangebote kontextuell verfügbar. Neben der sozialstrukturellen Situation derjenigen Akteure, die HipHop-Kultur ursprünglich in den USA praktizierten, dienen zum anderen die substanziellen Elemente von HipHop-Kultur als wichtige Bezugspunkte derartiger glokaler Adaptionsprozesse. In den gängigen Versionen der Ursprungserzählung wird hierbei – wie bereits weiter oben angemerkt – auf die vier substanziellen Bestandteile (Rap, DJing, Breakdance und Graffiti) verwiesen. These der vorliegenden Arbeit ist es, dass sowohl die Auswahl der jeweiligen Elemente als auch ihre spezifische Ausprägung von untergeordneter Bedeutung sind. Trotz der wichtigen praktischen Bedeutung, die etwa dem gemeinsamen Erleben von Rapmusik in unmittelbaren Handlungssituationen zukommt, lässt sich keinem der Elemente ein ontologischer Kern zuschreiben, der eine Bedeutung des Elements an sich rechtfertigen würde. Stattdessen ist hier vielmehr die gemeinsame Auffassung der Beteiligten wichtig, der entsprechend dem jeweiligen Element eine wichtige Bedeutung für das authentische Bestehen von HipHop-Kultur zukommt.[23] Theoretisch lässt sich dieser Umstand im Bezug auf Blumers erste Prämisse des symbolischen Interaktionismus veranschaulichen. Diese besagt, »dass Menschen Dingen gegenüber auf der Grundlage der Bedeutungen handeln, die diese Dinge für sie besitzen« (Blumer 1981: 81). Als dauerhaft verwandte Referenz dient der kollektive Bezug auf eine gemeinsame Tradition innerhalb der HipHop-Kultur nicht nur als gemeinschaftlich verfügbares Identitätsangebot, sondern auch als symbolische Ressource zur Herstellung von Authentizität im Einklang mit der Ursprungserzählung. Bevor die konkrete Adaption von HipHop in Deutschland weiter unten genauer vorgestellt wird, dient der folgende Abschnitt der weiteren Klärung interner und kontextueller Bezüge aus kultursoziologischer Perspektive.

---

23 Hiermit ist allerdings nicht gemeint, dass die einzelnen Elemente mehr oder weniger zufällig zu ihrer Bedeutung gelangt sind. So spielen hierbei etwa auch pragmatische Aspekte (ist etwa teures technisches Equipment nötig?) oder die relative Übereinstimmung mit ästhetischen Präferenzen der TeilnehmerInnen eine wichtige Rolle.

Bezugsmuster von HipHop-Kultur – Interne Dynamik und Kontext

1. Zur Verwendung des Kulturbegriffs

»Die Klagen über das unbestimmte Feld ›Kultur‹ sind so weitgespannt und einschlägig wie die Versuche seiner Systematisierung schwierig« (Steenblock 2004: 10). Um den folgenden Ausführungen von HipHop-Kultur bezüglich ihrer internen Dynamik wie auch im Hinblick auf ihren gesellschaftlichen Kontext ein begriffliches Fundament zu schaffen, dient der folgende Abschnitt zur Formulierung eines begrifflichen Grundverständnisses von Popkultur im Allgemeinen und HipHop-Kultur als spezifischer Ausprägung im Besonderen. So fokussiert die im Folgenden zu entwickelnde Perspektive nicht etwa die spezifischen substanziellen Ausprägungen kultureller Formen, sondern die grundlegenden Wirkungsmechanismen, die in einem bestimmten raumzeitlichen Zusammenhang konstitutiv für die Manifestation[24] bestimmter kultureller Erscheinungen und Entwicklungen sind. Der in diesem Rahmen verwandte Begriff von Kultur soll unter Hinzuziehung ausgewählter (kultur-)soziologischer Positionen formuliert werden:

Im Harper Collins Dictionary of Sociology wird Kultur definiert als »the human creation and use of symbols and artefacts. Culture may be taken as constituting the way of life of an entire society, and this will include codes of manners, dress, language, rituals, norms of behaviour, and systems of believe.« (Jary/Jary 1991: 101). Sie entsteht und wirkt demnach als handlungsrelevantes soziales Erbe, bestehend aus Symbolen (z.B. Normen, Sprache, Wissen) und Artefakten (z.B. Technik, Kleidung).[25] Im Anschluss an Pries (2008) soll diesen beiden Komponenten mit den sozialen Praktiken ein weiterer Aspekt hinzugefügt werden. Hierunter versteht Pries die

---

24 In diesem Zusammenhang ist es wichtig, neben den jeweiligen Manifestationen auf das Ausbleiben möglicher alternativer Ausprägungen zu verweisen. So erscheint die Komplexität unterschiedlicher Entwicklungsmöglichkeiten popkultureller Formen prinzipiell unendlich hoch. Die Analyse des Manifesten verweist daher wenigstens implizit auch auf das Ausgebliebene, Verworfene.

25 Hierbei ist es wichtig, auf die idealtypische Unterscheidung zwischen Artefakten und Symbolen zu verweisen. So besteht etwa ein Lied aus dem Symbolsystem der Sprache, kann aber gleichzeitig auch als von Menschen hergestellter Gegenstand betrachtet werden.

»tätige Auseinandersetzung der Menschen mit anderen Menschen, mit der
Natur und reflektierend mit sich selbst«.[26] Nach Tenbruck (1996: 107) wirkt
Kultur für die Akteure außerdem als Kontinuum handlungsstrukturieren-
der Deutungsmuster: »Sie umfasst dann jene Überzeugungen, Verständnisse,
Weltbilder, Ideen und Ideologien, die das soziale Handeln beeinflussen, weil
sie entweder aktiv geteilt oder passiv respektiert werden.« Wie schon Cassierer (1990: 49) bemerkt, sind es genau diese sinnstiftenden Bezugsmomente,
die der Kulturanalyse für das Verständnis gesellschaftlicher Verhältnisse eine so zentrale Bedeutung einräumen: »Statt mit den Dingen hat es der
Mensch nun gleichsam ständig mit sich selbst zu tun. So sehr hat er sich
mit sprachlichen Formen, künstlerischen Bildern, mythischen Symbolen
oder religiösen Riten umgeben, daß er nichts sehen oder erkennen kann,
ohne daß sich dieses artifizielle Medium zwischen ihn und die Wirklichkeit
schöbe.« Nimmt man die sich hieraus ableitende Aufgabenstellung ernst, ist
Kultursoziologie – mit Reckwitz (2010: 180) formuliert – »keine bloße Bin-
destrichsoziologie [...], die sich mit einer abgekapselten Sphäre der Kultur
im Unterschied zu anderen gesellschaftlichen Sphären beschäftigt, sondern
eine Querschnittsperspektive, die alles Soziale und Gesellschaftliche als Kulturelles, das heißt als Sinnhaftes, als abhängig von kontingenten kulturellen
Codes und Sinnhorizonten wahrnimmt.« Grundannahme einer kultursoziologischen Untersuchung im hier explizierten Sinne ist es nun, dass es
die sinnstiftende Kraft symbolischer Ordnungen ist, die es Individuen erlaubt, gesellschaftliche Strukturen in ihrer Prägekraft wahrzunehmen. Mit
Soeffner (2004: 72) bieten solche Ordnungssysteme für Akteure Verhalten-
sicherheit »allerdings im befriedenden ebenso wie im destruktiven Sinne
und im Modus suggerierter Unmittelbarkeit. Sie überhöhen das alltägliche
Sinnverständnis und verleihen ihm hintergründige Bedeutsamkeit. Sie sind
tragende Elemente einer *irreflexiven*, oft zweifelhaften Moral, die, sofern sie
sich vollständig von der reflexiven Vernunft ablöst, ihre eigene unkontrol-
lierbare Legitimation konstituiert.« Vergegenwärtigt man sich nun den sinn-

---

26 Es ist anzumerken, dass Pries (2008: 201) seine These im Zusammenhang mit der Emergenz transnationaler Sozialräume entwickelt. Wie im Folgenden noch zu zeigen sein wird,
stellt eine derartige Erweiterung des Kulturbegriffes eine wertvolle Ergänzung dar. Um dem
Vorwurf der Reifizierung sozialen Handelns vorzubeugen sei gesagt, dass die im Rahmen
popkultureller Formen vollzogenen Handlungen selbstverständlich weiterhin einer spezifischen Eigenlogik unterliegen. Es scheint trotzdem nicht von der Hand zu weisen, dass
bestimmte soziale Praktiken wie der Besuch einer Diskothek oder auch die Teilnahme an
einem Breakdance-Battle als typische Formen von Popkultur anzusehen sind, obwohl es
sich bei ihnen weder um reine Symbole noch um Artefakte handelt.

stiftenden Charakter, den symbolische Formen innerhalb der und für die Gesellschaft besitzen, wird auch deren unmittelbar politische Bedeutung erkennbar: Soziale Ordnung ruht demnach »auf elementareren Bedingungen als bloß auf der machtbewehrten Durchsetzung oder rationalen Begründung von Normen Sie kann nur dann und in dem Maße entstehen, in dem es gelingt, über fraglos geltende Voraussetzungen eine sinnhafte Verbindung zwischen Handlungen glaubhaft herzustellen« (Giesen 2004: 73f).

Einen wegweisenden Vorschlag zur Systematisierung einer dem hier dargelegten Kulturverständnis entsprechenden Gesellschaftsanalyse haben unlängst auch Nina Degele und Gabriele Winker (2008, 2009) unterbreitet, die symbolische Repräsentationen als sinnhaft zwischen Struktur- und Handlungsebene vermittelnde Instanzen charakterisieren. So erfahren etwa ArbeitnehmerInnen wirtschaftliche Ordnung nicht etwa grenznutzentheoretisch oder als abstraktes Akkumulationsprinzip sondern im Wege kultureller Sinnbilder. Während sich der Anreiz, wenig zu arbeiten, aus den positiv konnotierten Möglichkeiten ergibt, die sich Akteuren zur Gestaltung ihrer freien Zeit bieten, vermitteln symbolisch vermittelte Institutionen wie der Titel des ›Mitarbeiter des Monats‹ gegenteilige Signale. Die Voraussetzungen und Implikationen von Arbeitsorganisation unter kapitalistischen (oder auch subsistenz- oder planwirtschaftlichen, etc.) Bedingungen werden für Einzelne erfahrbar über die symbolischen Formen ihrer kulturellen Repräsentation.[27] Vor dem Hintergrund menschlicher Handlungskapazitäten und Interpretationsspielräume (Joas 1994) lässt sich darüber hinaus schließen, dass kulturelle Repräsentationen wie Diskurse und symbolische Formen daher nicht als objektive ›Dinge an sich‹ existieren, sondern in ihrer Wirkungsweise vielmehr davon abhängig sind, wie Menschen mit ihnen umgehen (vgl. Krotz 2008: 131). Entsprechend erkennen Soeffner und Raab (2004: 564) mit ihrer Betonung des »Doppelcharakters« kultureller Formen, die sich zwischen tradierter Fixierung auf der einen und einer prinzipiellen Anpassungs- und Entwicklungsoffenheit auf der anderen Seite auszeichnen, an, dass die sinnstiftende Kraft kultureller Formen immer auch an die Interpretationsleistung der wahrnehmenden Akteure gebunden ist. Der sich wiederum hieraus ergebende ›umkämpfte Charakter‹ gesellschaftli-

---

27 Mit in diesem Zusammenhang eventuell etwas stärkerem thematischen Bezug arbeitet Wellgraf (2012: 109) in seiner ausgezeichneten Studie zu Berliner Hauptschulen die symbolische Bedeutung materieller Güter heraus: »Das ›teure Auto‹ steht symbolisch vor allem als Sinnbild für die ökonomisch gesicherte Existenz und die ›große Firma‹ für eine auch in ökonomischen Krisenzeiten ungefährdete Anstellung sowie für firmeninterne Aufstiegsmöglichkeiten.«

cher Bedeutungsproduktion lässt sich schließlich im Anschluss an Andreas Wimmer (1996) konstatieren. Dieser versteht Kultur als »einen offenen und instabilen Prozess des Aushandelns von Bedeutungen [...], der bei einer Kompromiss-bildung zur Abschließung sozialer Gruppen führt« (1996: 407).

Wie aktuelle Debatten wie der sog. Kopftuchstreit, die Kontroverse um homosexuelle Lebensgemeinschaften oder auch die Frage nach der kulturellen oder naturgesetzlichen Herkunft des zeitgenössischen Klimawandels zeigen, lassen sich Aushandlungen innerhalb des Feldes der Kultur demnach auch als repräsentationspolitische Kämpfe um Deutungsmacht verstehen. Bevor dieser Sichtweise weiter unten auf die Frage nach der Bedeutung von Gangstarapimages im Rahmen politischer Aushandlungen in der deutschen Gesellschaft nachgegangen werden kann, wird die (Re-)Produktionsweise solcher Bedeutungsweise im Feld der Populärkultur im folgenden Abschnitt zu diskutieren sein.

2. Spezifikation: Was ist Popkultur?

Während ihre sinnstiftende Dimension als generelles Charakteristikum von Kultur angesehen werden kann, welches in Gehaltsabrechnungen, Putzmittelwerbung oder der Weihnachtsgans zu Tage tritt, indem nicht nur spezifische Werte symbolisiert, sondern auch traditionelle Rituale abgesichert werden, kann das Feld der sog. populären Kultur (Hecken 2006) als in dieser Hinsicht – wenn auch nicht klar abgrenzbare – so insgesamt doch außerordentlich bedeutsame Subsphäre gesellschaftlicher Bildwelten angesehen werden. Während erste Assoziationen mit dem Begriff Popkultur zwar auf den (mehr oder weniger) abwechslungsreichen Kosmos der unterhaltungsindustriellen Symbolproduktion im sog. ›Show-Business‹ verweisen mögen, sind sich Pop-Theoretiker (überblickshaft siehe Hecken 2009) darüber einig, dass ›das Populäre‹ an Stelle eines Abgrenzbaren gesellschaftlichen Bereichs stattdessen eine spezifische Konnotation kultureller Phänomene (i.e. Symbole, Artefakte, Praktiken) bezeichnet.

Begriffsgeschichtlich liegt der Ursprung von Pop in den 1950er Jahren. So verortet Büsser seine Entstehung im Zusammenhang mit der bildenden Kunst, wo er verwendet wurde, um ein Genre mit dem Namen Pop-Art zu bezeichnen, das sich von der sogenannten abstrakten Kunst dadurch abhebt, dass in ihm eben nicht abstrakte, sondern alltägliche Gegenstände porträtiert werden. Auf diese Weise erhält es einen scheinbar unmittelbareren Bezug zur regulären Lebenswelt der Menschen aufrecht. Pop erscheint also als Ästhetisierung des Gewöhnlichen. Anders als die klassische bildende Kunst liegt der Fokus nicht mehr auf einzelnen Kunstwerken, sondern auf Kunst als dauerhaft wiederholbarer, allgemein zugänglicher Geste. Die besondere kulturelle Prägung, die der Begriff beschreibt, ist historisch vor allem im Zusammenhang mit der wirtschaftlichen und politischen Entwicklung westlicher Nachkriegsgesellschaften zu verstehen. So sicherten erst Subsistenz- und dann schnell auch erfolgreiche Exportorientierung fordistischer Produktionsregime in den westlichen Ländern einen gesellschaftlichen Wohlstand, der sich nicht nur in einer Demokratisierung der Verfügbarkeit von Konsumgütern, sondern mehr und mehr auch in neuen Zeitstrukturen niederschlug, die den Bürgern dieser Gesellschaften mehr und mehr Zeit für die Auseinandersetzung mit Unterhaltungskultur zubilligten. Diese von Schildt und Siegfried (2009) ausgezeichnet zusammengefassten Entwicklungen bildeten eine »Basis für ein neues Konsummodell und zugehörige, sich rasch verbreitende moderne Lebensstile« (ebd. 179). Zahlreiche Überblickswerke und Abhandlungen beschreiben heute die Herausbildung neuer Kulturmuster, als ausgehend von Entwicklungsimpulsen im Bereich von Kunst und Musik. Die Einführung neuer Kulturformen wie der Rock'n'Roll-Musik, Langhaarfrisuren bei männlichen Jugendlichen oder vermeintlich unschicklicher Tanzstile ereignete sich hierbei allerdings keineswegs reibungslos, sondern häufig im Rahmen einer Generationenauseinandersetzung, die – wenn auch in sich stets weiter abschwächender Form – auch heute noch ein Strukturmerkmal popkultureller Formen darstellt.[28] Derartige Grenzüberschreitungen finden sich bis heute in der Geschichte des Pop immer wieder – sei es in Form abgebissener Fledermausköpfe, dem Zungenkuss zweier Sängerinnen bei einer Awardshow oder einer Ästhetisierung der Körperkultur, die sich im mutwilligen Verbrennen von Körperteilen niederschlägt. Ob solche ›Zwischenfälle‹[29] nun einer artisti-

---

28 Wo früher die Schlaghose einen Eklat bedingte, zieht die über der Baggy-Jeans sichtbare Boxershorts heute höchstens ein Kopfschütteln nach sich.

29 Der u.U. interessante Umstand, dass solche (vermeintlichen) Tabubrüche im diskursiven Rahmen der Popkultur nicht mehr besonders differenziert beurteilt, sondern als gleichermaßen legitim weil ohnehin existent und irgendwie unterhaltsam diskutiert werden, spiegelt sich bereits in der Überlegungen Herbert Marcuses (1966: 100), der die Kultur unter spätkapitalistischen Bedingungen bezeichnet als »freundlichen Abgrund, in dem der radikale Impuls der Kunst, ihr Protest gegen die etablierte Wirklichkeit untergeht.« Ob nun Helene Hegemann (vermutlich unabsichtlich) an juristische und kulturwissenschaftliche Grundsatzdebatten um Autorschaft und Urheberrecht anschließt oder Britney Spears sich eine Glatze rasiert – ein prinzipieller Unterschied besteht ihm zu Folge nicht.

schen Mimesis oder dem rationalen Kalkül aufmerksamkeitsökonomischer Kulturmanager geschuldet sind, bleibt eine offene Frage, die hier jedoch nicht weiter von Bedeutung ist. Diese Tendenzen resümierend gelangt Wicke (2011: 11) zu der Erkenntnis, dass der Gestus der Rebellion und die Attitüde des Revolutionärs [...] sich lange Zeit als eines der wirkungsvollsten Marketingkonzepte der Branche« erwiesen.

Ob das heute anders ist, ist eine spannende Frage. So äußert sich der damalige CDU-Bundespräsident Dr. Heinrich Lübke anlässlich der Jahrhundertfeier des Deutschen Sängerbundes im Jahr 1962: »Keine Musikkultur wird auf Dauer gesund bleiben, wenn sie nicht aus den ursprünglichen Quellen des Volkstums gespeist ist« (Prieberg 1991: 32). Eine Grundauffassung, die vier Jahrzehnte später in einer Anfrage der CDU/CSU Bundestagsfraktion zum Thema »Bestandsaufnahme & Perspektiven der Pop-Musik« schon wesentlich anders klingt: »Die Fans von Rock- und Pop-Musik sind fester Bestandteil der Kulturgesellschaft geworden. [...] Die Rock- und Pop-Musik bedarf – auch auf Grund der Entwicklung in der Branche – staatlicher Aufmerksamkeit« (Deutscher Bundestag 2001: 1). Dieser scheinbare Widerspruch lässt sich auflösen, indem man auf das unverbindliche Nebeneinander von Integration und Desintegration (vormals) grenzüberschreitender Elemente im Kanon der Popkultur verweist. So gibt es mittlerweile (und z.B. mit den Capri-Fischern auch schon zu Zeiten der 100-Jahrfeier des deutschen Sängerbundes) eine deutsche Schlagerkultur, mit der sich wohl auch der Großteil der konservativen Wahlbevölkerung identifizieren konnte. Wie das bereits in der Einleitung bemühte Beispiel des zu Hells Bells einlaufenden und Techno-Musik auflegenden Verteidigungsministers zeigt, wurden entsprechende Tendenzen einer konservativen Pop-Kritik in weitreichendem Umfang abgeschliffen. Und trotzdem – so die hier vertretene These – existieren immer noch ausreichend Möglichkeiten, um auf dem Feld der Populärkultur handfeste Skandale zu erzeugen (z.B. Gesichtstattoos, Hakenkreuze oder beides zusammen).[30]

Weitreichende Mainstreamintegration und Teilsystem-übergreifende Dezentrierung können also als wesentliche Muster im historischen Entwicklungsverlauf der Popkultur angesehen werden. Der oben genannten Schwierigkeit, Popularität auf einen Begriff zu bringen, lässt sich hier am besten unter Bezug auf die Kategorie des Gebrauchswerts begegnen. Dieser ergibt

---

30 Im Anschluss an die eingangs aufgeworfene Frage, warum KT (wahrscheinlich) keine Alben von Bushido oder Fler hört, lässt sich nun vermuten, dass das Genre des Gangstarap für solche Grenzüberschreitungen weiterhin gut geeignet erscheint.

sich aus dem nutzenstiftenden Charakter von Produkten (Marx bezeichnet die Ware als grundsätzlich »nützlich Ding« MEW 23: 49). Im Zuge einer fortschreitenden Aufwertung und Veralltäglichung der ästhetischen Dimension von Produkten im weiteren Sinne (also auch politischen Veranstaltungen oder traditionellen Ritualen wie dem Weihnachts- oder Osterfest) setzt sich nun ein Prozess in Gang, welcher hier als Popularisierung bezeichnet werden soll. [31]

Der Einfluss populärer Konnotationen auf unterschiedliche gesellschaftliche Sphären lässt sich anschaulich an jüngeren Entwicklungen auf dem Feld der Politik illustrieren. Versteht man Politik allgemein als den machtgebundenen Prozess kollektiver Entscheidungsfindung, so lassen sich für das Feld der Pop-Kultur z.B. mit den Aushandlungen über Gestaltungsspielräume des eigenen Lebens unter Bezug auf die neuen ästhetischen Optionen und normativen Orientierungsmuster selbstverständlich von Anfang an politische Aspektdimensionen erkennen. Was sich (in der Bundesrepublik etwas später als in anderen westlichen Ländern, allen voran die USA) im Verlauf der 1990er Jahre ereignete ist nun die zunehmende Übertragung popkultureller Handlungslogiken auf das Feld der (Inszenierung von) Politik. Die 2002er ›Strategie 18‹ mit Guidomobil der FDP, ›SPD isst Currywurst‹ im NRW-Landeswahlkampf 2012 oder auch der U2-Sänger Bono, der in den letzten Jahren immer wieder als populärer Berater der Entwicklungspolitik in Erscheinung tritt – sie alle symbolisieren eine neue Musterung der Interaktionsformen auf dem Feld kollektiver Entscheidungsfindung, die weg von einer rationalistischen Färbung des machtgebundenen Aushandelns vermeintlicher Notwendigkeiten hin zu einer Ästhetisierung gesellschaftlicher Ordnungsprozesse weist. Wie beispielsweise die Mehrzahl der Fallschirmsprünge Jürgen Möllemanns zeigen sollte, könnte Politik ja schließlich auch Spaß machen, und wenn schon nicht, werden eben andere Emotionen generiert. Diese Sphärenvermischung wird von Behrens (2007) auf den Punkt gebracht: »Im integrierten Spektakel ist nichts mehr spektakulär« (siehe auch Seeliger 2010). Popkultur ist demnach also nicht nur auf den ihr von traditioneller Warte zugedachten Bereich der Unterhaltungsindustrie beschränkt, sondern hält in dezentrierter Manier Einzug in alle Lebensbereiche (vgl. Seeliger 2011). Eine Trennung zwischen unterschiedlichen Sphären oder Typen von Kultur (i.e. Massenkultur, Hochkultur,

---

31 Eine entsprechende Diagnose für den Zusammenhang von Medien und Moral findet sich so etwa bei Ziemann (2006: 72), der eine »zunehmende Trivialisierung und alltägliche Inflationierung von Moral« in deutschen Medien erkennt.

Popkultur, etc.), wie etwa Gabriele Klein (2005) sie vornimmt, lässt sich vor diesem Hintergrund nicht als ausschließliche Kategorisierung aufrecht erhalten. Stattdessen soll hier das folgende Begriffsverständnis zu Grunde gelegt werden. Popkultur bezeichnet demnach ein *dynamisches Set von Symbolen, Artefakten und sozialen Praktiken, das der fortdauernden Aushandlung im Rahmen institutioneller Kräftefelder unterliegt, und in Verschränkung mit Teilsystemen moderner Gesellschaften auftritt.*

Anschließend an diese Definition lassen sich nun drei unterschiedliche Ansätze beschreiben, denen entsprechend Forschung über Popkultur zu konzeptionalisieren wäre.[32] So könnte ein erster Ansatz nach makrosozialen Voraussetzungen und Folgen von Popkultur fragen, indem er einerseits Entstehung und/oder Bedeutung kultureller Erzeugnisse in den Blick rücken würde. Der Zusammenhang zwischen kapitalistischer Akkumulationsdynamik und Allokationsentscheidungen im Feld der Kulturindustrie wurde als beispielhafte Fragestellung für diesen ersten Forschungsstrang angeführt. Blickt man auf die Geschichte der Populärkultur, ließe sich außerdem fragen, in welchem Verhältnis Entwicklungen im Bereich der Kultur zur gesellschaftlichen Entwicklung stehen.[33] Weitere Anschlussmöglichkeiten ließen sich in dieser ersten Dimension vor allem im Anschluss an das von Ulrich Beck (vor allem 1983; 1986) stark gemachte Paradigma der Individualisierungsthese finden. Wenn der Bedeutungsverlust traditioneller Sozialisationsinstanzen, wie der bürgerlichen Kleinfamilie oder der engen Eingebundenheit in religiöse Zusammenhänge tatsächlich wesentliche Möglichkeitsräume in den Lebenswelten von Akteuren eröffnet, inwiefern wirkt sich dies dann auf die Populärkultur als Pool von Identifikationsangeboten zu eigenen Identitätskonstruktionen aus?[34] Während die Individualisierungsthe-

---

32 Während jeder der drei Stränge im Rahmen entsprechender Forschungsdesigns sicherlich auch isoliert verfolgt werden kann, ist die Gliederung selbstverständlich als idealtypisch anzusehen. Wie weiter unten noch eingehender gezeigt werden wird, liegt das im Rahmen dieser Arbeit verfolgte Anliegen sowohl im Bereich des ersten (Strukturanalyse) sowie auch des dritten (Repräsentationsanalyse) Forschungsbereichs.

33 Im Bezug auf Wirtschaft siehe Bell (1978); Boltanski/Chiapello (2006) oder klassisch Weber (2010); hinsichtlich Geschlechterverhältnissen McRobbie (2010), in bezug auf Migration und Integration Terkessidis (2000; 2010) oder Ha (2005).

34 Augenscheinlich ziemlich stark, immerhin koexistieren im Rahmen der Popkultur heute (unter anderem!) post-adoleszente Rollerblader oder Rollenspieler mit autonomen Nationalisten oder der Piratenpartei zugeneigten Computerfreaks (Hitzler et al. 2005; Hitzler/Niederbacher 2010). Entsprechend stellt auch Klein (2004: 48) fest, dass es »gerade auch auf dem weiteren Feld der Kultur zu einer Vielzahl von Suchbewegungen kommt. Hier scheint heute das Terrain zu sein, auf dem sich Identitätsentwürfe [...] erproben lassen, ohne dass großartige Sanktionen befürchtet werden müssen – und das gilt vor allem für die Jugend«.

se also einerseits als Ausgangspunkt makrosoziologischer Untersuchungen über den Zusammenhang von Populärkultur und Gesellschaft dienen könnte, liegt im subjektiven Umgang mit dem von Beck (1986) als Identitätsarbeit identifizierten Zwang zur aktiven Gestaltung der eigenen Biografie unter Bezug auf kulturelle Angebote eine zweite Möglichkeit, sich soziologisch im Feld der Popkultur zu bewegen. So wird der zeitgenössische Widerspruch ambivalenter Zielgrößen eines ›guten Lebens‹ in der Gegenwart häufig durch Engagement in »Posttraditionalen Gemeinschaften« (Hitzler et al. 2009) bewältigt, zu denen Hitzler und Niederbacher (2010) vor allen Dingen Jugendszenen zählen.[35] Im Bezug Popkultur im Allgemeinen und Gangstarap im Besonderen setzt die Auseinandersetzung mit Identitätsarbeit im Rahmen solcher Jugendszenen fast automatisch eine multidimensionale Perspektive voraus, die »so diffuse Inhalte wie Jungsein, Marginalisiertsein, alltägliche Machtkämpfe, politische Auseinandersetzungen, sexuelle Konflikte, Probleme von Ethnizität, Zukunftsaussichten, schließlich die ganze Palette von Pubertäts-, Jugend- und Lebensbewältigung« (Höller 1996: 56) umfassend berücksichtigen kann. Beim Basteln des Identitätspatchworks besteht die Verknüpfungsarbeit dann darin, »Kohärenz, Anerkennung und Authentizität herzustellen – was nicht heißt, dass das immer gelingt –, aus denen die Handlungsfähigkeit der Subjekte erwächst« (Müller et al. 2006: 138).

Als Grundannahme mikrosoziologischer Auseinandersetzung mit Jugendlichkeit und Popkultur setzt Thiermann (2007: 41), »dass Jugendliche Medienangebote als ›symbolische Ressourcen‹ nutzen, mit denen in einem weithin offenen Verfahren alltagspraktisch umgegangen wird.« Diese (möglicherweise) identitätsstiftende Wirkung von Musik betonen auch Roy und Dowd (2010: 189): »Music and its meanings inform people, quite profoundly, about who they are.« Um auch weitreichende, vielleicht unter normalen Umständen lebenswelt-ferne Vergemeinschaftungserlebnisse zu inszenieren, dient Musik dann »als Möglichkeit, in einem gerahmten Ausschnitt der sozialen Wirklichkeit die eigenen Empfindungen gespiegelt zu sehen und

---

35 Die besondere Bedeutung der jugendlichen Gleichaltrigengruppierung führt auch Schröder (2005, S.289) auf die eben beschriebenen Individualisierungsentwicklungen zurück. So identifiziert er die Bildung von peer-groups als »Kennzeichen einer pluralisierten Gesellschaft«, die eine wichtige Bedeutung bei der »Vorbereitung auf die individualisierten Anforderungen« der neuen Vergesellschaftungsmodi erfüllen. Eine weitere Aufgabe jugendlicher Vergemeinschaftungsformen sieht er in ihrer Funktion bei der Bewältigung eines intergenerationalen Konflikts, den alle Menschen bewältigen müssen, »um eine personale Eigenständigkeit zu erlangen und damit Verantwortung für sich selbst und für andere übernehmen zu können« (ebd.: 290).

im Mitvollzug eine Darstellung ›extremer‹ Selbstzustände inszenieren zu
können« (Helsper 1997: 119).
     Empirische Forschungen im Feld der Popkultur könnten sich demnach
auf unterschiedliche Muster der Nutzung solcher Identifikationsangebote
richten, indem sie etwa den Grad der Inklusion (»wie stark und dauerhaft wird meine Persönlichkeit durch unterschiedliche Formen des Szeneen-
gagements beeinflusst?«) oder die sozialstrukturelle Zusammensetzung der
Anhängerschaft unterschiedlicher Subkulturen untersucht. Wie weiter oben
in Auseinandersetzung mit verschiedenen kultursoziologischen Positionen
und in starkem Bezug auf die Arbeiten von Degele und Winker (2008; 2009)
als ›Arbeitshypothese‹ herausgestellt wurde, werden in der alltäglichen Le-
benspraxis der Menschen gesellschaftliche Rahmenbedingungen erfahrbar
über die Interpretation kultureller Symbole. Indem diese einerseits im Kontext umfassender gesellschaftlicher Repräsentationssysteme ihren Bestand
gewinnen und andererseits der subjektiven Interpretationsleistung individueller Akteure unterliegen, begründen sie einerseits die andauernde Wechselwirkung der drei hier unterschiedenen Ebenen. Als eigenständige Analyse-
dimension konstituieren sie darüber hinaus aber auch den Gegenstand einer
dritten Forschungsperspektive, die sich auf popkulturelle Phänomene richten lässt. Das nächste Unterkapitel widmet sich einer knappen Darstellung
des kulturindustriellen und gesellschaftlichen Produktionszusammenhangs
innerhalb dessen popkulturelle Repräsentationen zu Stande kommen.

3. Bezugsmuster der Kulturproduktion

Im vorherigen Abschnitt wurden interne Dynamiken der Popkultur in einer Weise dargestellt, die zur begrifflichen Erfassung von Gangstarap-Images
dienen sollen. Überlegungsleitend waren hierbei zwei verschiedene Grundgedanken. Zum einen wurde festgestellt, dass es kulturelle Symbolsysteme
sind, die soziale Strukturen in einer Weise repräsentieren, die sie für Akteure
erfahrbar werden lässt. Ein zweites Argument richtet sich auf eine fortschreitende Dezentrierung von Popkultur in der modernen Gesellschaft, welche
sich darin äußert, dass konkrete Phänomene eine populäre Konnotation erfahren. Bevor diese theoretische Rahmung weiter unten auf den Gegenstand
der Bedeutung von Gangstarapimages bezogen werden soll, dient dieser Abschnitt der genaueren Vorstellung kulturindustrieller und gesellschaftlicher
Kontextbedingungen, unter denen sich popkulturelle Symbolproduktion ereignet.

Eine zentrale Rolle kommt hierbei der Kulturindustrie zu, die im folgenden als Komplex von Unternehmen und Wirtschaftssubjekten verstanden
werden soll, innerhalb dessen das Ziel einer planmäßigen, untereinander
mal mehr und mal weniger stark koordinierten Herstellung und markt-
vermittelten Verbreitung kultureller Erzeugnisse verfolgt wird. Es ist allerdings keineswegs willkürlich, welche kulturellen Bestandteile über die Kulturindustrie vermittelt werden. These der vorliegenden Arbeit ist es, dass
diese hierbei einerseits bestimmten ökonomischen Prinzipien folgt: »If it
can't make money, then it's unlikely to be produced« (Stritani 1995: 11).
Auf der anderen Seite erscheint es auch denkbar, dass einzelne Akteure einer – etwa ästhetisch motivierten – Illusio folgen und bei Entscheidungen
über die Allokation bestimmter Ressourcen nicht-ökonomischen Aspekten
eine größere Bedeutung einräumen. Dies ändert jedoch nichts an dem kapitalistischen Prinzip der Gewinnmaximierung, demzufolge Akteure ihre
Ressourcen möglichst effizient einsetzen müssen, um dauerhaft am Markt
bestehen zu können. In diesem Sinne beschreibt auch Hirsch (1987: 87)
die Wirkungsweise der kulturindustriellen Produktion als Spannungsfeld
zwischen »kulturelle[r] Aufgabe und wirtschaftliche[m] Problem«. Während
Popkultur also einerseits als Resultat des Wirtschaftens kulturindustrieller
Organisationen anzusehen ist, findet ihre Gegenstandskonstitution andererseits auch unter Bezugnahme auf gesellschaftliche Verhältnisse statt. Ob An-
tikriegslieder, Harley-Davidson Markengemeinschaften oder der Honolulu-
Strandbikini – popkulturelle Güter und Repräsentationen tragen immer
auch unmittelbare Referenzen an gesellschaftliche Verhältnisse in sich. Im
Bezug auf Musikerzeugnisse betont dies auch Wicke (2011: 8): »Hinter den
sprachlichen und kompositorischen Strukturen steht ein komplexer, inter-
aktiver kultureller Prozess mit vielfältigen, oft nur flüchtigen und wieder
vergänglichen Realitätsbezügen.«
    Die Auseinandersetzung mit dem Verhältnis zwischen populärer Kul-
tur und Gesellschaft hat in der kultur- und gesellschaftstheoretischen Forschung von jeher eine wesentliche Rolle gespielt. Eine wesentliche Bedeutung im Forschungsfeld kommt in diesem Zusammenhang den Arbeiten
der sogenannten ›Frankfurter Schule‹ (Wiggershaus 2001) zu, deren Anliegen sich auf die Etablierung einer kritischen Theorie eben dieser Verhältnisse richtete. Als Leitmotiv der Frankfurter Forschung gilt hierbei, »daß das
Bewußtsein aller Gesellschaftsmitglieder so restlos durch die massenkom-
munikativ zugerichtete Erfahrung besetzt sei, daß jeder Akt individueller
Wertorientierung nur noch das vollzieht, was mächtige politische Agentu-
ren längst vorentschieden haben« (Dubiel 1992: 90).

In ihrem erstmals 1942 veröffentlichten Aufsatz »Kulturindustrie - Aufklärung als Massenbetrug« (Adorno 1997, fBd. 3) betonen Theodor W. Adorno und sein ehemaliger Lehrer und späterer Kollege Max Horkheimer daher vor allem die Verwertungsdimension kulturindustrieller Güter.[36] Profitinteresse lenke die Produktion kultureller Güter: »Geistige Gebilde kulturindustriellen Stils sind nicht länger auch Waren, sondern sind es durch und durch« (Adorno 1997, Bd. 10.1.: 338). Im Verhältnis von kapitalistischer Wirtschaftsweise und Kultur manifestiere sich daher die Erosion der Grenze von produktiver und reproduktiver Sphäre in der Verbindung von Basis und Überbau. In der ›Verwalteten Welt' erfülle Kultur - und somit auch kulturindustriell vermittelte Musik - eine Funktion als gesellschaftliches Sedativum und ein Bedürfnis nach stumpfer Zerstreuung trete an die Stelle einer tiefgreifenden Auseinandersetzung mit soziopolitischen Fragestellungen oder dem Genuss ›authentischer Kunst‹. Einem elitären Kunstverständnis folgend konzipiert Adorno einen Gegensatz zwischen authentischer Kunst und Kultur als Massenware. Aufgabe der authentischen Kunst in der bürgerlichen Gesellschaft war es hiernach, diese ästhetisch zu legitimieren und das Ideal des bürgerlichen Subjekts zu repräsentieren (vgl. Behrens 2003: 19). Reduziert zu bloßer Unterhaltung kann Kunst diese Funktion dementsprechend nicht mehr länger erfüllen. Allerdings ist es nicht so, dass Adorno keinerlei Möglichkeit mehr sieht, in der modernen Gesellschaft authentische Kunst zu schaffen. Ein Beispiel für eine positive Ästhetik bietet nach Adorno der kompositorische Ansatz der Zwölf-Ton-Musik. Dadurch, dass hier jeder Ton erst dann wieder verwandt werden darf, wenn alle anderen elf gespielt worden sind, soll die Gleichheit der Menschen in der modernen Gesellschaft ausgedrückt werden. Der ungewohnte, als disharmonisch erscheinende Klang, der auf diese Weise entsteht, bezeichne allerdings gleichzeitig die dialektischen Spannungsverhältnisse in der gegenwärtigen Gesellschaft (Adorno 1997, Bd. 12.: 7-35). Die Residuen - um es mal im Frankfurter Dialekt zu formulieren - einer vermeintlich letzten nicht-verdinglichten Ästhetik bilden also für ihn die letzte Bastion des Nicht-Identischen.[37]

---

36 Zu einem wesentlichen Teil sind die hier vorgetragenen Argumente von den Autoren bereits im Rahmen früherer Arbeiten Adornos, u.a. zu den Themenfeldern des Jazz (1937), Neoklassizismus (1922) oder der Musik Richard Wagners (1933), sowie Horkheimers (1936) Text zum Fanatismus entwickelt worden.

37 Dass die Skepsis gegenüber der modernen Kultur, welche vor allem in den Nachkriegsjahrzehnten zu Tage tritt, sich auf der anderen Seite in der Romantisierung traditionaler Kulturmuster widerspiegelt, veranschaulicht folgendes Zitat des Frankfurter Gesinnungsgenossen Herbert Marcuse (2004: 79): »In der Lyrik und Prosa dieser vortechnischen Kultur

Die Idee sozialen Fortschritts und expandierender Vernunft erschöpfe sich praktisch in Gestalt der technologischen Rationalisierung moderner Lebenswelten als Projektionsfläche für die Wünsche und Sehnsüchte der RezipientInnen[38] und der so entstehenden Affirmation des Status Quo:

> Der kategorische Imperativ der Kulturindustrie hat, zum Unterschied vom Kantischen, mit der Freiheit nichts mehr gemein. Er lautet: Du sollst dich fügen, ohne Angabe worein; fügen in das, was ohnehin ist, und in das, was, als Reflex auf dessen Macht und Allgegenwart, alle ohnehin denken. Anpassung tritt kraft der Ideologie der Kulturindustrie an Stelle von Bewusstsein (Adorno 1997, Bd.10.1.: 343).

So lautet ihr Schluss die Kulturindustrie habe »den Menschen als Gattungswesen hämisch verwirklicht. Jeder [sei] nur noch, wodurch er jeden anderen ersetzen kann: Fungibel, ein Exemplar« (Adorno 1997, Bd. 3: 168).[39]

Über die Bedeutung des Ansatzes Kritischer Theorie lässt sich an dieser Stelle (und in erster Linie im Hinblick auf das hier verfolgte Erkenntnisinteresse) resümieren, dass es Adorno und Horkheimer gelungen ist, den Zusammenhang von kapitalistischer Wirtschaftsweise und der Beschaffenheit populärkultureller Formen nachgewiesen zu haben.

Von der Warte einer ›konventionellen‹ - oder mit den Worten Horkheimers auch »traditionellen« (1992) - Theorie (und besser noch Empirie!) aus betrachtet, werden in Auseinandersetzung mit den Arbeiten der beiden Sozialphilosophen einige Einwände erkennbar. Wie Heinz Steinert - seines Zeichens selbst Kritischer Theoretiker Frankfurter Provenienz - (2007: 131)

---

ist der Rhythmus von Menschen enthalten, die wandern oder in Kutschen fahren und die Zeit und Lust haben, nachzudenken, etwas zu betrachten, zu fühlen und zu erzählen.«

38 Hier verweist Behrens (2005: 104) auf die Bedeutung von Stars in der Kulturindustrie. In Abgrenzung zur alltäglichen Lebenswelt der RezipientInnen symbolisieren sie die Erfüllung individueller Bedürfnisse als erstrebenswertes Ideal, etwa in Form von Körperlichkeit, Reichtum oder besonderen Fähigkeiten wie gesanglicher oder schauspielerischer Gabe.

39 Obwohl nicht zuletzt durch die Arbeiten des CCCS eine Relativierung derartiger Positionen erwartet werden könnte (siehe hierzu auch Machart 2008), finden auch in der heutigen Debatte immer wieder orthodoxe Rezeptionen von Horkheimer und Adorno ihren Weg in gesellschaftswissenschaftliche Diskurse. So schreibt etwa Nachtmann (2006: 53): »Was Kulturindustrie heißt, ist keine spezifische Branche, sondern ein alle Lebensbereiche umfassender objektiver gesellschaftlicher Mechanismus, der einerseits demokratisch die Kunstwerke fürs unmittelbare Bedürfnis zurichtet und dadurch auf die Beseitigung der produktiven Spannung zwischen Kunstobjekt und Betrachter abzielt, die doch im Charakter des Fremden begründet liegt und darüber hinaus massenhaft standardisierten Kulturmüll produziert, der andererseits die Befrachtung der alltäglichen Dinge, Phänomene, Vorgänge und Verrichtungen mit Bedeutung und Sinn, eine Existentialisierung des Daseins, eine Kulturalisierung aller Lebensbereiche betreibt«. Für eine ähnliche Sichtweise siehe außerdem exemplarisch den Band von Lederer (2008).

bemerkt, kommt der Kulturindustrie in den Ausführungen der Dialektik
der Aufklärung ein quasi-zeitloser Charakter zu. Sie verändert sich nämlich nicht, sondern bleibt in ihrer Wirkungsweise als umfassendem Sub-
jektivierungszusammenhang rigide wie eh und je. Nun mag man die konzeptionelle Perspektive einer Beibehaltung spezifischer Produktionsmuster
(wenigstens bis zur Einführung von Web 2.0. und anderen Prosumermodel-
len) teilen. Eine genauere Sicht auf die lebensweltliche (Schütz/Luckmann
1979) Aneignung kultureller Güter, wie sie im Verlauf der zweiten Hälfte
des 20. Jahrhunderts vor allem auch von Seiten der Cultural Studies stark
gemacht wurde, sucht der Leser in der Kritischen Theorie jedoch vergeblich.
Es ist genau dieser Anspruch einer (relativ empiriefreien) Großtheorie, der
den Ausgangspunkt Kritischer Theorie der Kulturindustrie – um es mal mit
einer von Wobbe (2000:11) im Bezug auf Luhmann geäußerten Spitze auf
den Punkt zu bringen – »oberhalb der Wolkendecke ansiedelt.« Dass dieser
Mikro-Bias der Frankfurter Kulturindustriethese schließlich in eine Außerachtlassung konkreter repräsentationspolitischer Prozesse mündet, betont
auch Dubiel (1992: 92f):

> Die gesamte »Dialektik der Aufklärung« ist durchzogen von einer fundamentalen
> Skepsis gegenüber der menschlichen Fähigkeit, die jeweiligen gesellschaftlichen Le-
> bensverhältnisse mit dem eigenen kollektiven Willen und Bewußtsein zu bestimmen
> [...] Kurzum: in der »Dialektik der Aufklärung« hat die Sphäre des Politischen und
> haben Phänomene demokratischer Willensbildung keinen Ort.

Ganz so schlimm, wie von Adorno und Horkheimer angenommen, stehen
die Dinge also vielleicht doch nicht.[40] Trotz der wortgewaltigen Beschreibung eines gesellschaftlichen Zustandes kulturindustrieller Totalität, die ihre Ausprägungen sicherlich nicht zuletzt unter dem Eindruck national-so-
zialistischer Massenkultur[41] angenommen hat, erscheint die Validität einer

40 So relativiert auch der Adorno-Schüler Habermas im Vorwort der Neuausgabe seiner Ha-
    bilitationsschrift zum ›Strukturwandel der Öffentlichkeit‹ (1990: 102f) als Beispiel für die
    Möglichkeit einer kritischen Medienrezeption seine früheren pessimistischen Einschät-
    zungen zu Thema, indem er den Umstand betont, »daß auch auf der Seite des von den
    Massenmedien erreichten Publikums mit einem eigenständigen Medien*handeln* zu rechnen
    ist.«
41 Tatsächlich spielte hierbei allerdings wohl auch Adornos Exilantenstatus während der Na-
    ziherrschaft – erst in Oxford, später in New York und Los Angeles eine Rolle (vgl. Jäger
    2003). Dass er gegenüber den US-amerikanischen Formen der Massenkultur, die er im
    Rahmen seines dortigen Aufenthaltes erlebte, nicht besonders aufgeschlossen war, belegen
    unterschiedliche Auszüge aus seinen »Briefe[n] an die Eltern 1939-1951« (2003), in de-
    nen er von »psychologisch verkrüppelten und verangestellten Amerikanern« (2003, S.78)

schlichten Übertragung der Thesen Horkheimers und Adornos auf die ambivalenten Erscheinungen popkultureller Formen der Gegenwart wenigstens fraglich.[42] So würde die schlichte Unterstellung eines Verblendungszusammenhangs im Sinne von Horkheimer und Adorno aus emergenztheoretischer Sicht[43] einige Punkte offen lassen, bleibt seine genaue Entstehungs- und Reproduktionsweise im Wechselspiel gesellschaftlicher Strukturen und individueller Handlungskontexte doch bis zuletzt ungeklärt. Die ausschließliche Verortung der Produktion von Kultur in der Kulturindustrie (und damit jenseits des Konsumenten) bedeutet – konsequent weitergedacht – eine Entsubjektivierung der Rezipienten. Hiernach erscheint die Herstellung von Kultur mit der Produktion und Verbreitung kulturindustrieller Güter abgeschlossen. Auf welche Weise aber unterschiedliche Formen des Konsums kultureller Güter unterschiedliche Wirkungsweisen nach sich ziehen, bleibt von diesem Standpunkt aus unberücksichtigt. Inwiefern beispielsweise die sozialen Hintergründe von Akteuren verschiedene Ausprägungen von Medienkompetenz bewirken, aus denen wiederum verschiedene Sichtweisen und Verknüpfungsleistungen von und zwischen spezifischen kulturellen Gegenständen entstehen, kann aus der Sicht von Horkheimer und Adorno nicht nachvollzogen werden. Anstatt die in der alltäglichen Lebenswelt stattfindende Rezeption kulturindustrieller Güter in den Fokus zu rücken, beschränken sich Horkheimer und Adorno auf eine analytische Totalisierung der Angebotsseite. Inwiefern einzelne Akteure in der Lage sind, eigenständig alternative Lesarten verbreiteter kultureller Formen zu entwickeln, wird weiter unten noch genauer auszuführen sein. Was genau ist aber die Bedeutung der Kulturindustrie im hier skizzierten Modell der Bezugsmuster und Kontexte von HipHop-Kultur? Angesichts der globalen Verbreitungsmechanismen HipHop-kultureller Formen im Verlauf der letzten Jahre und Jahrzehnte erschiene es mit Keppler (2010: 109) gesprochen auf der anderen Seite wenig sinnvoll, kulturindustriellen Einflüssen in diesem Zusammenhang lediglich eine untergeordnete Rolle einzuräumen: »Der Prozess der Kommunikation wird verfehlt, wenn das Augenmerk *entweder* auf die Verfassung der medialen Produkte und ihre globale Distribution *oder* aber auf ihre

---

und ihrer »barbarischen Halbzivilisation« (ebd.: 68) berichtet. Neben einer offenkundigen Frustration über den ungeliebten Exilantenstatus spiegelt sich auch hierin die bereits weiter oben beschriebene elitäre Kulturauffassung (siehe hierzu auch Offe 2004).

42 Zu diesem Ergebnis kommt auch Klein (2004: 267): »Die Wirkung der Kulturindustrie kann nicht per se mit negativen Vorzeichen gesehen werden, sie ist durchaus ambivalent«.

43 Siehe hierzu auch Esser (2002: 1-16) Greve/Schnabel (2011) sowie Mayntz (1999) ergänzend.

jeweils lokale Aneignung gerichtet ist.« »Ausgangspunkt für eine adäquate Analyse von Medienprodukten muss ein Konzept ihrer Eingebundenheit in gesellschaftliche und individuelle Kontexte sein« (Trültzsch 2009: 38). Auf die konkreten Einflussfaktoren, die die Kulturindustrie im hier skizzierten Zusammenhang ausmachen, möchte ich im Folgenden kurz eingehen:[44]

Zum einen wirkt die Kulturindustrie als Distributionsinstanz. Im Wege marktförmiger Koordination werden Kulturindustrieprodukte in allen Teilen der Welt verbreitet. Mittlerweile fast als klassisch anzusehende Tonträger und Multiplikatoren wie zum Beispiel die CD, Radiostationen, Modemagazine oder das Musikfernsehen lassen kulturelle Symbole und Artefakte an unterschiedlichen Orten zeitgleich verfügbar werden.[45] Hauptsächliche Triebkraft der hier wirksamen Mechanismen ist – wie weiter oben unter Bezug auf Marx und Engels ausgeführt – die kapitalistische Akkumulationslogik.[46]

Weiterhin kommt der Kulturindustrie eine Bedeutung als Agenda-Setterin zu. Hierbei allerdings zu behaupten, kulturindustrielle Akteure entschieden autonom darüber, welche Güter sie in ihr Angebot einbeziehen und welche nicht, wäre zu einfach. Um beim Absatz der Güter möglichst erfolgreich abzuschneiden, versuchen sie stattdessen, die Präferenzen potentieller KonsumentInnen festzustellen. Gleichzeitig sind sie hierbei aber auch beeinflusst durch andere Faktoren, wie etwa einem Interesse an niedrigen Produktionskosten oder kulturpolitischen Vorgaben wie dem eines gesetzlich vorgeschriebenen Bildungsauftrages im Falle der öffentlich-rechtlichen Sender. Trotz dieser unterschiedlichen Kontextfaktoren verfügen kulturin-

---

44 Ein ähnlicher Typologisierungsvorschlag im Bezug auf die Organisation des Kunstsystems findet sich bei Müller-Jentsch (2011), der mit Ausbildung und Sozialisation, Produktion, Distribution, Vermittlung und Publikum ein allerdings etwas breiteres Spektrum fokussiert, welches die Konsumentenseite dezidiert mit einschließt.

45 Wie weiter oben beschrieben ist diese Form der Verbreitung nicht im strengeren Sinne global, sondern auf glokale Weise – also in Form einer Wechselwirkung bestimmter lokaler Kontexte und globaler Zusammenhänge – organisiert. So kommt es weder zu einer Verbreitung genau derselben Kulturgegenstände auf der ganzen Welt, noch zu einer einheitlichen Lesart.

46 Dies bedeutet allerdings nicht, dass die Kulturindustrie alles produziert, mit dem sich Geld verdienen ließe. Stattdessen vollzieht sich der kulturindustrielle Produktions- und Vermarktungsprozess eingebettet in eine Struktur sozialer Normen, die von der jeweils gültigen Gesetzgebung bis hin zu religiösen oder auf andere Weise kulturell verankerten Vorgaben reichen. Es ist allerdings auch denkbar, dass kulturindustrielle Akteure gezielte Normbrüche begehen, um auf diese Weise besondere Aufmerksamkeit zu erregen. Verwiesen sei an dieser Stelle also lediglich auf die kulturelle Einbettung ökonomischer Anreizstrukturen (vgl. Beckert 2006).

dustrielle Akteure weiterhin über ein gewisses Maß an Unabhängigkeit bei der Gestaltung ihres Programms. Hieraus resultiert auch ihre Bedeutung im Agenda-Setting, da sie – wenigstens teilweise – bestimmen, welchen kulturellen Formen die relativ große Chance auf weitreichende öffentliche Aufmerksamkeit durch massenmediale Vermittlung zuteil wird und welchen nicht.

Drittens wirkt die Kulturindustrie auf die große Fülle popkultureller Formen in einer kanonisierenden Weise. So organisiert sie unterschiedliche kulturelle Elemente in einem Gefüge von Stilen und Genres. Zwar ergibt sich die Gliederung von Popkultur in unterschiedliche Segmente zum Großteil auch durch kulturelle Formierungsprozesse jenseits unmittelbarer Einflussbereiche der Kulturindustrie (Jugendszenen können hierfür als anschauliches Beispiel gelten). Andererseits versucht die Kulturindustrie die von ihr produzierten Güter möglichst handhabbar verfügbar werden zu lassen. So liegt die Bedeutung der Kanonisierung in einer möglichst nachfragewirksamen Strukturierung des Angebots kulturindustrieller Güter begründet.[47] Anhand der drei hier angeführten Effekte veranschaulicht sich die Wechselwirkung zwischen ökonomischer Rationalität und der Entwicklung spezifischer kultureller Ausprägung als paradigmatische Grundfigur kulturindustrieller Logik.

Entsprechend ihrer eben skizzierten Wirkungsweise besitzt die Kulturindustrie für HipHop-Kultur im Allgemeinen und Gangstarap im Besonderen eine Schlüsselbedeutung. Zum einen leistet sie einen maßgeblichen Beitrag zur glokalen Verbreitung derjenigen Symbole, Artefakte und sozialen Praktiken, aus denen HipHop-Kultur besteht. Weiterhin wirkt sie über die oben beschriebenen Prozesse von Agenda-Setting- und Kanonisierung an der Strukturierung des Angebotes HipHop-kultureller Formen mit. Was die KonsumentInnen letztendlich erreicht, ist demnach maßgeblich beeinflusst durch die Wirksamkeit verschiedener kulturindustrieller Selektionsmechanismen.

Aufbauend auf der in diesem Abschnitt geleisteten Erläuterung der Bezugsmuster von Kulturproduktion nähern wir uns im nächsten Teil mit der symbolischen Repräsentation sozialer Ungleichheiten im kulturindustriellen Produktionszusammenhang der eigentlichen Aufgabenstellung des vorliegenden Textes.

---

47 So werden etwa in der Fernsehshow »Wetten, dass...?« mit an Sicherheit grenzender Wahrscheinlichkeit ausschließlich KünstlerInnen auftreten, die große Teile des Fernsehpublikums zu ihrer kommerziellen Zielgruppe zählen können.

4. Kultur und Ungleichheit

In den letzten Abschnitten wurde der Begriff der Kultur als Kontinuum von Symbolen, Artefakten und sozialen Praktiken hergeleitet, das einem stetigen Aushandlungscharakter unterschiedlicher Akteure unter spezifischen gesellschaftlichen und im Fall der Popkultur vor allem kulturindustriellen Bedingungen unterliegt. Wie ebenfalls deutlich geworden ist, ergibt sich die besondere gesellschaftliche Bedeutung im Feld von Kultur nun nicht aus der Beschaffenheit von Kulturgegenständen wie Toastern, Standardtänzen oder Reiseführern an sich, sondern aus ihrer sinnstiftenden Wirkung. Über die Kultur erschließen sich Menschen nicht nur ihren Blick auf die Welt, durch die Applikation spezifischer kultureller Gegebenheiten in der Lebenswelt leisten Akteure vielmehr einen wesentlichen Beitrag zu ihrer eigenen sozialen Positionierung. »Die Popkultur konstituiert sich in einer Fülle kollektiv erschaffener und beständig veränderter Projektionsfelder menschlicher Wünsche und Phantasien, Sinnbedürfnisse und Gefühle: gut leben, schöner wohnen, besser aussehen, mehr erleben« (Steenblock 2004: 88).

Dass Popkultur als Massenkultur ursprünglich mit einer Demokratisierung der Kaufkraft verbunden war, bedingt, wie Hecken (2006: 24) bemerkt, auf der einen Seite die Erweiterung subjektiver Positionierungen durch die flexible Inanspruchnahme von Kulturangeboten: »Die Populärkultur als Verfahren trägt darum auf ihre Art zur Befriedung der Differenzen bei, die sich aus den Besitz- und Bildungsunterschieden ergeben können.« Zum Beispiel als Familienvater in den Movie-Park nach Bottrop zu fahren, ist in der individualisierten Gesellschaft eine Möglichkeit, seine Freizeit zu verbringen, die sich (weitgehend) »jenseits von Klasse und Stand« (Beck 1983) ergibt. Ob die Attraktivität dieses Freizeitangebots allerdings auch für den bildungsbeflissenen Haushalt einer Münsteraner Germanistikprofessorin und eines Musiklehrers ersichtlich oder für die Mümmelmannsberger Wellfare-Mom erschwinglich erscheint, ist hierbei eine ganz andere Frage. Während sich Tendenzen einer Vereinheitlichung im Kulturkonsum sowie seiner Bedeutung seit dem Ende des zweiten Weltkriegs zweifelsfrei feststellen lassen – und dies betont ja auch die eingangs bemühte These des Cultural Omnivore – bleibt Popkultur gleichzeitig ein wesentlich von sozialen Ungleichheiten durchzogenes Feld.

Diesem Umstand wurde weiter oben (und im Anschluss an Andreas Wimmer 1996, 2005) unter dem Begriff des »Aushandlungscharakters« kultureller Formen Rechnung getragen. Im Prinzip verweist die Referenz an diese

Form stetigen Verhandelns sozialer Positionierungen auf nichts anderes als die klassische Diagnose von Karl Marx, dem zu Folge die menschliche Geschichte als »Geschichte von Klassenkämpfen« (MEW 4: 462) zu begreifen ist. Wie die Soziologie im Verlauf der folgenden 150 Jahre (und damit auch im Zuge sich stetig wandelnder gesellschaftlicher Rahmenbedingungen) Schritt für Schritt erarbeitet hat, greift die Analyse gesellschaftlicher Produktionsverhältnisse beim Versuch der Erklärung solcher Aushandlungen sozialer Positionierung von Individuen und Gruppen zu kurz. Vor allem anschließend an die klassischen Arbeiten von Marx und Weber (1956) wurden die ›feinen Unterschiede‹ bei der Zuweisung sozialer Positionen vor allem durch den französischen Sozialforscher Pierre Bourdieu (1987) herausgearbeitet. Wie es Bourdieu eindrucksvoll zu zeigen gelingt, lassen sich Auseinandersetzungen auf dem Feld der Kultur auch als Konfliktdynamiken verstehen, welche sich aus Unterschieden in der Beurteilung von Lebensstilen ergeben, wie sie von unterschiedlichen sozialen Gruppen in der Gesellschaft gepflegt werden.[48] Im Bezug auf die Frage nach der symbolischen Repräsentation liegt der Ausgangspunkt solcher Aushandlungsprozesse unter gegebenen Bedingungen in den unterschiedlichen Beeinflussungsmöglichkeiten kultureller Bedeutungssysteme, die Vertretern dieser Gruppen zur Verfügung stehen: »Nicht alle sozialen Gruppen können gleichermaßen auf den Prozess der Generierung und Durchsetzung von Repräsentationen einwirken« (Barlösius 2004: 233).

Wenn also Kultur als sinnstiftendes Kontinuum die Sichtweisen der Menschen auf ihre eigenen Lebensumstände prägt[49] und hierbei in ihrer Wirkungsweise nicht feststeht, sondern einem anhaltenden Aushandlungscharakter unterliegt, richtet sich die Anschlussfrage auf mögliche soziale Konsequenzen dieser unterschiedlichen Einflussmöglichkeiten. Hier zeigt sich, dass die Herstellung sinnstiftender Ordnungen auf gesellschaftlicher Ebene keineswegs machtfrei, sondern im Rahmen einer Konstellation geschieht, welche im Folgenden unter dem Begriff des ›Repräsentationsregimes‹ gefasst

---

48 Ein ähnliches Verständnis von Kultur findet sich auch unter Vertretern der Cultural Studies wie John Storey (2003: 2): »The object of study in CS is not C defined in the narrow sense, as the objects of aesthetic excellence (‹high art›); nor culture defined in an equally narrow sense, as a process of aesthetic, intellectual and spiritual development; but culture understood as the texts and practices of everyday life.«

49 Im Feld der Wissenssoziologie wird dieser Umstand unter dem ursprünglich von Marx stark gemachten Begriff der Ideologie verhandelt (Berger/Luckmann 2009: 5).

werden soll.[50] Einem breit angelegten Verständnis folgend soll hiermit auf
den Zusammenhang verwiesen sein, innerhalb dessen symbolische Repräsentationen ihren Bestand in Punkto Häufigkeit, Darsteller/Darstellungsort
und Konnotation gewinnen. Die umfassendste Fragestellung in diesem Sinne müsste demnach lauten: Wie oft wird wann und wo von wem über was
gesprochen?

Nun werden in der Mediengesellschaft (und im Feld der Popkultur erst
Recht) eine Menge Dinge (von einer Menge von Leuten, an einer Menge von
Orten, etc.) besprochen und die meisten sind als einzelne Angelegenheiten
sicherlich nicht von unmittelbarer politischer Relevanz.[51] Interessant wird
die Darstellung von Gegenständen für eine ungleichheitssoziologisch interessierte Kulturwissenschaft (oder kulturwissenschaftlich informierte Ungleichheitsforschung; Bourdieu/Wacquant 2006) immer dann, wenn es um
die Repräsentation von Inhalten geht, die durch divergierende Einschätzungen unterschiedlicher gesellschaftlicher Gruppen einen umkämpften Charakter gewinnen. Sollten populäre Punkbands die terroristischen Aktivitäten
der Roten Armee Fraktion gutheißen? Darf Lena Meyer-Landrut sich beim
Grand Prix positiv auf die deutsche Nation beziehen? Ist es lustig, wenn
der Sohn von Prince Charles und Lady Di zum Kostümfest in einer SS-
Uniform erscheint? Solcherlei Auseinandersetzungen können sich in ihrer
Brisanz weiter zuspitzen, wenn ihr Gegenstand hierbei in selbstreferenzielle
Bezüge der beteiligten Gruppen eingesponnen ist. Mit Scharenberg (2001:
243) lässt sich Popkultur dann auch verstehen als »Ausdruck von Lebens-
stilen und Alltagspraktiken, sozialer Stellung und Weltbildern spezifischer
Milieus; [...] als politischer Kampf um Repräsentation, Zeichen und Sym-
bole.« Entsprechende Auseinandersetzungen – etwa zwischen Gammlern
(Schildt/Siegfried 2009), Punks (Meinert/Seeliger 2012) oder auch HipHop-
Kids (Löh/Güngör 2003) lassen sich für den Verlauf der Pophistorie leicht
als immer wiederkehrender Topos erkennen. Aus politisch-soziologischer
Sicht sticht hierbei vor allem die Wechselwirkung zwischen sozialer Aus-

---

50 Diese Begriffsbildung erfolgt in loser Anlehnung an Hall (2004), der hierunter das »gesam-
te Repertoire an Bildern und visuellen Effekten, durch das ›Differenz‹ in einem beliebigen
historischen Moment repräsentiert wird« versteht. Im Unterschied zu Hall umfasst das
hier zu Grunde gelegte Verständnis allerdings auch die sozialen Dynamiken den breiteren
gesellschaftlichen Zusammenhangs, wie sie z.B. im Rahmen kulturindustrieller Produkti-
onsentscheidungen zum Tragen kommen.

51 Auf den Umstand, dass dies in der Summe möglicherweise anders aussieht, deutet die
weiter oben erörterte Diagnose Horkheimers und Adornos hin, die hierin den Ursprung
ihres Verblendungszusammenhangs erkennen.

gangssituation der beteiligten Gruppen und interner (oder – vorsichtiger formuliert – nach außen transportiert und so – wenigstens – diskursiv abgebildeter) Geisteshaltung ins Auge. Häufig, aber nicht zwangsläufig, ausgehend von der sozialen Gruppe eines bestimmten Milieus (Vester et al. 2001) oder einer Szene (Hitzler et al. 2005) dienen Formen der Popkultur dann als »Plattformen zum Aufbau kollektiver Identität, wie auch zur Prägung und Reflektion dominanter oder untergeordneter sozialer und kultureller Beziehungen« (Ayhan 2007: 123). Dieser Zusammenhang zwischen gesellschaftlicher Strukturierung (d.h. in diesem Fall vor allem ungleichheitsbasierter Segmentierung) verdeutlicht sich auch in der Herausbildung unterschiedlicher Formen von Populärkultur als Ausdruck spezifischer Soziallagen (oder wenigstens entsprechender Ettikettierungen): »Research shows that discrimination against marginalized elements of our society has had a complex influence on genre formation and trajectories« (Lena/Peterson 2008: 714).

Wie im Rahmen der folgenden Auseinandersetzung mit Gangstarap in Deutschland zu zeigen sein wird, hängt etwa das Zustandekommen des Genres (i.e. »organizing people and songs within a system of symbolic classification«; Lena/Peterson 2008: 697) eng mit der gesellschaftlichen Struktur zusammen. Eine kritische Medienforschung muss demnach also eine Perspektive einnehmen, »die Medien, ihre Produktion und Rezeption im Rahmen bestehender Machtverhältnisse und kultureller Bedeutungsproduktionen verortet. Davon ausgehend fragt sie nach den Bedingungen und Folgen sozialen Handelns und sprengt damit individuenzentrierte wie rein strukturell begründete Vorstellungen vom Medienhandeln« (Klaus 2008: 201).

5. HipHop-kulturelle Bezugsmuster und Repräsentationen – Ein Theoretisierungsversuch

Während die vorherigen Abschnitte auf vorwiegend abstrakte Weise einen Überblick über die Dynamiken, Bezugsmuster popkultureller Gegebenheiten in Wechselwirkung mit gesellschaftlichen Rahmenbedingungen gegeben haben, sollen die hier erarbeiteten Begriffe nun auf den Bereich der HipHop-Kultur übertragen werden. Im Anschluss an eine theoretische Darstellung der Bedeutung von Authentizität als zentralem Wertebezug von HipHop-Kultur, wird mit der Inszenierung der Lebenswirklichkeit in urbanen Zentren als haupsächlichem Schauplatz von HipHop-Kultur der

thematische Bezugsrahmen HipHop-kultureller Sprechakte vorgestellt. Anschließend an die weiter oben explizierte Idee der zwischen Struktur- und
Handlungsebene vermittelnden Wirkung symbolischer Formen lässt sich
die Inszenierung urbaner Lebenswirklichkeiten als Kernelement HipHop-
kultureller Repräsentationen verstehen.

Einen zentralen Stellenwert im Komplex der HipHop-Kultur nimmt das
Attribut der Authentizität ein. Nach Lautmann (1995: 75) bezeichnet Authentizität »direkte Zeugenschaft, persönliche Unmittelbarkeit und scho-
nungslose Wahrhaftigkeit«. Demnach gelten Akteure dann als authentisch,
wenn ihr Handeln aus der Sicht anderer Akteure den in Lautmanns Definition genannten Kriterien entspricht. Wie bereits an anderer Stelle angemerkt, richtet sich die soziologisch-hermeneutische Perspektive hier nicht
auf einen etwaigen ontologischen Kern ihres Gegenstandes, sondern auf den
Sinn, den Akteure mit ihm verbinden (Thomas/Thomas 1928). Hinsichtlich
der Authentizität von Akteuren geht es also nicht um die tatsächliche Auf-
richtigkeit ihres Handelns, sondern um die Bedeutung, die sie selbst und
andere dem Handeln beimessen.

Klein und Friedrichs (2003: 159) beschreiben HipHop-Kultur als »Lebenswelt mit einem klaren sozialen Ordnungssystem, festen Regeln, defi-
nierten Orten und einem tradierten Normen- und Wertesystem«. HipHop-
Kultur ist daher auch »often regarded as an authentic and resistant form
of expression for marginalized young people« (Huq 2007: 78). Um im
HipHop-kulturellen Rahmen Authentizität zu erlangen, müssen sich Akteure demnach an einem bestimmten Regelwerk orientieren. Nach Klein
und Friedrichs (ebd.: 190) sind diese Regeln »nicht explizit formuliert oder
gar schriftlich fixiert, sondern werden von den Teilnehmern als eine Illusio akzeptiert«.[52] Auf einer substanzialistischen Ebene identifizieren die
beiden (ebd.: 195) den »Prototyp des HipHoppers« als »[c]ool, kollegial, re-
laxt, leistungsorientiert, diffus politisch, auf Authentizität bedacht, echt«.
Erfüllt ein Akteur diese Authentizitätsanforderungen, wird ihm in der symbolischen Ökonomie der HipHop-Kultur Anerkennung zuteil. Um die Beschaffenheit spezifischer Sprecherpositionen bestimmen zu können, lohnt

---

52 Zum Begriff der Ilusio siehe Bourdieu (1999: 122-126).

sich ein Bezug auf den Begriff des subkulturellen Kapitals[53] nach Thornton (1996: 11f.):

> Subkulturelles Kapital verleiht in den Augen seiner relevanten Besitzer den entsprechenden Status. In vielerlei Weise beeinflusst es das Ansehen [...] ähnlich wie sein Äquivalent in der Erwachsenenwelt. Subkulturelles Kapital kann *objektiviert* sein oder *verkörpert* [Hervorhebung im Orig. M.S.]. So wie Bücher und Gemälde in der Familienwohnung kulturelles Kapital ausstellen, ist subkulturelles Kapital in der Form modischer Haarschnitte und guter Plattensammlungen objektiviert [...]. So wie kulturelles Kapital mit »guten« Manieren und urbaner Kommunikation personifiziert wird, so ist subkulturelles Kapital verkörpert in Form von »Bescheidwissen«, der Verwendung (aber nicht Über-Verwendung) der angesagten Szenesprache und einem Aussehen, das vermuten lässt, man sei für den allerneuesten Tanzstil geradezu geboren.

Je nach Kapitalausstattung befinden sich die Akteure also in einer mehr oder weniger günstigen Ausgangsposition für ihre performative Inszenierung von Authentizität.[54] Es erscheint weiterhin wichtig anzumerken, dass die HipHop-kulturellen Spielregeln, die die beteiligten Akteure bei der situativen Herstellung von Authentizität befolgen müssen, keinesfalls unumstößlich fest stehen, sondern einem andauernden Aushandlungscharakter unterliegen. Welche Kleidung gerade angesagt ist, welche Verhaltensweisen als cool gelten und welche Ausdrücke man besser (nicht) verwenden sollte,

53 Thornton konzipiert ihren Kapitalbegriff im Anschluss an Bourdieus (1983) Typologie unterschiedlicher Kapitalformen. Selbstverständlich spielen diese bei der Bestimmung von Sprecherpositionen ebenfalls eine Rolle. Dass der Begriff des subkulturellen Kapitals demnach als Ergänzung von Bourdieus Ansatz zu verstehen ist, zeigt sich auch im folgenden Absatz von Bourdieu und Wacquant (2006: 183): »Die symbolische Macht, die Macht, das Gegebene zu konstituieren, indem man es ausspricht, auf die Welt einzuwirken, indem man auf die Darstellung der Welt einwirkt, ist nicht als ›illokutionäre Macht‹ in den ›symbolischen Systemen‹ enthalten. Sie vollzieht sich vielmehr in einem bestimmten Verhältnis und durch dieses bestimmte Verhältnis, das den Glauben an die Legitimität der Wörter und der Personen schafft, die sie aussprechen, und sie wirkt nur in dem Maße, wie die, die dieser Macht unterliegen, diejenigen anerkennen, die sie ausüben.«

54 Veranschaulichen lassen sich die lebensweltlichen Konsequenzen solcher ›Authentizitätsanforderungen‹ an folgendem Beispiel: Eine Gruppe Jugendlicher möchte samstags abends eine einschlägige HipHop-Diskothek besuchen. Da die mögliche Zahl an BesucherInnen auf Grund der örtlichen Brandschutzbestimmungen begrenzt ist und die Türsteher der Diskothek angewiesen sind, nur Leuten Einlass zu gewähren, die in ihrem Auftreten bestimmte kulturelle Merkmale verkörpern, entsteht für die Jugendlichen die Notwendigkeit, einer spezifischen Auffassung von Authentizität zu entsprechen. Diese muss nun im Rückgriff auf die gängigen Codes der HipHop-Kultur auf performative Weise inszeniert werden. Subkulturelles Kapital meint in diesem Zusammenhang etwa bestimmte Körpertechniken (ausladender Gang), spezifische Accessoires (Kleidung, Schmuck) oder auch gängige Begrüßungsformeln (Handschlag).

kann demnach Gegenstand einer ständigen Auseinandersetzung unter den Akteuren sein.[55] Zu diesem Ergebnis kommt auch McLeod (1999: 139):

> The Fact that claims of authenticity are such a pervasive part of hip-hop discourse is an explicit indication that something is going on [...]. Keepin' it real and various other claims of authenticity do not appear to have a fixed or rigid meaning throughout the hip-hop community. Keepin'it real is a floating signifier in that its meaning changes depending on the context in which it is invoked.

Während die bis hierher angeführten Beispiele den Charakter der unmittelbaren Inszenierung von Authentizität (wie etwa durch die ›richtige‹ Kleidung oder den ›richtigen‹ Musikgeschmack beschrieben haben, ereignen sich solche Inszenierungen andererseits im breiteren Rahmen eines Narrativs, das sich – im Einklang mit den weiter oben angeführten Überlegungen zur vermittelnden Wirkung symbolischer Repräsentationen – in den Bildwelten urbaner Lebensräume entfaltet. Der symbolische Kosmos verarmter Großstadtquartiere bildet hierbei den repräsentativen Hintergrund, vor dem ein Großteil zeitgenössischer HipHop-Images (und das Gangstarapgenre im Besonderen) ihre konkreten Bedeutungen gewinnen. Diese wesentliche repräsentative Bedeutung des Städtischen stellt sowohl in der Kultur- als auch in der Sozialstrukturanalyse einen allgemein anerkannten Bezugspunkt dar: »Die Struktur der Stadt wird als Ausdruck des Gesellschaftlichen gefasst« (Scambor/Zimmer 2012: 12; vgl. auch Häußermann/Siebel 2004). Einer Aufschlüsselung der Bedeutung von Repräsentationen des Urbanen in der Topologie der HipHop-Kultur widmet sich der folgende Abschnitt.

6. Die Inszenierung des Urbanen als symbolischer Hintergrund von HipHop-Kultur

In seinem erstmals 1903 veröffentlichten Aufsatz »Die Großstädter und das Geistesleben« beschreibt Georg Simmel (1995) die Alltagsbedingungen des Lebens in (deutschen) Großstädten zu Anfang des 20sten Jahrhunderts.[56]

---

55 Diese Aushandlungsdynamik beschränkt sich dabei nicht lediglich auf diejenigen Handlungssituationen, an denen die betroffenen Akteure beteiligt sind, sondern kann sich – der weiter oben entwickelten Definition von Popkultur entsprechend – genauso gleichzeitig auf unterschiedlichen gesellschaftlichen Ebenen vollziehen. So wird beispielsweise die Wertschätzung bestimmter Kleidungsstücke zwar auf der einen Seite immer in situativen Kontexten ausgehandelt. Auf der anderen Seite versucht die Modeindustrie aber gezielt, die Präferenzen der betroffenen Akteure zu beeinflussen.

56 Der an anderer Stelle bei Jazbinsek (2001) entwickelte Einwand, Simmel beschränke sich bei seiner Betrachtung lediglich auf die Rekonstruktion seiner standpunktspezifischen Sicht

In seinen Ausführungen unterstellt er den Großstädtern drei Eigenschaften, durch die sie sich in ihrer städtischen Lebensweise von den BewohnerInnen ländlicher Gegenden unterscheiden: So zeichnen sich diese durch Intellektualität, Blasiertheit und Reserviertheit aus.[57] In der von Simmel und anderen – zugegebenermaßen häufig etwas kulturpessimistisch anmutender – Beschreibung der Großstädter als rational handelnde, sensuell abgestumpfte und ewig distanzierte Individuen an der Schwelle zur Vereinzelung liegt eine interessante Parallele zur Inszenierung des großstädtischen Lebens in den Formen der HipHop-Kultur, besonders aber des Gangstarap.[58] Auch hier wirkt der kulturelle Topos des Urbanen häufig als Projektionsfläche für Bildwelten der Vereinzelung und Atomisierung in einer kalten, feindlichen Gesellschaft. So beschreiben Friedrich und Klein (2003: 22f) den männlichen Rapper im »standardisierte[n] Bildrepertoire des HipHop« als »Kämpfer im feindlichen Dschungel der nachindustriellen Megastadt«. Als ein Ort, der den meisten Menschen aus ihrer alltäglichen Lebenswelt bekannt ist,[59] ist die Straße in den kulturellen Symbolsystemen des HipHop als Synonym für ›das wirkliche Leben‹ zu verstehen.[60] Als »Kristallationsort für soziale und ökonomische Probleme, aber auch für die Errungenschaften von Kultur und Kunst« (Friedrich/Klein 2003: 107) eignet sich die Stadt besonders gut als Ort zur Inszenierung sozialer Implikationen HipHop-kultureller Ausformungen.

Wie von der empirischen Ungleichheitsforschung (nicht nur in der Bundesrepublik) seit nunmehr fast 200 Jahren (Engels 1972; Wirth 1928; 1938) herausgestellt, spiegelt die sozialräumliche Verfasstheit einer Stadt mit großer Wahrscheinlichkeit auch die klassenspezifische Segmentierung der Sozialstruktur. Diese Dynamiken lassen sich im Einklang mit den Befunden

als männlicher Bildungsbürger erscheint grundsätzlich zwar wichtig, ist aber für die hier getroffenen Ausführungen lediglich von eingeschränkter Bedeutung, da nicht die Rekonstruktion subjektiver Sichtweisen, sondern die Darstellung allgemeiner Repräsentationen des Städtischen angestrebt werden.

57 Diesen ›schlechte Individualismus‹ der »unwirtlichen« (Mitscherlich 2008) Stadt beschreibt auch Behrens (2007: 32): »Die Stadtmenschen haben sich soweit von der Stadt entfremdet, dass sie sich nicht einmal selbst im Gesicht der städtischen Gesellschaft wieder erkennen.«

58 Bezeichnenderweise tauchen in Texten zum Zusammenhang von Ungleichheit, Kultur und städtischem Raum in den letzten Jahren immer wieder Referenzen an das Genre des Gangstarap auf (vgl. Schwinn 2007; Kronauer 2007; Häußermann/Kronauer 2009).

59 So leben mittlerweile zum ersten Mal in der Menschheitsgeschichte mehr Menschen in der Stadt als auf dem Land (vgl. Davis 2007: 7).

60 Nicht umsonst spricht man auch von ›Street-Credibility‹ als besonderer Form der Glaubwürdigkeit unter Berücksichtigung der spezifischen Deutungsmuster der HipHop-Kultur.

der ungleichheitszentrierten Stadtsoziologie zum einen auf die wirtschaftlichen Dynamiken der Gesellschaft zurückführen: »Marginalisierung auf
dem Arbeitsmarkt« setzt »sich in sozialen und kulturellen Ausschluss um«
und wird »durch räumliche Isolation verstärkt« (Häußermann/Kronauer
2009: 163). Nach Krummacher (2007: 109) konzentrieren sich Haushalte
mit hohen Armutsrisiken in sozialräumlich benachteiligten Stadtteilen, bei
denen es sich in fast allen Fällen um multiethnische Wohnquartiere handelt. Diese Stadtteile sind weiterhin gekennzeichnet durch die Abwanderung
mittelständischer und die gleichzeitige Zuwanderung verarmter Haushalte.
Auf Basis einer empirischen Studie über Mobilität und Netzwerke im städtischen Raum wird dieser Befund auch von (Scambor/Zimmer 2012a) geteilt:
Männer und Frauen mit Migrationshintergrund konzentrieren sich in sozi-
aldesintegrierten Stadtteilen, die sie selten verlassen (vgl. auch Walgenbach
2012). Die Lebenswirklichkeit in solchen Stadtteilen prägen derartige Segre-
gationserscheinungen oft folgenreich:

> In einer Nachbarschaft, in der vor allem Modernisierungsverlierer, sozial Auffällige
> und sozial Diskriminierte wohnten und in der vor allem bestimmte (abweichende)
> Normen und Verhaltensweisen repräsentiert sind, andere hingegen nicht oder immer
> weniger, wird ein internes Feedback erzeugt, das zu einer Dominanz abweichender
> Normen führt – die als Anpassungsdruck, als Homogenisierungstendenz wirkt (Häu-
> ßermann/Kronauer 2009: 122).

Unter den hier skizzierten Bedingungen sind nun »Gewalt und Verbre-
chen häufig die einzigen Mittel für Jugendliche mit proletarischem Hintergrund und ohne Aussichten auf ein Arbeitsverhältnis, um sich das Geld
und die Konsumartikel zu beschaffen, die für eine sozial anerkannte Existenz unverzichtbare Voraussetzungen darstellen« (Wacquant 2009: 104). Eine
entsprechende gewaltförmige Verrohung der Straßenkultur wird auch von
Zdun und Strasser (2008: 314) konstatiert: »Speziell Jugendliche mit weni-
gen Möglichkeiten, Reputation und Selbstbewusstsein aufzubauen, können
leicht der Versuchung erliegen, dies durch Kämpfe zu kompensieren.« Im
Einklang mit der hier verfolgten Argumentation der vermittelnden Bedeutung kultureller Repräsentationen wird die Stadt so intelligibel als Sinnbild
für soziale Ausgrenzung, Stigmatisierung (und Privilegierung): »Räume sind
auch symbolische Orte, sie sind sozial konstruiert. Sie bilden gesellschaftliche Hierarchien und Machtstrukturen ab, und die Gestaltung von Räumen
ist selbst ein Mittel der Herrschaft.« (Häußermann/Kronauer 2009: 168) Die
machtstrukturierte Lagerelation sozialer Gruppen in der segregierten Stadt
spiegelt sich nun auch in der vorherrschenden Weise, auf die sie im ge-

sellschaftlichen Diskurs thematisiert werden: »Diese Stadtviertel sind in der öffentlichen Wahrnehmung als gefährliche Orte verrufen und ihre BewohnerInnen werden abgewertet.« (Schulze 2007: 107). Dieser »Diskurs über die desintegrativen Prozesse innerhalb der marginalisierten Quartiere erlangt dabei eine besondere Brisanz und Verstärkung, wenn er in den Kontext der Einwanderung gestellt wird« (ebd. 102).

Während sich soziale Diskriminierung durch die Mehrheitsgesellschaft nun sowohl entlang substanzialistischer Ausgrenzung im territorialen Raum und (oftmals kaum subtiler) entlang kultureller Stigmatisierungslinien ereignet, äußern sich solche Zuschreibungs- und Platzierungsprozesse unter den Adressaten innerhalb einer weiteren Dimension: »Die permanente Erfahrung, mit dem eigenen Verhalten und mit den angeeigneten Normen außerhalb des Milieus auf Ablehnung zu stoßen, führt zu reaktiven Verstärkungen und weiterer Distanzierung von der ›normalen‹ Gesellschaft« (Kronauer/Häußermann 2009: 167). So lassen sich unter den Bewohnerinnen und Bewohnern solcher Stadtviertel mitunter auch starke Identifikationen mit dem eigenen Sozialraum verzeichnen, welche keinesfalls resignativ verlaufen müssen: »[L]okale Bezugnahme bietet einen Ausweg aus dem Dilemma, sich in einer Gesellschaft verorten zu müssen, die gerade dieses verweigert. Sie ermöglicht eine alternative Zugehörigkeit jenseits einer nationalen Codierung, die den Jugendlichen nicht zugestanden und/oder von ihnen nicht gewünscht wird« (Schulze 2007: 100). Neben der vielleicht banalen Tatsache, dass auch eine Gruppe mit schlechtem Ruf und begrenzten Möglichkeiten (im Kleinen wie im Großen) nicht automatisch auch an mangelndem Selbstbewusstsein leiden muss, ergibt sich weiterer Differenzierungsbedarf aus der (nicht nur theoretisch bleibenden) Möglichkeit, sich entsprechende Stigmata selbst bedeutungsstiftend anzueignen. Dass dies besonders im Gangstarap häufig der Fall ist, wird weiter unten noch genauer auszuführen sein.

Im Rückgriff auf die hier skizzierte Logik der Strukturierung des Urbanen dient in HipHop-kulturellen Inszenierungen besonders der Topos des ›Ghettos‹ häufig als Mittel zur Versinnbildlichung von Ausgrenzungserfahrungen[61] auf der einen und einer spezifischen Lebensweise auf der

---

61 Laut Häußermann und Siebel (2004: 166-169) kann die Ansässigkeit in derartigen Vierteln innerhalb dreier Dimensionen benachteiligend auf die soziale Lage der BewohnerInnen (und ihrer Wahrnehmung derselben) wirken: Die materielle Dimension kann etwa durch eine mangelhafte Infrastruktur oder hohe Umweltbelastung die Lebensqualität einschränken. Die soziale Dimension ist gekennzeichnet durch eine potentiell geringe Funktions-

anderen Seite. In Verbindung mit der von Rap-KünstlerInnen häufig propa-
gierten Zurschaustellung der Verfügbarkeit materialistischer Statussymbole
wie zum Beispiel Goldschmuck oder teuren Fahrzeugen symbolisiert das
Bild des ›Ghettos‹ aber auch die Aufstiegschancen, die der Rapper in seinen
Äußerungen wahrgenommen zu haben vorgibt. Die Inszenierung des erfolgreichen biografischen Projektes gewinnt vor dem Hintergrund der urbanen
Lebenswelt des ›Ghettos‹ ein besonders kontrastreiches Gewicht.

Auch Kleiner und Nieland identifizieren (2007: 218) das ›Ghetto‹ als »ein
aufmerksamkeitsökonomisch äußerst erfolgreiches Marketing-Tool«. Dass
die Symbolwelten der segregierten Großstadt sowohl ethnische als auch klassenspezifische Segmentierung der Sozialstruktur widerspiegeln, wird von
Gangstarappern sowohl explizit thematisiert als auch zur versinnbildli-
chenden Unterstreichung ihrer Sprechakte genutzt. Zu einem ähnlichen
Schluss gelangen auch Loh und Verlan (2006: 24): »Inzwischen ist die Erzählung vom Ghetto, vom sozialen Brennpunkt zu einer Selbstverständlich-
keit geworden. Mehr noch: Im deutschsprachigen Rap hat ein symbolischer
Kampf um diesen vorgeblich einzigen Ort begonnen, von dem aus au-
thentisches Sprechen möglich ist«. Die beiden Zitate zeigen, dass sich die
Verwendung von ›Ghetto‹-Topoi im Rahmen kulturindustrieller Inszenierung von HipHop-Kultur sowohl unter quantitativen als auch qualitativen
Aspekten sinnvoll für diejenigen Akteure darstellt, die in ihrem Schaffen
nach Aufmerksamkeit streben.[62]

Da HipHop-Kultur über die kulturindustrielle Inszenierung des Urbanen lebensweltlich erfahrbar gemacht wird, strukturiert sie die Handlungen
aufgeschlossener RezipientInnen, indem sie ihnen Deutungs- und Hand-
lungsressourcen zur Verfügung stellt, die diese in ihrem Alltag verwenden
können, um so zur Reproduktion (und gegebenenfalls auch Transformation) ihrer strukturellen Verfasstheit beizutragen. Urbanität fungiert also
zum einen häufig als Rahmen der kulturindustriellen Vermittlung von
HipHop-Kultur. Auf der anderen Seite steht sie den Akteuren auf einer
Handlungsebene als Ressource zur Inszenierung von Authentizität zur Ver-

tüchtigkeit von Netzwerken, die eventuell die Entstehung sozialer Konflikte begünstigt,
während verwahrloster Raum in einer symbolischen Dimension den Akteuren selbst und
anderen die eigene Wertlosigkeit signalisieren kann. In der Praxis finden Überlagerungen
und Wechselwirkungen zwischen den einzelnen Dimensionen statt.

62 Dass dies nicht nur für die Rapper selbst, sondern auch für die ein Vermarktungsinteres-
se verfolgende Kulturindustrie gilt, verdeutlicht Kage (2009) am Beispiel des Rap-Labels
Aggro Berlin, deren Arbeitsbeziehung mit den Massenmedien er als »mediale Win-Win-
Situation beschreibt.«

fügung. Ohne hier die ungleichheitsstiftende Bedeutung urbaner Segregation in ihrer oftmals tragischen Bedeutung relativieren zu wollen, muss
der Vollständigkeit halber aber auch auf eine Dynamik verwiesen werden,
die sich als grundsätzliche Ambivalenz fragiler Herrschaft als Gegenmacht
beinhaltendes Verhältnis beschreiben lässt. Führt man – wie weiter oben ge-
schehen – die urbane Segregation mit Häußermann und Kronauer (2009)
auf wirtschafts- und kulturimmanente Prozesse zurück würden »Stadt und
Kapitalismus [...] zu Synonymen« (Behrens 2007: 11f), die von Gangstarapsprechern verwendet werden, um diejenigen Lebensverhältnisse zu beschreiben, um die es sich in ihren Texten dreht. Behrens' (ebd. 34) pessi-
mistischer Diagnose »Es gibt keine Utopie der Stadt« zum Trotz birgt die
offensive Aneignung des Stadtteils als »Ressource der Lebensbewältigung«
(Herlyn et al. 1991) im Gangstarap in Kombination mit bestimmten Wer-
tecodices sehr wohl eine (mehr oder weniger) aussichtsreiche Zielsetzung.
Als Utopie ist sie vielleicht nicht gesamtgesellschaftlich revolutionär, aber
als individualisiertes Heilsversprechen taugt die Idee einer Karriere vom
Tellerwäscher/Gangstarapper zum Millionär allemal. Um dem Konstruktionsmodus solcher Narrative genauer auf die Spur zu kommen, soll die
Sozialfigur des Gangstarappers weiter unten als Schnittpunkt unterschiedlicher gesellschaftlicher Diskurse charakterisiert werden. Bevor dies geschieht,
beschreibt das folgende Kapitel die Entwicklung des Genres in der Bundesrepublik als empirische Ausgangsbasis der anschließenden Ausführungen.

HipHop und Gangstarap in Deutschland

Ähnlich wie im Fall der meisten ihrer lokalen Adaptionen wird HipHop-Kultur anfänglich auch in der Bundesrepublik als Minderheitenkultur aufgenommen.[63] Im Anschluss an eine vor allem historisch orientierte Darstellung der Entwicklung von HipHop-Kultur in der Bundesrepublik widmet sich der zweite Unterabschnitt dieses Kapitels der Vorstellung des Gangstarapgenres in Deutschland.

1. Adaption in der Bundesrepublik – HipHop als Migrationsgeschichte

Setzt man vor dem Hintergrund glaubhafter Überlieferungen (Loh/Güngör 2003; Loh/Verlan 2006) die Tatsache als gegeben voraus, dass es sich bei der Einführung von HipHop-Kultur in der Bundesrepublik im wesentlichen um ein Verdienst migrantischer Jugendlicher handelt, ergibt sich hieraus die Notwendigkeit, das Postulat einer kritischen Migrationsforschung zu beachten, die der Sichtweise der zentralen Akteure eine zentrale Stellung einräumt: »Der dominanten und von anderen Leuten ausgeheckten Erzählung haben sie alle ihre eigene Sicht der Dinge entgegenzusetzen« (Figatowski et al. 2007: 8): »Tatsächlich erhält die Geschichte der Migration einen anderen Rhythmus, wenn man sie als Geschichte ihrer Kämpfe liest und der Blick sich nicht allein auf die Veränderungen in der Ausländergesetzgebung und die Einwanderungsbestimmungen richtet« (Bojadzijev 2008: 64; siehe auch Schönwälder 2001).

Diesen Grundgedanken in zweierlei Weise aufnehmend, soll nun zuerst knapp rekonstruiert werden, wie die deutsche Migrationsgeschichte Rahmenbedingungen für die Etablierung HipHop-kultureller Formen in der Bundesrepublik gesetzt hat. Der anschließende Teil widmet sich dann der

---

63 Auf Grund der relativ geringen medialen Aufmerksamkeit, die der HipHop-Kultur in ihren Anfängen in der BRD zuteil wurde, kann in der gängigen Literatur praktisch nicht auf Originalquellen zurückgegriffen werden. So wurden weder Tonträger produziert, noch gab es HipHop-Magazine oder audiovisuelle Dokumente. Daher ist man bei der historischen Auseinandersetzung fast ausschließlich auf Überlieferungen der oral history angewiesen (vgl. Loh/Verlan 2006: 161).

Darstellung von HipHop und Gangstarap im deutschen Kontext. Mit Blick
auf die gängige Literatur basiert die Darstellung der deutschen Einwande-
rungsgeschichte in aller Regel auf einer Phasengliederung unterschiedlicher
Ausprägungen (z.b. Yildiz 2007). Rainer Geißler (2006: 235-237) schlägt eine
Unterteilung der bundesdeutschen Migrationsgeschichte in unterschiedliche
Abschnitte vor: Nachdem in einer ersten »Anwerbephase«[64] im Zuge der
prosperierenden ökonomischen Entwicklung nach dem zweiten Weltkrieg
zwischen 1955 und 1973 ca. 14 Mio. ›GastarbeiterInnen‹[65] (mit wenigstens
der gouvernmentalen Absicht nach zeitlich befristeter Aufenthaltsdauer)[66]
zur Übersiedelung in die BRD animiert wurden, läutete der am 23. November 1973 in Folge der ersten Ölkrise verhängte Anwerbestop die sogenannte
»Konsolidierungsphase« ein. In der Öffentlichkeit wurden die Migrantinnen und Migranten »infolgedessen nicht länger als ›Gastarbeiter‹, sondern
nunmehr pauschal als ›Ausländer‹ betrachtet« (Yildiz 2007: 35). Zwar wurde
auf diese Weise ein kurzfristiger Rückgang der AusländerInnenzahlen erreicht, doch bedingte die erschwerte Rotation zwischen der Bundesrepublik
und den Herkunftsländern längerfristig eine im Rahmen von Familiennach-
zügen stattfindende Migration, die genau wie die hohen Geburtenraten unter den MigrantInnen im Endeffekt zum weiteren Wachstum des ethnischen
Bevölkerungssegmentes beitragen sollte. Integration wurde in dieser Phase
vorwiegend als einseitige kulturelle Assimilation« betrachtet (ebd.). Als dritten Abschnitt der jüngeren bundesdeutschen Migrationsgeschichte nennt
Geißler (2006: 235) die von 1981 bis 1998 während »Abwehrphase«. Nachdem sich in der deutschen Regierungspolitik gegen Ende der 1970er Jahre –

---

64 Verschiedene Anwerbeabkommen sollten aus Sicht der deutschen Regierung dazu dienen,
    regulierend auf die Einwanderung in die Bundesrepublik einzuwirken. Entsprechende Ver-
    einbarungen wurden 1955 mit Italien, 1960 mit Spanien und Griechenland, 1961 mit der
    Türkei, 1964 mit Portugal und 1968 mit Jugoslawien geschlossen.

65 Nicht nur hinsichtlich der essenzialisierenden Reduktion von Menschen auf ihre Funktion
    innerhalb der expandierenden Ökonomie erscheint eine Verwendung dieser Bezeichnung
    problematisch, unterstellt der Ausdruck doch die dem damals von der Politik erdachten
    Rotationsprinzip immanente Annahme, dass die Migrantinnen und Migranten nur so lan-
    ge im Lande bleiben würden, wie die deutsche Wirtschaft Bedarf anmeldete, um danach
    wieder in ihre Herkunftsländer zurückzukehren. Diese eindimensional-ökonomistische
    Sichtweise auf die Arbeitsmigrationströme bringt Max Frisch in seinem häufig zitierten
    Diktum »*Man hat Arbeitskräfte gerufen und es kommen Menschen*« auf den Punkt.

66 »Die erste Hälfte der 60er Jahre trug zwar noch nicht die Signatur einer multikulturellen
    Gesellschaft, aber durch allmählichen Nachzug von Familien wurde deutlich, dass die
    Vorstellung einer ständigen Rotation kurzfristig im Land befindlicher Gastarbeiter nicht
    haltbar war.« (Schildt/Siegfried 2009: 183)

etwa durch die Einführung eines Amtes des Integrationsbeauftragten – sogar erste Versuche zur kulturellen Eingliederung ethnischer Minderheiten abzeichneten, schlugen diese Bemühungen angesichts einer steigenden Zahl von AsylbewerberInnen um in ein »Rennen nach einer Begrenzungspolitik« (Meier-Braun 1995: 17).

Der große gesellschaftliche Stellenwert, der dem politischen Umgang mit Einwanderung beigemessen wurde, lässt sich auch anhand der ersten Regierungserklärung Helmuts Kohls verdeutlichen, in deren Rahmen er die deutsche Ausländerpolitik als einen von vier Dringlichkeitspunkten vorstellt (vgl. Thränhardt 2006, S.276).[67] Darüber hinaus wurde zu Anfang der 1980er Jahre mit Hilfe verschiedener gesetzlicher Maßnahmen eine Förderung der Rückkehrbereitschaft von MigrantInnen propagiert.[68] Wie schon in der Bezeichnung »Abwehrphase« zu erkennen ist, zeichnen sich die 1980er Jahre durch starke Tendenzen zu einer politischen wie gesellschaftlichen Unaufgeschlossenheit gegenüber Zuwanderung in die Bundesrepublik aus. Neologismen wie der des ›Asylanten‹[69] (vgl. ebd.) bereichern einen Diskurs über ›volle Boote‹ und ›Ausländerfluten‹, die über ›uns‹ hereinbrechen (vgl. Weber-Menges: 137): »Öffentliche Debatten beschäftigten sich mit der Frage, wie viel Fremdheit die bundesrepublikanische Gesellschaft bis zur völligen Desintegration wohl noch verkraften könnte« (Yildiz 2007: 35f).

So führte auch nach Terkessidis (2000: 30) die »behördliche Übertreibung der negativen Folgen der Ansiedlung von Migranten [...] zusammen mit der Sorge über die angebliche Asylantenflut zu Beginn der achtziger Jahre zu einer allgemeinen Aufheizung der Stimmung in der Bundesrepublik«. Wie Bojadzijev (2008: 15) bemerkt, kann eine Rassismusanalyse »nicht umhin, den historischen Prozess zu berücksichtigen, wie, wann und warum sich Rassismus transformiert.« Eine unter Umständen interessante Sichtweise auf die deutsche Einwanderungspolitik zu Anfang der 1980er Jahre ergibt sich, wenn man sie in des breiteren Kontext der zeitgenössischen Politik und Kultur-Landschaft der Bundesrepublik einordnet. So korrespondiert die von Geißler als »Abwehrphase« charakterisierte Epoche andererseits mit

---

67 Als Ergebnis der von Kohl formulierten Programmatik entstand eine Kommission, der allerdings nach dem Wahlkampf nur eine äußerst untergeordnete Rolle zukam (vgl. ebd.).

68 So sollten etwa Prämien in Höhe von 10.000 DM für MigrantInnen (und ggfs. auch deren Angehörige) als Anreiz dienen, das Land zu verlassen (und dabei auf etwaige Rentenansprüche zu verzichten. Vgl. Bojadzijev 2008: 247).

69 Diese im Zeitraum um das Jahr 1980 entstandene Wortschöpfung dient der missbilligenden Verunklarung des Unterschieds zwischen AsylbewerberInnen und anerkannten politischen Flüchtlingen.

einem von Schildt und Siegfried (2009: 403) auf den Begriff der ›Selbstanerkennung‹ gebrachten Trend.[70] Dass sich diese Selbstanerkennung zwar in einem mehr und mehr positiven Bezug auf die Nation als »imaginierte Gemeinschaft« (Anderson 2005) zu äußern vermag, hierbei aber keinesfalls auch gleichmäßige Teilhabechancen für die Einwanderer und ihre Nachkommen mit sich bringt, zeigt sich am folgenden Befund Geißlers (2006: 246), dem zu Folge 1980 lediglich 15 % der Westdeutschen in Deutschland lebende AusländerInnen zu ihrem Freundes- oder Bekanntenkreis zählten.[71] Dieser geringe Umfang interethnischer Kontakte kann als Indikator für eine relativ strikte sozialräumliche Segmentierung zwischen Angehörigen ›der Mehrheitsgesellschaft‹ auf der einen und ethnischen Minderheiten auf der anderen Seite dienen. Sowohl als Ursache als auch Konsequenz dieser starken ethnischen Segmentierung sozialer Kontakte beschreibt Yildiz (2007: 35) den Prozess einer ›doppelten Ethnisierung‹, d.h. »einer Fremd-Ethnisierung durch die Einheimischen und einer Selbst-Ethnisierung der Migranten«, welche sich durchaus in kulturhistorischer Parallele zum weiter oben im Zusammenhang mit dem Leben in den marginalisierten Sozialräumen segregierter Stadtviertel als Zusammenspiel von Stigmatisierung und Selbstvergewisserung interpretieren lässt.

Es lässt sich also feststellen, dass die gesellschaftliche Randständigkeit von Jugendlichen mit Migrationshintergrund zu Anfang der 1980er Jahre als einer der zentralen Ausgangspunkte der Auseinandersetzung mit HipHop-Kultur zu sehen ist. So erscheinen die neuen Kulturformen vor allem für Jugendliche mit Migrationshintergrund attraktiv (vgl. Loh/Güngör 2003, 91ff). Die Gründe hierfür sind unterschiedlich: Zum einen ist die Teilhabe an HipHop-Kultur besonders im materiellen Sinne nicht sehr voraussetzungsreich. Für Rap- und Breakdance-Praktiken benötigen die Jugendlichen keine teure Ausrüstung. Anders als beim gemeinsamen Musizieren in einer Rockband oder einem Engagement im Sportverein sind für die mit HipHop-Kultur verbundenen sozialen Praktiken auch keine spezifischen Räumlichkeiten notwendig.[72] Weiterhin erscheint die in den US-

---

70 Obwohl von den Autoren nicht explizit behandelt, bleiben sicherlich auch der neue Historikerstreit, Helmut Kohls Bitburger Friedhofsbesuch sowie das rechtsradikal motivierte Bombenattentat auf dem Münchener Oktoberfest aus dem Jahr 1980, bei dem 13 Menschen durch den Terroristen Gundolf Köhler getötet wurden, in das zeitdiagnostische Panorama einzufügen.

71 2002 waren es mit 61% ca. viermal so viele (vgl. ebd.).

72 Für das Jahr 2000 beschreibt Geißler (2006, S. 243) eine beengte räumliche Situation in deutschen Migrantenhaushalten. So waren dort pro Raum durchschnittlich doppelt so

amerikanischen Rap-Songs dargestellte soziale Wirklichkeit in den betref-
fenden Stadtteilen auch für jugendliche MigrantInnen in Deutschland als
attraktives Identifikationsangebot. Für die zweite MigrantInnengeneration
in der Bundesrepublik bot die positive Auseinandersetzung mit HipHop-
Kultur also ein hohes Gestaltungspotential gegenüber ihrer sozialen Umwelt
und attraktive Möglichkeiten zur Selbstverwirklichung bei relativ geringer
Kostenintensität. Interessanterweise führte die soziale Situation zahlreicher
an der HipHop-Kultur maßgeblich beteiligter Akteure anfangs zu einer
Ablehnung der deutschen Sprache als Ausdrucksform. Stattdessen reimte
man – entsprechend der eigenen oder elterlichen Herkunftsländer – auf
Türkisch, Jugoslawisch oder Italienisch.[73] Es erscheint naheliegend, diese
Entwicklung mit der vorherrschenden Integrationssituation der zweiten Mi-
grantInnengeneration in der BRD in Verbindung zu bringen.

Loh zu Folge kommt die Inszenierung der ›Fantastischen Vier‹ einer künstlichen Abweichung von der ihm authentisch erscheinenden Ursprungserzählung deutscher HipHop-Kultur gleich. Der authentische Charakter dieser Kulturformen unterliege demnach einer Vermarktungsdyna-
mik, die sie ihrer öffentlichen Repräsentationsmöglichkeiten beraubt. Inwiefern die kulturindustrielle Integration kultureller Elemente ihre konkreten
Ausformungen beeinflusst oder auch nicht, soll weiter unten noch eingehender erörtert werden. Ungeachtet Loh's relativ personalisierter Kritik[74]
lässt sich feststellen, dass der kommerzielle Durchbruch der ›Fantastischen
Vier‹ die Akzeptanz für deutschsprachige Rapmusik in der deutschen Musikindustrie erhöht hat. Dies wird nicht zuletzt an der zunehmenden Prä-
senz erfolgreicher Rap-KünstlerInnen aus der Bundesrepublik im Laufe der
1990er Jahre deutlich.

viele Personen untergebracht, wie in deutschen Haushalten. Es ist anzunehmen, dass diese wohnräumliche Situation einen starken Einfluss auf die Freizeitaktivitäten betroffener
Jugendlicher hatte. Es erscheint daher nicht weit hergeholt, dass gerade die Praktizierung
von Breakdance im öffentlichen Raum vorwiegend durch Jugendliche mit Migrationshintergrund (vgl. Loh/Verlan 2006, S. 134-139) auch hierin begründet liegt.

73 Hierin liegt die Ursache für einen weiteren bemerkenswerten transnationalen Kulturtrans-
fer: So beschreibt Loh (2005, S. 114) wie etwa türkischer oder griechischer Rap ursprünglich
in Deutschland entstand und erst einige Jahre später den Weg in die Länder fand, deren
Sprache ihm als hauptsächliches Bezugssystem galt.

74 Tatsächlich arbeitet er sich in zahlreichen Passagen am vermeintlichen Fehlverhalten der
›Fantastischen Vier‹ ab, ohne dabei genauer auf die Funktionslogik des kulturindustriellen
Produktionszusammenhangs unter kapitalistischen Bedingungen einzugehen. Dies mag
unter moralischen Gesichtspunkten mehr oder weniger nachvollziehbar erscheinen, eine
angemessene Erklärung für den komplexen Verlauf der Entwicklung findet sich hierin
allerdings nicht.

Im Vergleich mit den im letzten Abschnitt getroffenen Ausführungen
beruhen die Formen, in denen HipHop heute in Erscheinung tritt, auf
einer neuen kulturellen Konstellation. So schreibt etwa Peters (2007: 1):
»Seit Mitte der 90er Jahre gehört die Hip-Hop-Szene zu den populärsten
Jugendkulturen in Deutschland«.[75] Ihm zu Folge ist die Zahl der HipHop-
Interessierten seit den frühen 1990er Jahren stetig gewachsen und liegt heute
bei ca. drei Millionen, von denen mehrere Hunderttausend sich aktiv an der
Herstellung von HipHop-Kultur beteiligen[76] (vgl. ebd.: 2). Die Altersspanne
erstreckt sich – bis auf wenige Ausnahmen – zwischen 14 und 34 Jahren,
bei einem Altersdurchschnitt von ca. 20 Jahren. Während er unter den TeilnehmerInnen VertreterInnen aller gesellschaftlichen Schichten identifiziert,
betont er außerdem eine hohe Repräsentation Jugendlicher mit Migrationshintergrund (vgl. ebd.). Die anhaltende Expansion HipHop-kultureller
Formen hinein in den deutschen Mainstream führen unterschiedliche Autoren auf den Erfolg der Rap-Gruppe ›die Fantastischen Vier‹ ab den frühen 1990er Jahren zurück. Über die kulturindustrielle Vereinnahmung von
HipHop in Deutschland schreibt Hannes Loh (2005: 113): »Dass Gastar-
beiterkinder die ersten waren, die ihre Reime auf türkisch kickten, dass die
Szene in Deutschland von Jugendlichen türkischer, kurdischer, jugoslawi-
scher oder afrodeutscher Abstammung aufgebaut wurde, all das passt nicht
so gut zu der Erzählung von den deutschen Kindern in den Reihenhäusern,
die in die Fußstapfen der großen Dichter und Denker treten« (Loh/Güngör
2002: 122). Nachdem HipHop-Kultur in Deutschland in ihrer Entstehung
als wesentlich durch den Einfluss migrantischer Jugendlicher geprägt sowie
im Zusammenhang bundesrepublikanischer Einwanderungspolitik rekonstruiert worden ist, widmet sich der nächste Abschnitt der Darstellung des
Gangstarapgenres in seinen spezifisch deutschen Ausprägungen.

---

75 Dass eine Szene meiner Ansicht nach keine Jugendkultur ist, geht aus der definitorischen
    Abgrenzung der Begriffe hervor, die weiter unten im Bezug auf Hitzler getroffen werden
    soll.
76 Als Kriterium hierfür führt er die Aktivität in mindestens einer der Sparten Rap, DJing,
    Graffiti oder Breakdance an.

2. Gangstarap in Deutschland

Wenn man von Gangsta-Rap spricht, dann geht es in erster Linie um ein Gefühl.[77] Nicht – wie man meinen könnte – um ein festes Genre, dessen Substanz und Charakteristika man trennscharf abgrenzen könnte, sondern um ein Subgenre der HipHop-Kultur respektive der Rap-Musik, das sich vor allem über bestimmte Stilmittel, Themenfelder und Sprachcodes definiert. Ob ein Song oder ein Künstler als Gangsta-Rap(per) zu kategorisieren ist, liegt in vielen Fällen im Auge des Betrachters und ist damit auch von dessen Sozialisation und Perspektive abhängig.

Im Internet findet man unzählige Versuche, Gangsta-Rap als Genre durch bestimmte Voraussetzungen zu umschreiben und von anderen Rap-Subgenres ähnlich schwammiger Herkunft (Street-Rap, Hardcore-Rap, Porno-Rap usw.) zu unterscheiden. Im Kern geht es im Gangsta-Rap natürlich musikalisch und textlich darum, die Lebenswelt eines Gangsters zu beschreiben. Der Begriff des »Gangsters« ist dabei dehnbar – so kann es sich um den kleinkriminellen Haschischdealer aus dem Märkischen Viertel handeln, aber auch um den italo-amerikanischen Mafiaboss aus Brooklyn. Die Beschreibung kann aus beobachtender Erzählperspektive oder aber in der Ich-Perspektive stattfinden. Nicht zuletzt kann die Beschreibung glorifizierend oder kritisch, nüchtern-distanziert oder leidenschaftlich wirken. Gemeinsam ist allen Protagonisten lediglich das Behaupten einer bestimmten sozialen Herkunft, für die in der öffentlichen Diskussion häufig Begriffe wie »Unterschicht« oder »Prekariat« gebraucht werden. Ihr natürlicher Lebensraum ist das »Ghetto« oder – im Feuilleton-Deutsch – der soziale Brennpunkt.

Auch wenn die Öffentlichkeit es gerne anders wahrnimmt, bedeutet HipHop nicht ausschließlich Gangsta-Rap. Vielmehr ist dies ein relativ kleiner, wirtschaftlich allerdings in den letzten zehn Jahren sehr lukrativer Zweig. HipHop selbst ist eine Subkultur, die sich bekanntermaßen im New York der siebziger Jahre aus der Zusammenschau einzelner Disziplinen wie Musik (Breakbeat-DJing und später Rap), Kunst (Graffiti) und Tanz (Breakdance) herausgebildet hat.

Die weit verbreitete These, dass HipHop zu Beginn seiner Entwicklung mit einer Latenz von einer Dekade aus den USA nach Deutschland impor-

---

77 Dieses im Original bei Szillus (2012) erschienene Kapitel wird hier mit der freundlichen Genehmigung des Autors abgedruckt, dessen umfangreiche Kenntnis des Themas die wohl weitreichendste empirische Aufarbeitung des Feldes darstellt.

tiert wurde, trifft zumindest auf die Anfänge und auch auf das Phänomen
Gangsta-Rap zu. In den USA begannen Rapper wie Schoolly D, Ice-T und
KRS-One ab 1984/85, die Disco-Rap-Ära der späten Siebziger endgültig ab-
zulösen und stattdessen den rohen Tonfall der Straße in ihre Musik zu
integrieren. Speziell mit der Band N.W.A. hielt dieses Subgenre Ende der
Achtziger dann sogar breiten Einzug in den Mainstream – trotz eines Boy-
kotts durch weite Teile der Medienlandschaft, trotz Gegenwehr von Eltern-
und Bürgerinitiativen, trotz Einführung des berühmt-berüchtigten »Paren-
tal Advisory«-Stickers, der Schallplatten und CDs mit besonders explizitem,
vermeintlich jugendgefährdendem Inhalt kennzeichnen sollte und letztlich
nur als Empfehlungsleitfaden für interessierte Jugendliche wirkte, welche
Platten man sich vielleicht auch mal anhören sollte.

In Deutschland gab es vor 1993 keinen Gangsta-Rap und auch keine
Ansätze für die Adaption dieses Phänomens. Die ersten überregional erfolgreichen Rap-Bands wie Advanced Chemistry aus Heidelberg und Die Fantastischen Vier aus Stuttgart waren inhaltlich weit von dem entfernt, was wir
heute als »Gangsta-Rap« bezeichnen würden. Rap hatte sich in Deutschland
damals entweder revolutionär-politisch oder aber humoristisch-harmlos zu
gerieren. Selbst wenn die erste Generation von HipHop-Adepten in Deutschland zum überwiegenden Teil aus Migrantenkindern und anderen sozial Benachteiligten bestand, wurde dieser Umstand nur am Rande thematisiert: In
frühen deutschen HipHop-Stücken wie »Ahmet Gündüz« äußerte sich die
Düsseldorfer Fresh Familee 1990 zwar satirisch zum Themenkomplex Frem-
denfeindlichkeit, doch machten sie dies auf eine leicht verdauliche Weise,
die dem deutschen Durchschnittsbürger keine Angst einflößte. HipHop-
Künstler agierten zu dieser Zeit stets als die lustigen Wortspielclowns, die
von Mainstream-Medien und bürgerlicher Öffentlichkeit mehr belächelt
denn ernst genommen wurden.

Über den Grund für die späte Adaption lässt sich nur spekulieren.
Plausibel erscheint die Theorie, nach der die Themen des amerikanischen
Gangsta-Rap einfach zu weit entfernt von der deutschen Lebensrealität
schienen. Die US-Vorbilder rappten schließlich über die Lebenswelt des urbanen Ghettos, über Gang-Kriege und organisierte Kriminalität, über die
Crack-Babies der Reagan-Ära, über drogensüchtige, minderjährige Mütter
und alkoholsüchtige, gewalttätige Väter, über kaputte Familienstrukturen
und den täglichen Überlebenskampf auf der Straße. Manche taten dies
im Stile eines beobachtenden und anprangernden Reporters, der Rap als
»CNN des Ghettos« (Chuck D. von Public Enemy) verstand, andere wie

eben N.W.A. nahmen bewusst provokativ eine Ich-Perspektive ein und unterstrichen die Ernsthaftigkeit ihrer Anliegen durch das Fehlen jeglicher ironischer oder perspektivischer Brechung – man hatte keinen Zweifel daran, dass Eazy-E und Ice Cube tatsächlich raubend, mordend, plündernd und brandschatzend durch ihr Viertel in Los Angeles zogen, in dem die Polizei nichts zu melden hatte, so lange sie nicht selbst ihre berufsethischen Regeln über Bord warf und die brutalen Methoden der Gang-Mitglieder übernahm.

Auch wenn HipHop in sozial schwachen deutschen Regionen wie Köln-Chorweiler, Frankfurt-Nordweststadt, Hamburg-Wilhelmsburg oder Berlin-Neukölln einen fruchtbaren Nährboden vorfinden sollte, so dauerte es doch einige Jahre, bis die Alltagsthemen der Bewohner dieser Gegenden auch in die Musik Einzug hielten. Allerdings war es nur eine Frage der Zeit, bis sich auch in Deutschland jener Stil durchsetzte, der in Amerika mit Figuren wie Snoop Doggy Dogg, Tupac Shakur oder The Notorious B.I.G. gerade im Begriff war, zur wirtschaftlich erfolgreichsten Spielart von Rapmusik zu werden.

2.1. Die ersten deutschen Gangstarapper

Rödelheim Hartreim Projekt

Moses Pelham und Thomas Hoffmann waren zwei Freunde, die sich der Legende nach auf dem Basketballplatz im Frankfurter Arbeiterbezirk Rödelheim kennen gelernt hatten. Sie liebten amerikanischen HipHop, doch hatten sie die Schnauze gestrichen voll von politischer Agitation und ironisch-augenzwinkerndem Mittelstandsrap, wie er in Deutschland die Szene-Wahrnehmung regierte. Ihr HipHop sollte anders klingen: Härter, roher, gefährlicher. Mit ihnen sollte sich keiner anlegen. Die stolze Gang-Mentalität ihrer heimatlichen Main-Metropole sollte sich auch in ihrer Musik ausdrücken und damit den anderen »Underdogs« in ganz Deutschland eine Identifikationsfläche bieten.

1993 gegründet, arbeiteten sie mit ihren Produzenten Martin Haas und Robert Sattler direkt an ihrem Debütalbum, das 1994 unter dem Titel »Direkt aus Rödelheim« erschien. Von diesem Meilenstein verkauften sie über 160.000 Exemplare und veränderten damit die Wahrnehmung von deutschem HipHop. Nun gab es einen effektiven Gegenspieler zu den Fantastischen Vier – bis dahin die einzige Rap-Gruppe, die es zu einer gewissen Anerkennung durch den bundesdeutschen Mainstream geschafft hatte, gleichzeitig aber von den Protagonisten der Subkultur nie als Sprecher oder gar Vorreiter akzeptiert worden war. Auch das Rödelheim Hartreim Projekt traf in der dogmatisch eingeschworenen HipHop-Szene zunächst auf Ablehnung. Doch ihre selbstbewusste Attitüde sollte sich am Ende auszahlen.

Moses Pelham hatte sich bereits ab 1989 in der Frankfurter Musikszene einen gewissen Namen gemacht. Zusammen mit den Dance-Produzenten Michael Münzing und Luca Anzilotti hatte er 1989 das Soloalbum »Raining Rhymes« veröffentlicht, 1992 entstand der Nachfolger »The Bastard Lookin' 4 The Light«, der jedoch wegen Label-Querelen erst acht Jahre später der Öffentlichkeit zugänglich gemacht wurde. Die Entscheidung, in deutscher Sprache zu rappen und gemeinsam mit Partner Thomas Hofmann sowohl textlich als auch musikalisch eine härtere Gangart einzulegen, erwies sich kommerziell und künstlerisch als richtig. Düstere, langsame, tonnenschwere Beats und direkte verbale Attacken gegen real existierende Gegner – das hatte es in dieser Form in Deutschland bis dahin nicht gegeben.

1993 erschien die erste RHP-Single »Reime«, mit der sich die Rapper Moses Pelham und Thomas Hofmann der Welt präsentierten. Der Song beginnt mit einem besonders sinnfreien Vokalzitat des Fantastischen-Vier-Rappers Thomas D. (»Jede Menge Reime, die sich auch noch reimen«), bevor Moses P. mit bis dato ungekannter Brutalität in den Track platzt: »Das interessiert mich nicht die Bohne/seit fünf Jahren trag ich die Krone.« Mit Gangsta-Rap im heutigen, engeren Sinne hat »Reime« auf den ersten Blick wenig zu tun, es ist vielmehr ein klassisches Battle-Rap-Stück, in dem der Gegner lyrisch angegriffen und der Lächerlichkeit preisgegeben wird: »Sie nennen sich fantastisch/ich wunder mich, was sich/die Jungs dabei denken, sie sind spastisch.«

Die Verwendung von explizitem Straßenslang, ruppiger Wortwahl und amerikanischer Soundästhetik war im deutschen HipHop etwas revolutionär Neues. Das Rödelheim Hartreim Projekt gerierte sich im Video genau so stolz und martialisch, wie es nun mal ihrer Frankfurter Lebensrealität entsprach. Zu Beginn des Videos zur dritten Albumsingle »Wenn es nicht hart ist« posierte Moses Pelham mit einem Baseballschläger, in »Reime« drohte er mit Schüssen aus einer 9mm-Pistole, was man als Referenz an den Boogie Down Productions-Track »My 9mm Goes Bang« von 1986 – eines der ersten amerikanischen Gangsta-Rap-Stücke überhaupt – verstehen konnte. Oder eben einfach nur als ganz konkrete Drohung, dass er einen über den Haufen ballern würde, wenn man ihm krumm kam. Ganz wie man wollte.

Der überraschende Erfolg von RHP führte zu einer ausgiebigen Deutschland-Tournee, die auf dem 1995 erschienenen Live-Album »Live aus Rödelheim« dokumentiert wurde. 1996 folgte schließlich das zweite und letzte Album des kurzlebigen Projekts: »Zurück nach Rödelheim« stieg bis auf Platz 3 der deutschen Albumcharts, RHP waren endgültig im Mainstream angekommen. Mit ihrer Mischung aus mächtigen Produktionen und expliziter Lyrik hatten sie ganz offensichtlich einen Nerv getroffen. Moses Pelham gefiel sich in der Rolle des bösen Buben, er trug Bomberjacken und T-Shirts von der Frankfurter Proleten-Rockband Böhse Onkelz, die zumindest zu Beginn ihrer Karriere offen rechtsradikale Tendenzen offenbart hatten. 1997 brach er Stefan Raab, der sich in seiner damaligen TV-Sendung über Pelham lustig gemacht hatte, auf der »Echo«-Verleihung mit einem Faustschlag das Nasenbein. Er musste 50.000 Mark Strafe zahlen.

Pelham, der in dieser Zeit bereits das Label 3p (Pelham Power Productions) gegründet hatte, wurde zu einem der relevantesten und erfolgreichsten Pop-Produzenten der späten Neunziger, mit Acts wie Sabrina Setlur oder Xavier Naidoo. Er selbst nahm noch zwei Soloalben namens »Geteiltes Leid 1&2« auf, die 1998 und 2004 erschienen, mit Gangsta-Rap im engeren Sinne jedoch nichts mehr zu tun hatten. Den Weg für die Entwicklung des Genres hatte er allerdings gemeinsam mit Thomas Hofmann, der sich aus dem aktiven Künstlerdasein zugunsten einer Tätigkeit als Produzent und Strippenzieher im Hintergrund zurückzog, eindeutig geebnet.

44 Da Mess/Da Fource

Einer der wichtigsten Momente in der Frühphase von deutschem Gangsta-Rap war der Song »Mein Leben«, den der Berliner Rapper Charnell Taylor im Jahr 1997 veröffentlichte. Rödelheim Hartreim Projekt hatten zwar neben der Frankfurter Härte auch eine emotionale Seite offenbart, diese erschöpfte sich jedoch in der Regel auf zwischenmenschlich-privater Ebene (»Keine ist wie du«). Taylor hingegen erzählte so nachvollziehbar, unpeinlich und anschaulich aus dem Leben eines sozial benachteiligten Großstadtkinds, dass jede Zurschaustellung typischer Gangster-Härte daneben überflüssig schien. Allein die Härte des Lebens, das Charnell gelebt haben musste, machte aus ihm zu Beginn seiner Karriere eine interessantere und sinnstiftendere Persona als jeden polternden Proleten.

Charnell, der ohne Vater und in prekärsten sozialen Verhältnissen in verschiedenen Berliner Stadtteilen wie Wedding, Kreuzberg und Moabit aufgewachsen war, hatte eine Jugend erlebt, wie sie exakt den Lebensläufen der amerikanischen Gangsta-Rapper entsprach: Jugendkriminalität, Gewalt, Drogen, Gangs – als er »Mein Leben« schrieb, wusste er genau, wovon er sprach. Einem Afrodeutschen ohne Schulabschluss schienen sämtliche Türen in die bürgerliche Arbeitswelt verschlossen. Um dem ewigen Kreislauf von Kleinkriminalität und Knast zu entkommen, gründete er die Rap-Gruppe »4 4 Da Mess«. Der Song »Mein Leben« erschien 1997 auf einer gleichnamigen EP der Band, war jedoch effektiv ein Solostück von Charnell. Es war der erste Rap-Song, der konkret von dem Leben am untersten Ende der gesellschaftlichen Skala in Deutschland erzählte. RHP hatten sich zwar wie Ghetto-Jungs geriert, sie hatten gedroht, gepöbelt und geprügelt – doch sie hatten nicht so unverhohlen von jenen Schattenseiten des Ghetto-Lebens berichtet, die Charnell hier ganz offen thematisierte.

Auf einem Instrumental, das auf einem Sample des US-Soulsängers Luther Vandross basierte, berichtete Charnell von seinen Problemen mit der alleinerziehenden Mutter, von Streitereien im kaputten Elternhaus, von Alkoholsucht und Schlägereien. Seine eigene Existenz bezeichnet er als »Fehler der Gesellschaft«. So eindringlich und verletzlich hatte bis dahin kein Rapper seine realen Probleme und seine Emotionen in Worte gefasst. »'N bisschen was über mein Leben« nannte Charnell diese Gedanken bescheiden in der Hookline des Songs, der Einflüsse von amerikanischen Vorbildern wie Tupac Shakur, Nas oder The Notorious B.I.G. aufgriff, ohne dabei zur platten Kopie zu werden. Denn Charnell sprach nicht über ein imaginäres Brooklyn, das er nur aus Filmen kennen konnte, sondern über seine direkte Umgebung in Moabit, wo kleine Jungs große Messer tragen und zu den Spielern, Dealern und Zuhältern aufschauen, die 3er BMWs fahren und Goldketten tragen.

Zusammen mit seinem Jugendfreund Timo Lourenzo da Silva (als Rapper TMO) gründete Charnell nach der Trennung von 4 4 Da Mess die Gruppe Da Fource, die 2001 über das Majorlabel Sony ihr Debütalbum »Überlegen« veröffentlichte, das jedoch kommerziell nicht so einschlug, wie man sich das dort erhoffte. Vielleicht kam die Platte einfach die entscheidenden zwei Jahre zu früh. Da Fource lösten sich jedenfalls im Streit auf und Charnell begann eine beispiellose Odyssee durch die deutsche Rap-Szene – in den Folgejahren schloss er sich verschiedensten Camps und Labels an, zeitweilig lebte er auch in den USA. Während andere jene kommerziellen Erfolge einsacken konnten, die ihm seiner Meinung nach zustanden, gab sich Charnell frustriert. Er legte sich öffentlich mit denjenigen an, denen er vorwarf, »seine Idee« des deutschsprachigen Gangsta-Rap kopiert zu haben; gleichzeitig zweifelte er die Echtheit und Authentizität ihrer Geschichten an. Kommerziell jedoch half ihm das alles nichts. Andere zogen an ihm vorbei, Charnell selbst verlor den Anschluss an die Szene.

Azad

Abgesehen von RHP und Da Fource war es vor allem ein Frankfurter Rapper, der deutschem Gangsta-Rap den Weg ebnete und auch selbst zumindest eine gewisse Zeit von den eigenen Innovationen kommerziell profitieren konnte: Azad Azadpour, geboren 1974 als Kurde im Iran, als Flüchtlingskind nach Deutschland gekommen, aufgewachsen in der Frankfurter Nordweststadt. In seinem Song »Hip Hop« nennt er die Kassette »Break Sensation 1984«, einen Soundtrack zum gleichnamigen Film von Vitorio de Sisti, als einen der Auslöser für seine Leidenschaft zum HipHop. Nach Breakdance entdeckte er bald Graffiti für sich, dann DJing und schließlich auch Rapmusik, speziell die härtere Gangart aus den Ghettos von New York und Los Angeles, London und Marseille.

1989 schloss er sich der lokalen HipHop-Gruppe Cold-N-Locco an, die sich später in Asiatic Warriors umbenannte und einen für die Zeit extrem brachialen Rap-Style pflegte, allerdings in englischer Sprache. Nachdem die Gruppe sich aufgrund interner Differenzen trennte, wandelte Azad fortan auf Solopfaden. Erst 1999 unterschrieb er einen Plattenvertrag bei 3p, dem Label von Moses Pelham, der harten Rap in Deutschland mit dem Rödelheim Hartreim Projekt etabliert hatte. Im Jahr 2000 veröffentlichte Azad ebendort die Single »Napalm«, die vor allem auch wegen ihres düsteren, bedrohlichen Videos in der zu jener Zeit friedlich-friedensbewegten deutschen Rap-Szene einschlug wie die sprichwörtliche Bombe. Trotz ersten Vorläufern wie RHP und Da Fource waren die späten Neunziger kommerziell von Mittelstandsrap aus Hamburg und Stuttgart geprägt worden. Doch nun schien der harte Stoff auf den dunklen Frankfurter Gassen an der Reihe.

2001 veröffentlichte Azad das Debütalbum »Leben«, das bis heute als Klassiker des deutschen HipHop gilt und bei einem entsprechenden Expertenvoting des Fachmagazins JUICE auf Platz 6 der besten deutschen Rap-Alben aller Zeiten gewählt wurde. Mit dieser Platte etablierte sich der Frankfurter als »schießeisenharter, extrem glaubwürdiger und fest in der HipHop-Kultur verwurzelter Straßen-MC« (JUICE). Fast vollständig von Azad selbst produziert, war »Leben« ein Monolith aus kühlen Filmmusik- und Klassik-

Samples, stahlharten Drums und Azads maschinengewehrschnellem Flow, mit dem er als »1 Mann Armee« gegen wacke, sprich: weiche und weibische MCs in den symbolischen Krieg zog. Ein öffentlichkeitswirksames Battle lieferte er sich mit Samy Deluxe, den er als Sinnbild für kommerzialisierten, weichgespülten HipHop angriff – zunächst mit zwei Zeilen in seinem Song »Gegen den Strom« und, nach Samys Antwort »Rache ist süß« mit dem Diss-Track »Samy De Bitch!! (7 Lektionen)« auf dem Album »Leben«.

Wie dicht sich Azads Rap-Entwurf an amerikanischen Straßenrap-Standards orientierte, zeigte sich u.a. in der überlieferten Episode, nach der die beiden Rapper Lil Dap und Melachi von der New Yorker Crew Group Home zufällig das »Napalm«-Video zu sehen bekamen und daraufhin unbedingt mit dem Frankfurter MC zusammenarbeiten wollten – das Stück »Da Underground« auf »Leben« war das Ergebnis dieser transatlantischen Kollaboration, die sogar zu einem Besuch der New Yorker bei Azads Release-Party und einer gemeinsamen Deutschland-Tournee führte. Das Lebensgefühl in bestimmten Ecken von Brooklyn und der Nordweststadt schien ganz offenbar nicht mehr so verschieden zu sein.

Azad nahm im Laufe der nuller Jahre noch eine ganze Reihe weiterer Alben auf, verließ seinen eingeschlagenen musikalischen Pfad jedoch nie wesentlich. Sein Soundentwurf zwischen der Sprache der Straße und poetischer Melancholie mit melodiösen Einflüssen aus seiner arabischen Heimat war für viele Jahre stilprägend, wurde permanent von Nachahmern und Nachfolgern imitiert, aufgegriffen und weiterentwickelt. Seinen kommerziellen Zenit erreichte Azad in den Jahren 2004 bis 2007, als er zeitweilig als Solokünstler beim größten Majorlabel Universal unter Vertrag stand, mit Kool Savas das erfolgreiche Kollabo-Album »One« über SonyBMG veröffentlichte und gemeinsam mit Adel Tawil den Nummer-eins-Hit »Prison Break Anthem« aufnahm, der als Titelsong zur gleichnamigen TV-Serie im deutschen Fernsehen lief und sich über 150.000 mal verkaufte.

Seinen Ruf als Pate des deutschen Gangsta-Rap festigte Azad auch durch vereinzelte Aktionen, so etwa eine Schlägerei auf dem »HipHop Open«-Festival in Stuttgart 2004, wo er den damaligen Konkurrenten Sido im Backstage-Bereich verprügelte. Grund für die Auseinandersetzung war offensichtlich eine Beleidigung gegen Azads Mutter gewesen, die Sido bei einem anderen Konzert kurz vor dem Festival ausgesprochen hatte. Sein Majoralbum »Der Bozz« wurde wegen jugendgefährdender Textzeilen von der Bundesprüfstelle für jugendgefährdende Medien indiziert, zudem bekam er zahlreiche Beschränkungen bei Konzerten aufgrund des Ausrasters beim

»HipHop Open« aufgebrummt. Für sein Image als Straßenrapper aus dem sozialen Brennpunkt waren all diese Skandale sicher nicht hinderlich, auch wenn es vermessen wäre, Azad hier Kalkulation oder Vorsatz zu unterstellen. Azad hat sich nämlich selbst nie als Gangsta-Rapper definiert.

Trotzdem gilt er bis heute als einer der relevantesten stilistischen Vertreter des Genres in Deutschland – auch wenn man deutlich sagen muss, dass Azad die Lebensverhältnisse im Ghetto nie glorifiziert, sondern allerhöchstens romantisiert hat. Im Gegensatz zu späteren Adepten wie Sido oder Bushido jedoch hat Azad stets die Perspektive des neutralen bis kritischen Beobachters, nicht die des aktiven Täters eingenommen. Gleichzeitig hat er durch sein martialisches Auftreten, die bewusste Zurschaustellung der Zahlenstärke seiner Anhängerschaft und die stets düstere visuelle Verpackung seiner Tonträger und Videos ein stimmiges Bild erschaffen, das viele seiner Fans nicht zwischen der Kunstfigur und dem Menschen Azad unterscheiden ließ. Nicht zuletzt der Umstand, dass er unter seinem bürgerlichen Vornamen rappt, passte hier perfekt ins Bild: Azad legt Wert darauf, kein »Image-Rapper« zu sein, gleichzeitig hat er durch seine unbedingte Bemühung um Authentizität das Prototyp-Image deutschen Gangsta-Raps erschaffen.

2.2. Berlin Rap

Ende der Neunziger brodelte es nicht nur in Frankfurt, sondern vor allem auch in Berlin. Während man in Hamburg und Stuttgart bereits den Mainstream im Würgegriff hatte, nahmen die Berliner HipHopper die Rolle der unbeugsamen Underdogs ein. Es gab lose Verbunde, in ihrer Struktur irgendwo zwischen Label, Crew und Straßengang anzusiedeln, die in ihrer Gesamtheit eine Art Ursuppe bildeten, aus der sich die erfolgreichen Modelle später herausschälen sollten: Dazu gehörten etwa die Graffiti- und Randale-Crew Berlin Crime (BC), das Bassboxxx-Label oder auch »Royal Bunker«, anfangs ein Freestyle-Café nach Vorbild des »Project Blowed« in Los Angeles, später ein vom Wahlberliner HipHop-Aktivisten Marcus Staiger betriebenes Kassetten-Label in Kreuzberg.

In der Berliner Szene zählten Battle-Kultur und Straßenmentalität von Anfang an mehr als im Rest der Nation. Ihre expliziten verbalen Ergüsse brachten die Protagonisten dieser Parallelgesellschaft, die blumige Namen wie Frauenarzt, King Orgasmus One, Royal TS bzw. Die Sekte, MC

Basstard, Bass Sultan Hengzt, Bushido, Fler und nicht zuletzt Westberlin
Maskulin trugen, überwiegend auf selbstkopierten Tapes in Kleinstauflagen
unters Volk. Anfangs waren sie nur in lokalen Shops wie dem »Downstairs«-
Laden in Berlin-Schöneberg, später über national agierende Indie-Vertriebe
wie Distributionz aus Osnabrück oder Groove Attack aus Köln erhältlich.
Ein nicht unwesentlicher Teil der deutschen Jugend verzehrte sich nach
einem expliziten, unkommerziellen Gegenentwurf zu dem mittlerweile als
brav und bieder empfundenen Mittelstandsrap von den Absoluten Begin-
nern, Fünf Sterne Deluxe, Freundeskreis oder den Massiven Tönen.
   Die Rolle des Tabubrechers und lyrischen Vorreiters spielte hierbei der
Berliner MC Kool Savas (bürgerlich Savas Yurderi, geboren 1975 in Aa-
chen), sowohl in seiner Rolle als eine Hälfte des kurzlebigen Duos Westberlin Maskulin, aber auch zu Beginn seiner Solokarriere in den Jahren 1999
bis 2001. Gemeinsam mit dem afrodeutschen MC Taktlo$$ hatte der in
Berlin-Kreuzberg aufgewachsene Deutsch-Türke Ende der Neunziger zwei
Platten veröffentlicht, deren Einfluss auf nachfolgende Rap-Generationen
nicht ernst genug genommen werden kann: »Hoes, Flows, Moneytoes« und
»Battlekings« waren alles, was der HipHop von Fettes Brot, Deichkind oder
Blumentopf zumindest in der Auffassung von Kool Savas nicht war: Rebel-
lisch, unangepasst, asozial, unprofessionell, schwer verdaulich und unfass-
bar innovativ. Der erfolgreiche Berliner Rapper Prinz Pi erinnerte sich viele
Jahre später in einem Interview mit dem Magazin JUICE daran, wie er bei
einer Jam Kool ein WBM-Tape aus Kool Savas' Rucksack kaufte: »Das Tape
war die Bombe schlechthin und warf alles um, was ich je an deutschem
Rap gehört hatte. (...) Nie wieder habe ich etwas so Rotziges, Dreistes und
Energievolles gehört.«
   Hier bringt Prinz Pi auf den Punkt, was an Westberlin Maskulin und
speziell am Rap-Style und der Lyrik von Kool Savas so wegbereitend für
deutschen Gangsta-Rap war. Savas war der erste MC, dessen explizite, por-
nografische Texte tatsächlich den »Parental Advisory«-Sticker herausforder-
ten und gegen den die zaghaften verbalen Ausfälle von RHP, Da Fource
und sogar Azad beinahe harmlos wirkten. Er präsentierte sich als »Pim-
plegioneah«, befahl der Damenwelt »LMS (Lutsch meinen Schwanz)« und
konstatierte nüchtern: »Alle MCs sind schwul in Deutschland«. Auch wenn
er spätestens zu seinem Major-Solodebüt »Der beste Tag meines Lebens«
(2002) die Schimpfwortfrequenz deutlich zugunsten von technischem An-
spruch und irrwitzigen Flow-Patterns zurückgeschraubt hatte und sich noch
ein paar Jahre später ganz eindeutig von Gangsta-Rap in seiner Gesamtheit

distanzierte – Kool Savas hat mit seinem Frühwerk den Anstoß dazu gegeben, dass die Rap-Szene auf lyrischer Ebene keine Geschmacksgrenzen mehr akzeptierte. Den gezielten Tabubruch sollten allerdings andere Künstler kommerziell und wirtschaftlich für sich auswerten.

Das Label, das schließlich aus der Berliner Untergrund-Ursuppe herausstach und es schaffte, die inhaltlichen Innovationen der Jahrtausendwende in kommerziell verwertbare Produkte zu kanalisieren, war Aggro Berlin. Gegründet von einem ehemaligen Breakdancer (Spaiche), einem ehemaligen Graffiti-Writer (Specter) und dem Inhaber des »Downstairs«-Plattenladens in Berlin-Schöneberg (Halil Efe), war Aggro Berlin das erste und bislang auch einzige Label, das deutschen Gangsta-Rap nahezu in Perfektion ausdefinierte, keine ästhetischen Kompromisse akzeptierte und damit wirtschaftlich voll ins Schwarze traf.

Die Erfolgsformel von Aggro Berlin herunterzubrechen, fällt heute leicht, auch wenn sie oft kopiert und nie wieder erreicht wurde: Der inhaltliche Nährboden war von Rappern wie Charnell, Kool Savas oder Azad vorbereitet worden. Jetzt fehlte es nur an kommerziell verwertbaren Produkten, die den ungesättigten Markt überschwemmen würden: Aggro gab sich von Anfang an als visuelle Marke, auf den »Aggro Ansage« betitelten Compilations wurden die künstlerischen Zugpferde des Labels der Rap-Welt vorgestellt. Für das kontrastreiche, ins Auge stechende Artwork der Platten und die bedrohlich-aufregende Ästhetik der Videos zeichnete Mastermind Specter verantwortlich, dem auch der Großteil der konzeptionellen Arbeit zugeschrieben wird, für die einzelnen Rapper auf dem Label unterscheidbare Images zu kreieren und diese visuell und musikalisch möglichst eindeutig zu untermalen.

Da gab es am Anfang Sido (bürgerlich Paul Würdig, geboren 1980 in Berlin), den Deutsch-Sinti aus dem Märkischen Viertel – einen Slacker und Kiffer aus prekären sozialen Verhältnissen, ein explizites Sinnbild für die »Null-Bock-Generation«. Daneben gab es B-Tight (bürgerlich Robert Davis, geboren 1979 in Palm Springs), Sidos Partner bei Royal TS, dem Specter das noch kontroversere, von Kritikern als rassistisch gegeißelte Image des sexsüchtigen, arbeitsscheuen und gesellschaftlich nutzlosen »Negers« verpasste. Bushido (bürgerlich Anis Mohamed Youssef Ferchichi, geboren 1978 in Bonn) gab den Klischee-Kleinkriminellen türkisch-arabischer Herkunft. Und Fler (bürgerlich Patrick Losensky, geboren 1982 in Berlin) war der deutsche Prolljunge aus der Unterschicht, quasi das White-Trash-Pendant zu amerikanischen Phänomenen wie Eminem. Allen Image-Kampagnen war

gemein, dass sie aufgrund ihrer Plakativität und ihrer Tendenzen zur Kli-
scheehaftigkeit von Gegnern scharf kritisiert wurden – gleichzeitig wurde
Aggro Berlin mit genau dieser Taktik zum erfolgreichsten Independent-
Label, das deutscher HipHop je hervorgebracht hatte, veröffentlichte bis zu
seiner Auflösung 2009 zahlreiche Klassiker und heimste jede Menge Auszeichnungen von der Musikindustrie ein.

Das Label mit dem charakteristischen Sägeblatt im Logo steht bis heute
für deutschen Gangsta-Rap in seiner reinsten Form: Von den provokanten
Texten mit frauen- und schwulenfeindlichen sowie gewaltverherrlichenden
Tendenzen bis hin zum enormen Entertainment-Faktor der hier dargebote-
nen Kunstentwürfe bot Aggro die ganze Reibungsfläche, die auch N.W.A.
oder später The Notorious B.I.G. und Tupac Shakur geboten hatten. Dass
es auch für ein bewusst kontroverses Label gewisse Grenzen gab, zeigte sich
jedoch in der Episode um den Aggro-Rapper G-Hot, der 2007 das schwulen-
feindliche Lied »Keine Toleranz« veröffentlichte, worauf sich Aggro Berlin
genötigt sah, eine Pressemitteilung herauszugeben, in der man sich vom
Inhalt des Lieds distanzierte, auf den bereits einige Monate zuvor beende-
ten Künstlervertrag mit G-Hot verwies und feststellte, dass es keine weitere
Zusammenarbeit mit ihm geben werde. Bis heute wurde übrigens kein Tonträger von Aggro Berlin wegen rassistischer oder rechtsextremer Passagen
indiziert, vielmehr haben die Macher hinter den Kulissen diese Vorwürfe
stets aktiv bekämpft und verneint – stets mit Verweis darauf, dass die Künstler und Macher von Aggro Berlin verschiedenste kulturelle und nationale
Hintergründe hätten.

Zum größten Star des Labels entwickelte sich trotz Achtungserfolgen von
Fler und B-Tight im Laufe der Jahre der Rapper Sido. Auch wenn er aufgrund seiner inhaltlichen und musikalischen Einflüsse durchaus einhellig
dem Genre des Gangsta-Rap zugeordnet wird, hat er selbst eine solche Zuschreibung stets skeptisch beäugt. Aggro-Mastermind Specter hatte ihm als
Image-Maßnahme zu Beginn seiner Karriere die silberne Maske als sinnstiftendes Markenzeichen verpasst. Sein 2004 veröffentlichter Song »Mein
Block« wurde samt seinem ikonischen Video zu einem der stilprägends-
ten Songs der deutschen HipHop-Geschichte. Darin beschrieb Sido einen
typischen Hochhaus-Wohnblock in seinem heimatlichen Märkischen Viertel in Berlin-Reinickendorf und dessen mehrheitlich kriminelle Bewohner.
Dies schaffte er mit Humor und Augenzwinkern, aber gleichzeitig mit einer latenten Ernsthaftigkeit, die keinen Zweifel daran ließ, dass Sido selbst
in diesem Umfeld aufgewachsen war. Auf seinem Album »Maske«, das mit

einer Gold-Auszeichnung prämiert wurde, befahl Sido gleich zu Beginn: »Steig ein, Ellenbogen aus dem Fenster wie ein Gangster/(...)/steig ein, ich zeig dir die Stadt.«

Nachdem er die »Maske«, nach der auch sein erfolgreiches Solodebüt betitelt war, öffentlichkeitswirksam fallen ließ, veröffentlichte er mit »Ich« ein sehr persönliches zweites Album, auf dem bereits der einleitende Song »Straßenjunge« feststellte: »Ich bin kein Gangster, kein Killer, ich bin kein Dieb/Ich bin nur ein Junge von der Straße.« Im weiteren Text macht er diese Unterscheidung noch deutlicher: »Ich bin ein asozialer Proll und Pro-let/einer den sie nicht mehr wollen beim Comet/(...)/Ich bin ein Chiller, doch ich lass mir nicht alles gefallen/Ich bin kein Killer, doch wenn's sein muss, dann mach ich dich kalt.« Sido wollte – wie auch schon sein Vorgän-ger Azad – auf keinen Fall ein Gangsta-Rapper sein, sondern lediglich der Straße, also dem heimatlichen Viertel und der Unterschicht, seine Stimme leihen.

Sido wurde mit seiner Kunst-Persona zu einer breiten Identifikations-fläche für Jugendliche aus den sozialen Brennpunkten, aber auch generell für Pubertierende mit ihrem typischen Drang zur Abgrenzung vom gesell-schaftlichen Establishment. Auch hierin liegt ein Reiz des Gangsta-Rap: Der Typus »Outlaw«, der als heroischer Einzelgänger und unangepasster Antiheld stilisiert wird, spielt in der Popkultur ohnehin eine entscheiden-de Rolle. Sido hat diesen Typus im Bereich des deutschen HipHop auf so geniale wie einzigartige Weise verkörpert, dass man ihm heute sogar die reuige Wandlung hin zum geläuterten Gangsta-Rapper abnimmt, der sei-nen »MTV Unplugged«-Auftritt mit mainstream-wirksamen Comedians wie Kurt Krömer und dem Gesang des Schmusepoppers Adel Tawil aufwertet. Sido hat in der zweiten Hälfte der nuller Jahre so viele Platten verkauft wie kein anderer Rapper – außer einem einzigen, seinem größten Gegenspieler, der erst 2011 zu einem Kollaborateur wurde.

Anis Mohamed Youssef Ferchichi ist das größte Phänomen, das deutscher Gangsta-Rap hervorgebracht hat. Im Gegensatz zu Sido oder Azad hat der Deutsch-Tunesier sich nie gegen diese Zuschreibung gewehrt, im Gegenteil hat er selbst stets auf seine reale Lebenswelt verwiesen, um seinen Anliegen weitere Dringlichkeit und Glaubhaftigkeit zu verweisen. In einem Interview mit dem Magazin JUICE vom Januar 2008 sagte er: »Das ist jetzt kein Spaß mehr. In dem Café, in dem ich sitze, sind Einschusslöcher von echten Kugeln in den Scheiben, die Menschen umbringen können. Ich lebe in dieser Welt, und meine Leute auch. *Das* ist Gangsta-Rap.«

Bushido ist bei seiner alleinerziehenden Mutter in Berlin-Tempelhof aufgewachsen, seinen tunesischer Vater hatte sie nach zahllosen Alkohol- und
Gewalteskapaden aus der gemeinsamen Wohnung geworfen, als Bushido
vier Jahre alt war. Als Jugendlicher wurde Bushido zum kleinkriminellen
Dealer, bis ihn ein Jugendrichter in ein Ausbildungsheim steckte, wo er
seinen späteren Rap-Partner Fler kennen lernte. Seine Liebe zum HipHop
entdeckte Bushido im Sommer 1998, sein Demo-Tape »King Of Kingz«
nahm er 2001 auf, woraufhin ihn direkt das unabhängige Musik-Label Aggro Berlin unter Vertrag nahm. 2002 folgte dort das stilprägende Kollabo-
Album »Carlo, Cokxxx, Nutten«, das er gemeinsam mit Fler unter dem
Pseudonym Sonny Black & Frank White produzierte und das bis heute als
wegweisendes Album des deutschen Gangsta-Raps gilt. Mit Titeln wie »Cor-
don Sport Massenmord«, »Drogen, Sex, Gangbang« oder »Wer will Krieg?«
führten Bushido und Fler den Hörer in eine dunkle, gefühllose Parallelwelt,
in der schneller Sex und harte Drogen regierten. Die Produktion wurde von
Bushidos typischen, atmosphärischen Streichersamples und harten, elektro-
nischen Drums dominiert. Von »Carlo Cokxxx Nutten« sollte es später zwei
Fortsetzungen geben, beide mit dem Titel »Carlo Cokxxx Nutten 2«, eine
mit dem Bremer Rapper Baba Saad aus dem Jahr 2005 sowie eine mit der
Originalbesetzung aus Bushido und Fler aus dem Jahr 2009.
    Die wahre Blaupause des deutschen Gangsta-Rap sollte allerdings erst
noch folgen, und zwar mit Bushidos erstem offiziellen Soloalbum, das 2003
bei Aggro Berlin erschien: »Vom Bordstein bis zur Skyline«. Das erste Video zur Single »Electrofaust/Bei Nacht« brachte alles auf den Punkt, was
guter Gangsta-Rap aussagen musste: In harter Schwarzweiß-Optik demons-
triert Bushido Zahlenstärke und Block-Verbundenheit, gleichzeitig stellt er
sich arrogant und drohend über seine Gegner: »Du willst alles ausprobie-
ren, dann komm in meinen Hood/Hier kannst du den Bordstein fressen,
ich mach dich Spast kaputt.« Auf dem Album fanden sich ähnlich starke
Momente wie der Song »Eine Kugel reicht«, in dem Bushido auf einem
treibend-elektronischen Beat eine typische Gangster-Geschichte von einem
Drogenraub erzählt. Mit eindringlichen, plausiblen sprachlichen Bildern
schafft der Protagonist eine düstere, mitreißende Atmosphäre, die den Hörer für fünf Minuten komplett in den Bann der ultrabrutalen Story zieht:
»Das Blut rauscht in meinem Ohr, der Blick geht hoch zum Himmel.«
    »Vom Bordstein bis zur Skyline« war das erste Aggro Berlin-Album, das
es in die deutschen Charts schaffte, auf Platz 88. Das Album wurde von
Musikkritikern bald mit amerikanischen Gangsta-Rap-Klassikern wie »The

Infamous« von Mobb Deep oder »Ready To Die« von The Notorious B.I.G. verglichen. 2005 wurde das Album allerdings wegen »derben und menschenverachenden Texten« von vier Stücken indiziert, speziell enthalte das Album diskriminierende Passagen gegen Frauen, Behinderte und Homosexuelle. Seinem Kultstatus tat dieses Urteil selbstredend keinen Abbruch. Vielmehr erwarteten Fans deutschlandweit die nächsten Schritte des mit einem Mal spannendsten deutschen Rap-Newcomers, der den von vielen bereits als gescheitertes Experiment abgetanen deutschen Gangsta-Rap revolutioniert hatte.

In seiner selbstbetitelten Autobiografie von 2008 erzählt Bushido auch, wie er mit einem Mann namens Arafat Abou-Chaker in Kontakt kam, als er von seinem Label Aggro Berlin trotz Streits nicht aus seinem Vertrag gelassen wurde. Selbst sein Musikanwalt bescheinigte ihm zu diesem Zeitpunkt keine großen Chancen, den Vertrag anfechten zu können, und die Forderungen des Labels erschienen ihm ungebührlich groß. Also traf Bushido sich in einem Café mit Arafat, laut eigener Aussage »einer der mächtigsten und berüchtigsten Männer Berlins, der ganz andere Geschäfte mit ganz anderen Summen am Laufen hatte.« Wenige Tage später soll er mit Bushido ins Büro von Aggro Berlin gefahren und mit einer von den drei Geschäftsführern des Labels unterschriebenen Vertragsauflösung wieder herausgekommen sein. Was wirklich an diesem Tag passierte, wissen nur die Beteiligten. Der Verweis auf die amerikanische Mafia-Serie »Die Sopranos« am Ende des Buchkapitels wirkt jedenfalls wie ein Wink mit dem Zaunpfahl. Im Fall Bushido wurden damit zum ersten Mal in der deutschen HipHop-Geschichte Verbindungen zwischen der realen Halbwelt und der Rap-Szene bekannt. Die Internet-Foren tuschelten künftig von Schutzgeld, das beinahe alle Berliner Gangsta-Rapper zahlen müssten, gleichzeitig wurden die Geschichten über die Männer hinter den Rappern für viele interessanter als die Musik der Rapper selbst.

Bushido jedoch war vor allem wieder frei von vertraglichen Verpflichtungen und unterschrieb 2004 einen Plattenvertrag bei Universal, das erste gemeinsame Album »Electro Ghetto« stieg mit der Marketing- und Promotion-Unterstützung des Major-Riesen auf Platz 6 der deutschen Albumcharts. Es folgten Alben wie »Staatsfeind Nr. 1« und »Von der Skyline zum Bordstein zurück«, Bushido räumte Musikpreise und Auszeichnungen am Fließband ab. Ende 2007 wechselte Bushido von Universal zu SonyBMG, die Alben »7«, »Heavy Metal Payback« sowie die erwähnte Autobiografie und eine Verfilmung von Produzent Bernd Eichinger folgten. Er gründete sein eigenes

Label Ersguterjunge, auf dem er nicht nur Gangsta-Rapper um sich scharte. Heute ist er erfolgreicher Immobilienunternehmer, besitzt ein eigenes Fanartikelgeschäft am Alexanderplatz und eine Villa im Berliner Nobelstadtteil Dahlem. Mehr in der Mitte der Gesellschaft kann man kaum angekommen sein.

Wenn man Bushidos Wikipedia-Seite zu Rate zieht, wird vor allem den zahlreichen Kontroversen um seine Person enorm viel Platz eingeräumt: So werden ihm von den verschiedensten Seiten u.a. Rechtsextremismus, Frauen- und Schwulenfeindlichkeit, Antisemitismus, Antiamerikanismus, Islamismus, Jugendgefährdung, mangelnde Authentizität und finanzielle Ausbeutung seiner Fans vorgeworfen. Nicht zuletzt musste er zahlreiche Gerichtsprozesse wegen Körperverletzung und Urheberrechtsverletzungen durch Samples in seiner Musik über sich ergehen lassen. Bushido ist dabei stets das Idealbild des erfolgreichen Gangsta-Rappers geblieben, weil er all diese Anfeindungen und Probleme mit der Attitüde des unbeugsamen, unreuigen Gesetzlosen durchlebte. Bushido war und ist trotz oder wegen aller Kontroversen der größte Star, den deutscher HipHop insgesamt in seinen 25 Jahren Existenz bislang hervorgebracht hat.

Nach den enormen kommerziellen Höhenflügen von Sido und Bushido gab es zahlreiche junge Rapper, die ihren erklärten Vorbildern mit ein paar grobschlächtig erzählten Räuberpistolen auf windschiefen Playstation-Beats Konkurrenz machen wollten. Keiner von ihnen hat sein Ziel auch nur ansatzweise erreicht. Selbst ein kurzzeitig halbwegs professionell organisierter und talentierter Haufen wie die Weddinger von Shok Muzik (D-Irie, Crackaveli, Young A) schaffte es trotz eines Major-Deals bei Warner Music nicht, an die Erfolge von Aggro Berlin und Bushido anzuknüpfen. Das Gleiche galt für viele andere Berliner Rapper aus dem eingangs erwähnten Untergrund, die nunmehr ihre große Chance gekommen sahen. Die besten Aussichten hatte für einen kurzen Moment der Deutsch-Palästinenser Massiv (bürgerlich Wasiem Taha, geboren 1982 in Pirmasens), der als junger Erwachsener mit großen Karriereträumen 2005 nach Berlin-Wedding gezogen war.

Es gab einen Moment, da war man sich relativ sicher, dass Massiv das nächste große Ding im deutschen Gangsta-Rap wird: Er sah aufgrund seiner beeindruckenden Bodybuilder-Statur nicht nur gefährlich genug aus, sondern er schien es auch ernster als alle anderen zu meinen. Sein Demotape, das er unter dem Rap-Namen »Pittbull« aufgenommen hatte, hatte er an alle Rapper von Bushido bis Thomas D. von den Fantastischen Vier geschickt.

Geantwortet hatte nur einer: MC Basstard, ein Untergrund-Kultrapper, der das unabhängige Kleinstlabel Horrorkore betrieb. Dort nahm er Wasiem, der sich fortan passend zu seiner Statur Massiv nannte, unter Vertrag. Bis 2006 das »Ghettolied« kam – der von den Berliner Starproduzenten Beathoavenz, die auch schon für Sidos »Mein Block« verantwortlich zeichneten, produzierte Track wurde der Legende nach immer wieder via Bluetooth über die Handys der Jugendlichen weitergegeben, bis am Ende der Major-Riese SonyBMG aufmerksam wurde und dem Rapper einen Vertrag mit einem kolportierten Vorschuss von einer Viertelmillion Euro vorlegte.

Die Episode beim Major sollte jedoch kurz bleiben: Massiv konnte die kommerziellen Erwartungen des Großkonzerns nicht erfüllen und fühlte sich selbst auch offenbar nie ganz wohl in den Reihen der Musikgeschäftsmänner. Stattdessen wurde er recht bald wieder zum selbständigen Unternehmer und veröffentlichte Jahr für Jahr konstant auf unabhängige Weise seine Alben. Während man ihm in der Zeit beim Major auch eine emotionale Seite entlocken wollte, beliefert er nunmehr seine Hardcore-Fangemeinde mit grotesk brutalem Gangsta-Rap, wie er in dieser expliziten Form in Deutschland seinesgleichen sucht: Seine Songs sind gewalttätige, dreiminütige Action-Filme in Audio-Form, in denen es vor Maschinengewehren und Drogenküchen nur so wimmelt. Da spielt das Intro seines Albums »Der Ghettotraum in Handarbeit« schon mal in der »Sony Rechtsabteilung«, während Songtitel auf »Blut gegen Blut 2« u.a. »Massaka Kokain«, »Eisenstahl in unseren Boots« oder »Wir randalieren im Knast« lauten. Mit einem Song hat Massiv hier sogar seinem »Bruder« Ashraf Rammo, der oftmals auch als Massivs Manager auftritt, ein musikalisches Denkmal gesetzt. Laut dem »Spiegel« (Ausgabe 16/2007) gehört Rammo »zu einem der mächtigsten Clans, (...) einer arabischen Großfamilie. So bezeichnet das Landeskriminalamt Berlin die arabisch geführten Gruppen, die weite Teile der Berliner Rotlicht-, Drogen- und Nachtlebenszene kontrollieren.« Ein mächtiger Mann der Berliner Unterwelt also und nach der Verbindung von Bushido und Arafat Abou-Chaker ein weiterer Beweis dafür, dass echte Gangster und Gangsta-Rapper durchaus für beide Seiten gewinnbringende, freundschaftliche Beziehungen eingehen.

2.3. Die Eskalation der Jahre 2008/2009

Längst hatten sich zu diesem Zeitpunkt gewisse Verschränkungen von organisierter Kriminalität und der Gangsta-Rap-Szene entwickelt. In der Regel ging es dabei dem Vernehmen nach um Rapper, die an Figuren aus der Unterwelt Schutzgeld zahlten, um nach außen ihr hartes Gangster-Image aufrecht erhalten zu können, das für sie eine wirtschaftliche Ertragsquelle darstellte. Diese Umstände wurden in der Folge immer wieder von Rappern angesprochen, die vorgaben, selbst einen gewissen Hintergrund in der Halbwelt vorweisen zu können, anstatt sich diese kriminelle Lebensgeschichte nur gegen Geld »ausborgen« zu müssen.

Als Beispiele für (ehemalige) Kriminelle, die Rap als Ausdrucksmittel für sich entdeckt haben, sei an dieser Stelle vor allem auf zwei Acts aus dem Raum Nordrhein-Westfalen verwiesen: Einerseits auf das Duo La Honda, bestehend aus den Rappern Bero Bass und OJ Kingpin, die seit 2007 in der Rap-Szene ihr Unwesen treiben. In ihrer Musik sprechen La Honda über das Leben auf der Straße sowie ihre Werteordnung, die von Ehre, Stolz und Härte dominiert wird. Beiden MCs sagt man nach, einen Hintergrund in der Rotlicht- und Türsteher-Szene des Kölner Nachtlebens zu haben. Bero Bass musste sich 2010 wegen einer Messer-Attacke vor einem Kölner Strafgericht wegen versuchten Totschlags verantworten, am Ende konnte ihm jedoch keine Tötungsabsicht nachgewiesen werden, so dass er lediglich zu zwei Jahren Haft auf Bewährung und einer Geldstrafe verurteilt wurde.

Xatar ist ein anderer kurdisch-deutscher Rapper, der ebenfalls vor allem wegen seiner kriminellen Handlungen und nicht wegen seiner Musik ins Gerede kam. Im Alter von vier Jahren kam er als Flüchtlingskind nach Bonn und entdeckte mit 12 Jahren den HipHop von Dr. Dre für sich. Seine musikalische Karriere beschränkt sich bis heute auf einen eindrucksvollen Auftritt im Jahr 2008, als er von mehreren sündhaft teuren und aufwändigen Videos flankiert sein Solodebüt »Alles oder nix« über ein selbstgegründetes Indielabel veröffentlichte. Für die Boulevardpresse und die Schulhöfe waren jedoch die außermusikalischen Eskapaden des kurdischstämmigen Rappers viel interessanter: Von Körperverletzungen in Bars und Diskotheken von Bonn oder der »Playboy Mansion« in Los Angeles bis hin zum Überfall auf einen Goldtransporter bei Ludwigsburg, bei dem er mit einigen Mittätern 120 Kilogramm Gold im Wert von 1,8 Millionen Euro erbeutet haben soll. Festgenommen wurde Xatar übrigens im Irak, wo er von den örtlichen Polizeibehörden gefoltert worden sein soll, bevor er schließlich nach Deutschland ausgeliefert wurde. Bereits zuvor, in den Jahren 2005 bis 2007, hatte Xatar übrigens einen durch einen Haftbefehl erzwungenen Auslandsaufenthalt in London eingelegt.

Besonders absurd wirkt in diesem Zusammenhang, dass Xatar das Video zu seinem Song »§ 31«, der auf die entsprechende Bestimmung der Strafprozessordnung verweist, im Oberlandesgericht Köln gedreht hat. Im Song droht er verräterischen Komplizen, die sich Haftmilderungen durch belastende Aussagen erhoffen, explizit mit Blutrache. Das Album »Alles oder nix«, auf dem sich der Song befindet, wurde Anfang 2010 von der Bundesprüfstelle für jugendgefährdende Schriften indiziert, da einige Songs darauf jugendgefährdend und verrohend wirken sowie zu Gewalttätigkeiten anreizen würden. In der Realität lässt sich beobachten, dass Xatar bei jugendlichen Rap-Fans in gewissen sozialen Kreisen zu einer Art Volksheld stilisiert wird, dessen Relevanz und Respekt nicht nur auf seine musikalische Aktivität, sondern vielmehr auf seinen kriminellen Background zurückzuführen sind.

Nicht zuletzt führten diese neuen Verschränkungen zwischen krimineller Halbwelt und Gangsta-Rap-Szene auch dazu, dass es vermehrt zu Handgreiflichkeiten auf Konzerten und bei anderen Anlässen kam. Eine Eskalation der Ereignisse folgte in den Jahren 2007 und 2008: Im Januar 2008 wurde Massiv auf offener Straße in Berlin-Neukölln durch einen Streifschuss in die Schulter verletzt. Die Presse spekulierte über einen zu Promotion-Zwecken für sein neues Album inszenierten Stunt, sein Label SonyBMG jedoch ließ ihn anschließend fallen, was gegen diese Theorie spricht. Die »Frankfurter Allgemeine Sonntagszeitung« ging zu diesem Anlass so weit, deutschen Gangsta-Rap als »traurigsten Irrtum, auf den je jemand gesetzt hat« zu bezeichnen. Denn bereits zuvor war Massiv in Duisburg bei einem Konzert von der Bühne geprügelt worden, auf Fler hatte es eine Messer-Attacke im Gebäude des Musikfernsehsenders MTV gegeben, auch Bushido war auf der Bühne mit einem Tritt angegriffen worden. »Windige Reporter witterten eine Story, ein 'Rapperkrieg' wurde heraufbeschworen, haltlose Vergleiche zu den Zuständen in der US-amerikanischen Gesellschaft gezogen, eine Schreckensvorstellung des ersten 'Rap-Toten' an die Wand gemalt, als wäre Rap eine unheilbare Krankheit«, schrieb das HipHop-Szeneorgan JUICE im März 2008 in seiner Titelgeschichte über »Gewalt und Rap«. Allerdings kühlten sich die Verhältnisse schon im Laufe des weiteren Jahres deutlich ab. Fler und Bushido hatten sich zwischenzeitlich einen erbitterten medialen Krieg geliefert, der dem Vernehmen nach auch auf Straßenebene weitergeführt wurde; im Jahr 2010 folgte die Aussöhnung und im Jahr 2011 sogar eine Zusammenarbeit auf Albumlänge von Bushido und Sido, die viele Jahre als erbitterte Erzfeinde galten.

2.4. Status Quo und Zukunftschancen des deutschen Gangsta-Rap

Dem Ruf von HipHop in der Gesellschaft haben die skizzierten Entwicklungen einen Bärendienst erwiesen. Nicht zuletzt konnte die Devise »härter, härter, härter« irgendwann nur noch zu lächerlichen Ausprägungen führen. Daher war es logisch, dass wieder neue Helden auftauchen würden, die HipHop in eine andere Richtung führen und damit auch wieder massentauglicher machen würden, indem man sich offen vom stumpfen Einheitsbrei des Gangsta-Rap-Undergrounds abgrenzte. Nicht zuletzt aufgrund des enormen kommerziellen Erfolges von Gegenentwürfen wie Marteria oder Casper wurde Gangsta-Rap als Modell in den letzten Jahren immer mehr abgeschrieben und von Medien und Beobachtern als autarkes Randgebiet bezeichnet, dessen Fans einhellig einer bestimmten sozialen Schicht zugehörig seien. Trotzdem haben es vereinzelte Rapper geschafft, aus dieser Gleichförmigkeit herauszustechen, indem sie Gangsta-Rap durch bestimmte Einflüsse neue kreative Impulse injiziert haben.

Der aus der Mainzer Gegend stammende und in Düsseldorf beheimatete Rapper Kollegah (bürgerlich Felix Antoine Blume, geboren 1984 in Friedberg/Hessen) brachte das Spiel mit technisch anspruchsvollen »Punchlines«, Doppeldeutigkeiten, Referenzen und Mehrfachreimen auf eine neue Ebene. Er erfand eine ganz offensichtlich nicht reale Rap-Persona, einen erfolgreichen Zuhälter und Drogendealer, und glich sogar sein äußeres Erscheinungsbild über die Jahre immer weiter dieser Figur an. Nachdem anfangs viel über die mangelnde Authentizität dieses Modells diskutiert wurde, haben sich mittlerweile die meisten Rap-Fans darauf geeinigt, dass dies kein ausschlaggebendes Argument für den Genuss von Musik und Entertainment sein kann. Vielmehr erfreut man sich an den immer ausgetüftelteren Schachtelreimen, Alliterationen und Metaphern, die Kollegah erfindet, um auf möglichst blumige Weise von seinen vermeintlichen kriminellen Eskapaden zu berichten. Unter seinen Fans befinden sich vor allem auch Germanistik-Studenten und andere Angehörige des Bildungsbürgertums. Kollegah selbst studiert derzeit Jura an der Universität Mainz.

In Frankfurt-Offenbach hat sich Haftbefehl (bürgerlich Aykut Anhan, geboren 1985 in Offenbach) als einer der spannendsten Newcomer des deutschen Gangsta-Rap hervorgetan. Auf seinem Debütalbum »Azzlack Stereo-
typ« (2010) verband er unverhohlene Härte mit unterhaltsamen Sprüchen,
seiner charakteristisch hohen Stimmlage, einem eigenwilligen Flow und vor
allem einer Prise subtiler Selbstironie. Bei seinem Hamburger Pendant Na-
te57 (bürgerlich Nathan Pedreira, geboren 1990 in Hamburg) ist es stattdessen eine politisch linke Sozialisation und ein offenkundiges Interesse an
sozialen Themen, die seinem eigenen Entwurf von Gangsta-Rap eine ganz
spezielle, spannende Note verleiht – nachzuhören auf seinem Debütalbum
»Stress aufm Kiez« (ebenfalls 2010).

Nicht zuletzt diese Beispiele beweisen, dass es verfrüht wäre, deutschen
Gangsta-Rap komplett abzuschreiben. Da sich Musikindustrie und Medien
jedoch überwiegend von diesem Phänomen abgewendet haben, musste man
sich eigene Kanäle erschaffen. Diese Funktionen übernehmen mittlerweile
vor allem Internet-Videoplattformen wie »Aggro TV« (betrieben von den
ehemaligen Aggro Berlin-Machern), oder »Meine Stadt« (betrieben von der
Bekleidungsmarke Thug Life). Die Videos von Künstlern wie Haftbefehl,
Nate57, Farid Bang, Automatikk oder Alpa Gun haben bei diesen Porta-
len teilweise mehrere Millionen Aufrufe und lassen etablierte Popstars in
Sachen viraler Reichweite weit hinter sich. Tonträger und Konzertkarten
jedoch verkaufen sich in diesem Bereich immer noch denkbar schlecht.
Zudem wollen Veranstalter und Labels mit den jeweiligen Umfeldern der
neuen Gangsta-Rapper oftmals schlicht nichts zu tun haben – wegen ein-
schlägiger eigener Erfahrungen oder Erzählungen von Kollegen, die solche
Erfahrungen machen mussten.

Auf kreativer Ebene ist zudem durchaus zu konstatieren, dass im Bereich
deutschen Gangsta-Raps prinzipiell alles gesagt ist, was zu sagen war. Die
wesentlichen Geschichten sind erzählt, die Probleme benannt, die typischen
Biografien nachgezeichnet. Etwas spektakulär Neues verspricht dieser Zweig
der HipHop-Kultur in naher Zukunft also nicht. Insoweit hat sich Deutschland im Zuge der digitalen Globalisierung immer weiter an die Entwicklung
im HipHop-Mutterland USA herangeschlichen: Heute dauert es keine zehn
Jahre mehr, bis ein neuer Trend in Europa adaptiert wird. Stattdessen ist
die große Zeit des Gangsta-Rap sowohl in Amerika als auch in Deutschland
vorerst vorbei.

Gleichzeitig hat sich Gangsta-Rap als festes Subgenre innerhalb der
HipHop-Kultur insoweit etabliert, dass ein komplettes Aussterben dieses

HipHop-Zweigs äußerst unwahrscheinlich ist. Vielmehr wird er in Form
einer Parallelgesellschaft im Internet weiter existieren und bei nächster Ge-
legenheit auch wieder ein Erfolgsmodell hervorbringen, sofern sich eine
Figur findet, die über die Grenzen dieser Parallelgesellschaft hinaus eine
Identifikationsfläche bietet. Nicht zuletzt der jüngste Erfolg von Künstlern
wie Haftbefehl oder Nate57 beweist, dass man das Rad nicht zwingend neu
erfinden muss, um für eine gewisse Aufmerksamkeit in der HipHop-Szene
zu sorgen. Ob und inwieweit diese Modelle auch eine subkulturell übergreifende Relevanz erreichen können werden, bleibt aktuell offen.

Kulturelle Repräsentationen des Gangstarap in Deutschland

Nachdem die vorangegangen Teile sich der Darstellung von Bezugsmustern von Populärkultur im gesellschaftlichen Zusammenhang im Allgemeinen sowie der historischen Entwicklung und dynamischen Wirkungsweise von HipHop- und Gangstarapkultur im Besonderen gewidmet haben, dient dieses Kapitel einer Interpretation der beschriebenen Kulturformen im Zusammenhang des gesellschaftlichen Repräsentationsregimes. Im Anschluss an die bereits mehrere Jahre währende Diskussion um den sozialen Problemcharakter devianter migrantischer Jugendlicher, sollen in einem zweiten Schritt diejenigen Transformationserscheinungen wirtschaftlicher und gesellschaftlicher Verhältnisse skizziert werden, die den Gangstarapper als Sozialfigur innerhalb dieses Repräsentationsregimes hervorbringen.

1. Der Krisendiskurs um migrantische Männlichkeiten

Dass das Verhältnis zwischen weiten Teilen der bundesrepublikanischen Gesellschaft (d.h. Bevölkerung und Institutionen) im Verlauf der zweiten Hälfte des 20. Jahrhunderts keineswegs ein unproblematisches gewesen ist, konnte bereits im Kapitel zu HipHop als Bestandteil der deutschen Migrationsgeschichte gezeigt werden. Die häufig randständige Situation der Einwanderer (und ihrer Nachkommen) ist daher als Anlass zu verschiedenen Formen sozialer Stigmatisierung zu sehen, die sich einerseits in Umständen wie der Verteilung migrantischer Haushalte im städtischen Raum oder spezifischen Formen der (schlechten) Arbeitsmarktintegration äußert. Soziale Diskriminierung beschränkt sich allerdings nicht auf diese materialistische Dimension, sondern hat hier (wie wohl in den allermeisten anderen Fällen) auch eine ideelle Komponente. Diese Pathologisierung von Migrationsphänomenen findet sich seit den Anfängen der Einwanderung nach Deutschland nach dem zweiten Weltkrieg sowohl in alltagsweltlichen Zusammenhängen (Terkessidis 2010) als auch den Medien (Geissler/Pöttker 2005) oder sogar der wissenschaftlichen Reflexion, für deren Anfänge Tränhardt (2006: 275) eine »Subsumierung der Migranten unter sozial benachteiligte Gruppen zusammen mit Obdachlosen und Drogenabhängigen« beschreibt. Erinnern wir uns an die schon weiter oben beschriebene Bedeutung medialer Berichterstattung im gesellschaftlichen Repräsentationsregime, wird deutlich,

> dass die Massenmedien nicht nur Selbstbeschreibungen der Gesellschaft anfertigen, Wissen archivieren, eine gesellschaftsweit gleichförmige Realität vermitteln und als ent-/bezaubernde Unterhaltungsindustrie dienen, sondern auch mittels moralischer Kriterien und Beobachtungsweisen die Gesellschaft (über sich selbst) *alarmieren* (Ziemann 2006: 72).

Das gesellschaftliche Wissen über Migranten wurde und wird (z.B. Terkessidis 2000; Türkmen 2008) hier im Rahmen einer Konstellation hergestellt und reproduziert, die eine realitätsgetreue Berichterstattung erschwert und in der Praxis als in der Fläche unwahrscheinlich (Müller 2005) werden lässt: »In den Vordergrund treten Skandalisierungen, welche zu negativen Zuschreibungen einzelner Gruppen und damit zu deren Einschränkung von Handlungsspielräumen, aber auch zu Stigmatisierungsprozessen und damit zu einer Verschlechterung gesellschaftlicher Teilhabechancen führen« (Reutlinger 2009: 286).[78] In Bezug auf migrantische Jugendliche zeigt sich hier - und dies vor allem in den letzten Jahren in zunehmendem Maße - eine Dynamik, die sich mit Foucault (1978) als Effekt eines spezifischen Dispotivs[79], welches die »Möglichkeitsräume für gültiges, wahres Wissen« (Bührmann/Schneider 2008: 52) über migrantische Jugendliche bestimmt.

---

78 Dass entsprechende Formen der Zuschreibung von Verantwortung für soziale Probleme an vermeintlich randständige Gruppen stattfinden, ist geschichtlich betrachtet keinesfalls eine besonders neue Institution. Ein historisches Beispiel für den Krisendiskurs um delinquente Jugendliche in Deutschland bietet der Hamburger Pastor Clemens Schultz in seiner Studien über ›Die Halbstarken‹ (1912). Ihm (ebd.: 8; 33f) zu Folge steht »der ›verkommene‹ junge Mensch [...] am liebsten müßig am Markte, und [...] er ist der geschworene Feind der Ordnung, er hat eine leidenschaftliche Abneigung gegen die Ordnung; darum haßt er die Regelmäßigkeit, ebenso alles Schöne und ganz besonders die Arbeit, zumal die geordnete regelmäßige Pflichterfüllung [...]. Wenn etwa durch eine Revolution, vielleicht auch nur durch einen Generalstreik oder durch große politische Erregung das soziale Leben erschüttert wird, dann kommt dieser Schlamm nach oben und ist von furchtbarer Wirkung. Dieser Mob ist viel schlimmer als einzelne sog. schwere Verbrecher. Gegen diese kann man sich schützen, jene Mächte der Finsternis aber wirken vergiftend, verpested, viel schlimmer, als alle ansteckenden Seuchen. Es ist [...] Pflicht des Staates, gegen diese furchtbaren Elemente einzuschreiten.«

79 Unter dem Begriff des Dispositivs lässt sich ein System als »materielle und ideelle Infrastruktur« von Diskursen verstehen, welches »Maßnahmebündel, Regelwerke, Artefakte, durch die ein Diskurs (re)produziert wird und Effekte erzeugt« (Keller 2005: 230).

In der Bevölkerung vertretene Auffassungen über individuelle Eigenschaften wie Charakter oder Fähigkeitenspektrum aber auch überindividuelle Aspekte (gesellschaftliche Bedeutung) gewinnen ihren Bestand also unter Bezug auf ein medial in Szene gesetztes Schauspiel, welches für sich beansprucht, die ›Realität der deutschen Einwanderungsgesellschaft‹ in ihren zahlreichen Facetten abzubilden. Dass dieser Anspruch vor dem Hintergrund der sozial-medialen Praxis in der Bundesrepublik allenfalls als rhetorisches Regulativ angesehen werden kann (welcher Medienvertreter würde schon offen zugeben, dass er wissentlich übertreibt und vereinseitigt?), zeigt sich vor dem Hintergrund, dass in Bezug auf die genannte Gruppe migrantischer Jugendlicher (und insbesondere junger Männer) keine besonders ausgewogene Berichterstattung genossen werden kann. »Migrantenjugendliche sind als Normalbürger kein interessanter Gegenstand, wohl aber als gefährliche Täter oder als arme Opfer sowie als Helden oder als Verlierer in konflikthaften Auseinandersetzungen.« (Leenen/Grosch 2009: 216-217).[80] Entsprechend beobachten auch Juhasz und Mey (2003: 31f), dass »Kinder und Jugendliche ausländischer Herkunft pathologisiert und [...] vor allem als passive Opfer ihrer Situation und nicht als aktiv handelnde Individuen betrachtet« werden. Ein sehr anschauliches Beispiel für diese Art von Darstellungspraxis bietet der Anfang des Jahres 2008 im Nachrichtenmagazin ›DER SPIEGEL‹ (1/2008) erschienene Leitartikel zum Thema eines Übergriffes, im Zuge dessen ein Münchener Hauptschuldirektor von zwei Jugendlichen mit Migrationshintergrund verprügelt worden war, nachdem er sie auf ihren Verstoß gegen das Rauchverbot in den Anlagen der Münche-

---

80 Die weiter oben für den Kontext des Gangstarap dargelegte, symbolische Bedeutung städtischer Bildwelten in dem hier behandelten Krisendiskurs trat in den letzten Jahren verstärkt in der (häufig ebenfalls skandalisierenden) Berichterstattung über kriseninduzierte (Castel 2009) Ausschreitungen in den Vorstädten europäischer Großstädte zu Tage (Busch et al. 2010). An der skandalisierenden Berichterstattung sind auch andere ›intellektuelle‹ Organe wie die Zeit nicht prinzipiell unbeteiligt. »Mit Gürtelschnallen dreschen junge Türken auf einen Polizisten ein« wird hier etwa in einem Dossier über ethnische Jugendgewalt (Lebert/Willeke 2008) immerhin an die prominente Stelle einer Zwischenüberschrift gesetzt, selbstverständlich ohne dass etwaige Motive (wie z.B. möglicherweise auch Affekt, Verteidigung) weiter in Betracht gezogen würden. Dieser Modus einer skandalisierenden Konnotation von Berichterstattungen arbeitet auch Wellgraf in seiner Untersuchung des Diskurses über Berliner Hauptschulen am Beispiel der Rütli-Schule heraus. Wie auch im Fall der Gangstarapper stellen die sozialen Kategorien von Klasse, Ethnizität und Geschlecht zentrale kulturelle Referenzpunkte der entsprechenden Diskursformation dar. So werden ihm zu Folge »Debatten über Hauptschulen und marginalisierte Jugendliche [...] in den letzten Jahren verstärkt als Migrationsdebatten geführt« (ebd.: 187).

ner Stadtbahn aufmerksam gemacht hatte (siehe auch Käppner 2008). Unter
dem Titel »Migration der Gewalt. Junge Männer die gefährlichste Spezies
der Welt« diskutierte man im Magazin nun die (vermeintliche) Bedrohung,
die für die gesellschaftliche Ordnung von der Problemgruppe migrantischer
Jugendlicher ausging (vgl. Seeliger/Knüttel 2010). Während solche Darstel-
lungsformen, wie weiter oben betont, keine prinzipielle Neuigkeit des bundesrepublikanischen Umgangs mit Einwanderung darstellen – beispielsweise
titelte ›DER SPIEGEL‹ am 14.4.1997 mit »Ausländer und Deutsche: Gefährlich fremd. Das Scheitern der multikulturellen Gesellschaft« – erkennt
Hartmann (2008: 503) für die Folgejahre eine »deutliche Verschärfung der
Debatte über Multikulturalismus und das angebliche ›Scheitern der multikulturellen Gesellschaft‹.«Weitere Beispiele für die diskursive Veranderung
ethnisch markierter Kulturphänomene liefert das Magazin auch mit Titeln wie "Mekka Deutschland – Die stille Islamisierung"(13/07). Dass auch
fachwissenschaftliche Veröffentlichungen nicht immer frei von verzerrten
Darstellungen dieser Art sind, verdeutlicht der Aufsatz von Celikbas und
Zdun (2008), in dem sie sich mit Delinquenzen türkischer Jugendlicher
auseinandersetzen. Diese führen sie auf die Sozialisation in der Familie zurück: »Die türkische Familie ist patriarchalisch strukturiert. Das bedeutet,
dass das älteste männliche Familienmitglied das Familienoberhaupt ist«. Sie
versäumen hierbei allerdings, empirisch zu belegen, inwiefern eine so stark
verallgemeinernde Aussage überhaupt mit breitflächiger Gültigkeit getroffen
werden kann.[81]
    Die gesellschaftliche Bedeutung dieser Diskussionssequenzen folgt hier-
bei also nicht der Habermas'schen Utopie eines »eigentümlich zwanglosen
Zwang[es] des besseren Arguments, der die methodische Überprüfung von

---

81 Dass die Skandalisierung migrantischer Delinquenz mehr und mehr als Bereich kulturindustriellen Engagements etabliert wird, zeigt in jüngerer Zeit eine Reihe von Buchveröffent-
   lichungen mit Titeln wie ›Türken Sam‹ Gülay (2009) oder ›Der große Bruder von Neukölln‹
   (Saad 2008; vgl. auch Balci 2009), in denen Kriminellenbiografien von (Post-)Migranten
   in reißerischer Weise wiedergegeben werden. Eine ähnliche Tendenz manifestiert sich auch
   immer wieder in Form der unterschiedlichsten populärkulturellen Narrative, wie zum Beispiel auch die Geschichte der Boateng-Geschwister. Während der ›gute‹ Bruder Jerome
   sich nicht nur durch konstant gute Leistungen, sondern auch eine ›angemessen‹ demütiges
   Verhalten im Umgang mit den Medien einen weithin anerkannten Platz im Nationalmann-
   team erspielen konnte, gilt der ›böse Bruder‹ Kevin vor allem nach seinem Foul, das den
   damaligen Kapitän der deutschen Mannschaft die Teilnahme an der Weltmeisterschaft des
   Jahres 2010 kostete, nicht nur als unsportlicher Treter, sondern wird allgemein zum Sinnbild von Integrations- und Leitkulturverweigerung stilisiert. So bezeichneten ihn Reporter
   der Bildzeitung unter anderem als ›Ghetto Boy‹ oder ›Staatsfeind Nummer 1‹.

Behauptungen sachverständig zum Zuge kommen lässt (Zitat nach Abels 2001: 193), sondern ergibt sich aus der Konstellation des gesellschaftlichen Repräsentationsregimes als Lagerelation unterschiedlicher Akteursgruppen und institutionalisierter Deutungsmuster. Ohne diesen Zusammenhang an dieser Stelle detailliert aufschlüsseln zu können, sei hierbei zum einen auf die Korrespondierung stereotyper Berichterstattung mit entsprechenden Geisteshaltungen innerhalb der Gesellschaft verwiesen. Diese Form der Symbolproduktion entsteht also in enger Verbindung mit einem Kontinuum an Auffassungen und Stereotypen, das in der Bevölkerung ein gewisses Maß an Verbreitung voraussetzt:

> In der Mediengesellschaft sind gesellschaftliche Diskurse kein Selbstgespräch der Eliten, sondern Transformationsprozesse: Ängste, Wut, Empörung oder Frust werden zunächst in Gruppen oder Teilen der Gesellschaft artikuliert, dann von den sogenannten Leitmedien kontrovers aufgegriffen und als großes Meinungsspektakel inszeniert, ehe sie vom Denkstrom des Mainstream aufgesogen und zur »verbreiteten Meinung« transformiert werden (Haller/Niggeschmidt 2012: 7).

Mit Weinhauer (2011: 34) lassen sich solche Formen der Berichterstattung und öffentlicher Interpretation als stigmatisierende Beschreibung identifizieren, »die wie so oft mehr über die Normen und Werte des Beobachters aussagt als über das Leben dieser Jugendlichen.« Die Aushandlung der Lebenswirklichkeiten männlicher Jugendlicher mit Migrations- und ohne Bildungshintergrund, ergibt sich demnach unter stetigem Bezug auf den hier erörterten Krisendiskurs: »Politik wird zu einer Frage der öffentlichen Inszenierung, der Bilder und der sozialen Beziehungen dieser Bilder« (Behrens 2009: 3). Der zentrale Topos der Stigmatisierung (männlicher) migrantischer Jugendlicher ergibt sich im Krisendiskurs an der Schnittstelle von Fremdheits- und Risikozuschreibung. Indem er beispielsweise in der Süddeutschen Zeitung die Problematik aufgreift, dass man an manchen Berliner Schulen »besser kein Salamibrot isst. Weil Schweinefleisch drin ist.« Verweist Meinhardt (2009) nicht nur auf die ›Otherness‹ (Dietze 2009) und Gefährlichkeit migrantischer Jugendlicher als ›Problemgruppe‹. Gleichzeitig wird über die Konstruktion eines abweichenden ›Anderen‹ (Reuter 2002) ein Interpretationsangebot nahegelegt, dass die ›devianten‹ Formen migrantischer Männlichkeiten als Repräsentation eines Gegenstücks zur angemessenen Mehrheitskultur in Szene setzt. Diese Inszenierung korrespondiert nun einerseits mit der weiter oben erläuterten Diskussion um die prekären Lebenssituationen in bestimmten Stadtteilen: »An anderen Orten gibt es Gewinner und Verlierer – in Neukölln gibt es Leute, die Respekt verdienen,

und es gibt Opfer.« (Hüetlin 2010: 51). Repräsentiert wird diese hegemo-
niale Strömung innerhalb des Diskurses unter anderem durch politische
Vertreter wie den ehemaligen Hessischen Ministerpräsidenten Roland Koch,
der sich als »akzeptierter Sprecher einer schweigenden Mehrheit von Deutschen« (Beuckert 2008) geriert, oder dem Neuköllner Bezirksbürgermeister
Heinz Buschkowsky, der sich wie folgt äußert: »Studenten, die der billigen
Mieten wegen im Bezirk wohnen, berichten, es sei absolut unangemessen,
Gruppen von türkischen oder arabischen Jugendlichen nach Einbruch der
Dunkelheit mit offenem Blick zu begegnen, man habe den Blick unbedingt
zu senken« (Meinhardt 2009).[82] Nicht zuletzt über die Art und Weise resü-
mierend, jugendliche migrantische Männlichkeiten zu diskutieren, bemerkt
Terkessidis (2010: 9), dass »der Begriff der Integration stets eine negative
Diagnose« berge: »Es gibt Probleme, und die werde verursacht durch die
Defizite von bestimmten Personen, die wiederum bestimmten Gruppen an-
gehören« (ebd.). Als besonders prominenten Vertreter dieser abweichenden
Kultur- und Verhaltensformen konnte sich in den letzten Jahren die Sozialfigur des Gangstarappers etablieren (oder auch: etabliert werden). Bevor
diese im übernächsten Abschnitt genauer vorzustellen sein wird, widmet
sich der folgende Teil der Interpretation des Krisendiskurses um migrantische Männlichkeiten im Zusammenhang der wirtschaftlichen und gesellschaftlichen Entwicklung westlicher Kulturräume in den letzten Jahren und
Jahrzehnten.

2. Verortung des Krisendiskurses im Zusammenhang des zeitgenössischen Repräsentationsregimes

Als wesentliches Resultat der bis hierhin angestellten Auseinandersetzungen
mit dem Begriff der Kultur als Ausdruck und Bezugspunkt der Gestaltung
gesellschaftlicher Verhältnisse soll hier nochmals auf die Wechselwirkung
zwischen Populärkultur und sozialer Ordnung verwiesen werden. Bereits
für die 1960er Jahre identifiziert Hecken (2009: 258) Pop als »Ausdruck
und teilweise auch Antrieb ges. Umwälzungen.« Nun verweisen gegenwärtig nicht nur links-intellektuelle Zeitdiagnosen (wie z.B. Dörre et al. 2009)

---

82 Dieser Umstand zeigte sich nicht zuletzt in der jüngeren Debatte um das Buch von Thilo
    Sarrazin (2010), im Zuge derer der Autor von Leitmedien wie dem ›SPIEGEL‹ oder der
    Bildzeitung wenigstens zu Anfang als »zwar eigenbrötlerischer, aber messerscharfer Analy-
    tiker der Bevölkerungsstatistik« (Haller/Niggeschmidt 2012a: 9) charakterisiert wurde.

auf das Um-Sich-Greifen eines neoliberalen Zeitgeistes, der Lebensverhältnisse der Bevölkerungen westlicher Gesellschaften in zunehmendem Maße
prägt:»Unter dem Eindruck globalisierter Märkte, der Kultur wirtschaftlichen Erfolgs und des Zusammenbruchs des Staatssozialismus ist Flexibilität
zum Inbegriff des kapitalistischen Zeitgeistes der postfordistischen Ära geworden, wohingegen jede erdenkliche Form der Rigidität zuverlässig ins
gesellschaftliche Reich des Bösen verwiesen wird« (Lessenich 2009: 160).

Die anhaltende Krise des Fordismus (Agglietta 2000) bedingt hier eine
fundamentale Restrukturierung von Arbeits- und Lebenswelt, die auch auf
dem Feld der Kultur ihre Spuren hinterlässt. [83] Diese neue Normsetzung
an der Schnittstelle kultureller Selbstverwirklichung und wirtschaftlicher
Aktivität ist besonders deutlich zu Tage getreten in einer Debatte, die über
das Feuilleton der bundesdeutschen ›Qualitätspresse‹ zwischen Vertretern
unterschiedlicher politischer Spektren und allen voran den Sozialphilosophen Axel Honneth und Peter Sloterdijk (siehe exemplarisch 2009; 2009a)
ausgetragen wurde. Unter einer Abschnittsüberschrift, die eine »Kleptokra-
tie des Staates« als überkommenes politisches Ordnungsmuster westlicher
Gesellschaften kritisiert, versucht der Karlsruher Medienprofessor in neo-
liberaler Denktradition zu zeigen, »wie sich der moderne Staat binnen eines Jahrhunderts zu einem geldsaugenden und geldspeienden Ungeheuer
von beispiellosen Dimensionen ausformte« (Sloterdijk 2009: 6). Hiermit
schließt Sloterdijk an einen Diskussionstrang an, der wesentlich auch vom
Berliner Historiker Paul Nolte (2005) geprägt wurde. Als Adressatin einer
aktivierungspolitischen Kulturkritik tritt hierbei die Schimäre einer ›neuen
Unterschicht‹ auf den Plan. »Das sonst strikt der Linken vorbehaltene Wort
von der ›Klassengesellschaft‹ kommt im Zuge dessen zurück – allerdings
nicht, um mit ihm zur Änderung der Verhältnisse aufzurufen, die eine ar-
beitslose und materiell minderbemittelte Bevölkerungsklasse hervorbringen,

---

83 Wie verschiedene diagnostische Arbeiten zum Wandel sozialpolitischer Arrangements
(Nachtwey 2008; Walter 2010) herausarbeiten, findet sich ein zentraler Ausdruck und Motor des hier skizzierten Wandels in der Restrukturierung wohlfahrtsstaatlicher Arrangements unter dem Regime einer sich erneuernden Sozialdemokratie: »In politischer Hinsicht zeichnet die Sozialdemokraten (bzw. New Labour) unter Schröder und Blair gerade
nicht eine Zufriedenheit mit dem materiell Erreichten aus: Den Bestand sehen sie permanent gefährdet. Nur dem Aktiven, ja Erfolgreichen kommt darum in ihrer Vorstellung der
Genuss zu. Genau weil sie mit dem Zuschnitt der Auto-, Konsumgüter- und Medienindus-
trie grundsätzlich zufrieden und mit ihren Produkten hoch einverstanden sind, möchten
sie alle gesellschaftlichen Potenziale ausschöpfen, um ihre Reproduktion voranzutreiben«
(Hecken 2010: 190).

sondern um diese größeren staatlichen Pressionen und Umerziehungsmaß-
nahmen auszusetzen« (Hecken 2010: 201). Auffällig erscheint hierbei, dass
die Debatte um eine vermeintliche Notwendigkeit aktivierungspolitischer
Maßnahmen einen Wertewandel zur ›Aktivierung‹ der arbeitsfähigen Bevölkerung weitgehend parallel (und damit ohne Schnittpunkte) zu empirischen
Forschungen zu Wohlfahrtsstaat und Arbeitsgesellschaft fördert (vgl. Streeck
2009; Heinze 2011; Bispinck et al. 2012).»Der Verweis auf die als »neue
Unterschicht« imaginierte Gruppe von Gesellschaftsmitgliedern, denen ein
bestimmtes, und zwar a-soziales Verhalten unterstellt wird, dient nicht als
systematische Analysekategorie, sondern als programmatischer Motor für
die Etablierung einer spezifischen politischen Behauptung« (Kessl 2012:
187f). Dass Peter Sloterdijk seine Vortragshonorarzahlungen von den Lions
Clubs der Nation zur Deckung der überhöhten Heizkosten Markus Lanz-
schauender Wohlfahrtsmütter versteuern muss, ist demnach kein Argument,
dass sich nachgewiesenermaßen stichhaltig für die Reform entsprechender
Arrangements ins Feld führen ließe.

Seine zweite wesentliche Komponente erlangt der Stigmatisierungsdis-
kurs durch die zunehmend systematische Ethnisierung entsprechender Deutungsmuster. Unter Bezug auf eine vermeintliche Überforderung wohlfahrtsstaatlicher Leistungsarrangements argumentierte in letzter Zeit wohl
am prominentesten Thilo Sarrazin (2010) in seiner Streitschrift ›Deutschland schafft sich ab‹. Unter anderem, indem er Delinquenz und Bildungs-
misserfolge jugendlicher Migranten als Ursachen wirtschaftlicher Fehlent-
wicklungen identifizierte, konnte Sarrazin weiteres Material für den anhaltenden Krisendiskurs liefern. Vor dem Hintergrund seiner auf volkswirt-
schaftliche Leistungsfähigkeit abhebenden Thesen bezeichnet Benz (2012:
15) Sarrazins Text auch als »populistisch vorgetragenen Sozialdarwinis-
mus.« Ein Effekt, den die Verdichtung entsprechender Argumentationsmus-
ter nach sich zieht, ist die Transformation symbolischer Anforderungspro-
file, wie sie im gesellschaftlichen Repräsentationsregime vermittelt werden.
Eine fortschreitende »Ökonomisierung des Sozialen« (Schimank/Volkmann
2008) bedinge hier die Ausrichtung von Lebensentwürfen – und damit auch
individueller (Erwerbs-)Biografien und Selbstkonzepte (Bröckling 2007; Lessenich 2008; Sennet 1998; 2002; 2005) an einem neuen Anforderungsprofil,
welches Rosa (2009: 97) im folgenden Absatz beschreibt:

> Wenn heute [...] die menschliche Lebensführung immer stärker durch den Kon-
> kurrenzkampf in der ökonomischen Sphäre bestimmt wird, wenn die Spielräume
> einer selbstbestimmten Lebensführung und politischen Gestaltung gleichermaßen

den uferlosen Zwängen zur Erhaltung und Steigerung individueller und kollektiver Wettbewerbsfähigkeit zum Opfer fallen, dann drückt sich darin nicht nur die Pervertierung der kulturellen Leitidee des Kapitalismus, sondern darüber hinaus ein konstitutiver Betrug am Projekt und am Grundversprechen der Moderne aus.

Die im Folgenden eingehender vorzustellenden Charakteristika der Sozialfigur des Gangstarappers sind – und dies wird weiter unten noch genauer in Bezug auf das Konzept hegemonialer Männlichkeit zu erörtern sein – vor dem Hintergrund eben dieser Entwicklungen zu verstehen.

3. Zur Sozialfigur des Gangstarappers

Zentrales Merkmal von Gangstaraptexten ist die überhöhte Darstellung des lyrischen Ich. Während derartige Motive zwar auch für die allgemein kompetitiv ausgerichtete HipHop-Kultur gelten, kommt entsprechenden Äußerungen im symbolischen Kosmos des Gangstarap ein besonderer Stellenwert zu. Die Aufwertung des Sprechers vollzieht sich in der Regel über die Abwertung anderer Personen(gruppen). Gängige Projektionsflächen werden hierbei einerseits entlang gesellschaftlich verbreiteter Exklusionslinien wie der Stigmatisierung (meist männlicher) Homosexualität oder Misogynie abgesteckt. Außerdem werden stereotype Darstellungen mittel- und oberschichtsspezifischer Lebensstile und Erwerbsverläufe als Feindbilder bemüht. Andererseits dient die sprachliche Inszenierung von Dominanz gegenüber einem fiktiven oder persönlich kenntlich gemachten Dritten der Darstellung der eigenen Überlegenheit. Hierzu schreibt Liell (2007: 279): »Gangsterrap stellt eine spezifische Artikulation einer Orientierung an Härte dar [...]«. Den Wertekodex des Gangstarap beschreibt Strick (2005: 116) folgendermaßen: »Die charakteristische Formel des Gangstas – ›do or die‹ – steht für eine sozialdarwinistische Gesellschaftsordnung, in der es einzig auf das Überleben des stärkeren und autonomeren Individuums ankommt«. Ein weiterer häufig auftretender Topos ist die Schilderung des Alltags in bestimmten Stadtteilen, wie er weiter oben im Bezug auf die Befunde stadtsoziologischer Ungleichheitsforschung herausgearbeitet wurde: »Verklärt und romantisch wird das Leben auf der Straße [...] thematisiert. Der Rapper spricht aus der Ich-Perspektive eines Reporters von der Straße, der die Zuhörer über die Geschehnisse informiert [...]« (Wilke 2009: 168).

Bei der Analyse von Gangstarap stellen sich gewisse interpretatorische Schwierigkeiten ein: So geben die Sprecher in der Regel vor, die Lebenswirklichkeit in den von ihnen geschilderten Umgebungen lediglich zu beschreiben, ohne dabei eine bestimmte Bewertung abzugeben. Gleichzeitig geben die Beschreibungen der Sprecher in häufigen Fällen nicht ihre tatsächliche Situation der Sprecher wieder, sondern sind durch starke Übertreibungen oder – implizite oder explizite – Glorifizierungen des Gesagten gekennzeichnet. Auf der anderen Seite kommt es auch vor, dass die Sprecher die Metaphorik ihrer Inszenierungen betonen und auf die symbolische Sinndimension der Inhalte verweisen. Die Schwierigkeit, die sich nun bei der Interpretation ergibt, liegt darin, dass einerseits Metaphern hinzugezogen werden, um eine – angeblich empirische – Realität darzustellen. Wann genau dem Gesagten eine übertragene Bedeutung zukommt und wann die Texte im Sinne der Autoren wörtlich zu nehmen sind, lässt sich aber in vielen Fällen nicht klar feststellen.[84]

Im Einklang mit den weiter oben vorgestellten Befunden über soziale Folgen klassen- und ethnienspezifischer Segregation zeichnet sich das Leben in diesen Stadtteilen den Rappern zu Folge durch die soziale Benachteiligung weiter Teile der Wohnbevölkerung aus. Schlechte Bildungschancen und damit verbundene geringe Aufstiegsmöglichkeiten in einem gesellschaftlich anerkannten Berufsfeld gehen einher mit Ablehnungserfahrungen durch VertreterInnen einer bürgerlichen Mehrheitskultur. In den Bildwelten des Gangstarap kommt ›dem Ghetto‹, ›der Straße‹ oder ›dem Block‹ eine metaphorische Referenzbedeutung zu. So veranschaulicht die vermeintlich unmittelbar zu erlebende Realität urbaner Lebenswelten die subjektive Situation. Die Tatsache, dass große Teile der Rapper unterschiedliche Migrationshintergründe aufweisen und diese mitsamt unterschiedlichen Implikationen, die ihrer Meinung nach mit ihnen einhergehen (Randständigkeit, Religiosität, rassisierte/ethnisierte Stereotype, etc.), zum Inhalt ihrer Texte machen, bedingt eine thematische Ausrichtung von Gangstarap, die wiederum im öffentlichen Diskurs häufig als essenzialisierender Bezugspunkt genutzt wird. Auf diese Weise wird das Genre auch von außen häufig mit den kulturellen Ausdrucksformen von Jugendlichen mit Migrationshintergrund in Verbindung gebracht, ohne dass dies in allen Fällen zutreffen muss. Die wachsende Aufmerksamkeit, die Angehörigen ethnischer Minderheiten

---

84 Dass dies genauso für die Interpretation der RezipientInnen gilt, lässt sich anhand der von
    Barthes (2000) und Foucault (1969) vertretenen These eines »Tod des Autors« verdeutlichen,
    der zu Folge etwaige Absichten, die die VerfasserInnen eines bestimmten Textes hinsichtlich
    seiner Wirkung verfolgen, nicht notwendigerweise mit den durch etwaige RezipientInnen
    entwickelten Lesarten übereinstimmen, geschweige denn in Zusammenhang stehen müssen.

durch ihre verstärkte Repräsentation im Gangstarap zuteil wird, beschreiben Loh und Verlan (2006: 28): »Den Weg zurück in den Mainstream schafften junge Migranten erst Ende der spaßigen Neunziger, indem sie die Rolle des Bürgerschrecks bedienten«. Mit ihrem Verweis auf die Skandalisierung ethnischer Differenz benennen die Autoren einen zentralen Aspekt der gesellschaftlichen Diskussion um Gangstarap, die sich in weiten Teilen mit einem Krisendiskurs um ethnisierte und vergeschlechtlichte Kriminalität und Gewalt von oftmals jugendlichen Tätern überschneidet. In der Auseinandersetzung mit HipHop-Kultur und Ganstarap wurde immer wieder auf diesen engen Zusammenhang der beschriebenen Formen mit der Kategorie der Ethnizität verwiesen. So bietet HipHop-Kultur auch im Anschluss an Kimminich (2003: 86) besonders für Jugendliche mit Migrationshintergrund »ein vielschichtiges Repräsentationssystem, mit dem Identitäten und Gemeinschaften entworfen werden«.[85] Mit ihren drastischen Aussagen und bisweilen auch Umsetzungen über und von Gewalthandeln, offen propagierter Frauen- und Homosexuellenfeindlichkeit und einem offensiv zur Schau gestellte Materialismus, der seine Grundlage in kriminellen Handlungen findet, haben sich Gangstarapper im Verlauf der letzten Jahre als beliebte symbolische Platzhalter innerhalb des im letzten Abschnitt vorgestellten Diskurses prädestiniert. Murat Güngör (2007) zu Folge ist Gangstarap sogar gerade deswegen populär, weil er rassistische Klischees über (Post-)Migranten bedient. Dieser symbolische Nähe zwischen Diskursinhalten und den kulturellen Repräsentationen des Gangstarappers lässt sich auch im Anschluss an Ulrich Beck (2007: 334) auf die Spur kommen: »Wenn eine Gruppe ein Risiko darstellt, dann verschwinden die Eigenschaften, die sie sonst kennzeichnen, und sie wird durch dieses ›Risiko‹ definiert« (Beck 2007: 334). »Am Ende hat jene Mischung zwischen pädagogischem Bemühen und medialem Einfluss mit Bushido und seinen Kollegen genau den Typ Gangster erzeugt, vor dem sich das Bürgertum fürchtet – nicht zuletzt, weil er als

---

85 Neben qualitativen Aussagen dieser Art finden sich in der einschlägigen Literatur allerdings auch unterschiedliche Verweise auf eine Adressatenschaft, die sich zum Großteil aus Jugendlichen *ohne* Randgruppenerfahrung – etwa in Form von Marginalitätsbedingungen, die auf einen Migrationshintergrund zurückzuführen wären – zusammensetzt (vgl. etwa Kleiner/Nieland 2007: 218). Gleichzeitig bezieht sich Willke (2009: 166) auf eine Studie, der zu Folge das Genre Gangstarap »vor allem von männlichen Migrantenkindern präferiert« wird. Auf Grund der Widersprüchlichkeit der Aussagen und der mangelnden empirischen Absicherung durch quantitative Erhebungen erscheint es sinnvoll, sich bei der Analyse zunächst auf Hypothesen im Anschluss an die Betrachtung der kulturellen Herstellung von Identitätsangeboten zu konzentrieren.

Abbild des gefährlichen kriminellen Ausländerjugendlichen gilt« (Terkessidis 2010: 197). Auf einer symbolischen Ebene, welche Stigmatisierung als
Strukturphänomen (inter-)subjektive erfahrbar werden lässt, verdichten sich
diese Definitionsversuche nun in einem kulturellen Topos, der im folgenden unter Bezug auf die Kategorie der ›Sozialfigur‹[86] dargestellt werden soll:
»Wirft man einen genaueren Blick auf aktuelle Analysen zu Milieus, Lebens-
räumen, Subkulturen, Jugendszenen, Subjektivierungsformen oder schaltet
man einfach nur den Fernseher ein, so fällt auf, dass wir stets mit einer
Vielzahl von Sozialfiguren konfrontiert werden« (Moebius/Schroer 2010:
7f). Als ordnungsstiftende Bezugspunkte sind diese zu verstehen als »Typi-
sierungen [...], mit denen Ordnung in die Vielfalt der empirischen Erscheinungen gebracht werden soll« (ebd.: 8), oder noch prägnanter, als »(Ideal-
)Typen, die in ihrer Gesamtheit das Soziale ordnen« (ebd.: 9).[87] Die Sozialfigur des Gangstarappers erscheint demnach – den oben skizzierten Krisendiskurs um migrantische Männlichkeiten pointiert versinnbildlichend –
als schwulenverachtender[88] (Gewalt-)Krimineller mit Migrations- und ohne
Bildungshintergrund, der sich v.a. über seine physische Durchsetzungskraft
definiert: »Eine ethnisch codierte Klassenlage bildet die sozialen Rahmenbe-
dignungen für Männlichkeitsinszenierungen« Weber (2007: 309). Ein geeig-
netes Schema zur Interpretation der repräsentativen Bedeutung dieser Figur
aus kultur- und ungleichheitssoziologischer Sicht soll im Rahmen der folgenden Abschnitten unter Bezug auf die Konzepte der Intersektionalität
sowie der hegemonialen Männlichkeit etabliert werden.

---

86 Während die Charakterisierung des Gangstarappers als Sozialfigur ursprünglich von See-
    liger und Knüttel (2010) eingeführt wurde, findet das Konzept eine wesentlich umfangrei-
    chere und stichhaltigere Ausarbeitung bei Moebius und Schroer (2010).
87 Den Modus der Konstitution einer Sozialfigur als Akteurin in einem Krisendiskurs be-
    schrieben auf anschauliche Weise Martina Löw und Renate Ruhne (2011: 76) in ihrer
    Studie über Prostitution im Frankfurter Bahnhofsviertel. Indem ›gute Prostituierte‹ von
    ihren schlechten Fachkolleginnen durch die Zuschreibung spezifischer (mehr oder weni-
    ger arbiträrer) Eigenschaften unterschieden werden, wird ein sinnstiftender Zugang zum
    Feld erschlossen, den Berichterstatter nutzen, um ›kritsich‹ über Sexarbeit berichten zu
    können, ohne diese grundsätzlich ablehnen zu müssen. Ähnlich wie beim Gangstarap-
    per, dessen symbolische Hausnummer diesen wohl als in unmittelbarer Nachbarschaft des
    Eros-Centers ansässig verriete, ist Prostitution den Autorinnen zu Folge sozial vorausset-
    zungsreich und daher »nie nur aus sich heraus zu verstehen, sondern stets eingebunden in
    ein komplexes Zusammenwirken gesellschaftlicher Strukturen und Diskurse« (ebd. 194).
88 Lesben sind okay, wenigstens im Internet oder auf DVD. Zur Familie sollten sie allerdings
    nicht gehören.

Intersektionalität und Gangstarap

In ihrem Ursprung wesentlich beeinflusst durch die Arbeiten von Karl Marx, der die historische Dynamik gesellschaftlicher Entwicklungen als Geschichte von Klassenkämpfen zu rekonstruieren beanspruchte, war die sozialwissenschaftliche Analyse sozialer Ungleichheiten von Anfang an wesentlich durch einen Fokus auf Besitz und Erwerbschancen mitsamt ihren kulturellen Implikationen geprägt (von Oertzen 2006). Während Disparitäten zwischen Ethnien (Park 1925) oder auch den Geschlechtern (Zetkin 1958) in der Gesellschaftsanalyse zwar mitunter bereits zu Anfang des 20. Jahrhunderts eine untergeordnete Rolle gespielt haben, vollzieht sich der Beginn ihrer systematischen Berücksichtigung bei der Analyse sozialer Ungleichheiten im Zeitverlauf auf Grund gesellschaftlicher Entwicklungen. Dass sich ab Mitte des 20. Jahrhunderts immer stärkerer Widerstand gegen ethnische und rassistische Diskriminierung im Kolonial- (Fanon 1981) und Geschlechterverhältnis ausbildet (Walby 2011; Lenz 2008), schlägt sich demnach auch in einer stärkeren Reflexion entsprechender Ungleichheitstrukturen in der sozialwissenschaftlichen Perspektive nieder. Die Analyse sozialer Disparitäten, die durch die Stellung im Produktionsprozess (und ihre Folgen, wie Kapitalausstattung, Netzwerkkontakte oder kulturelle Aspekte, vgl. Bourdieu 1987) bedingt sind, wird nun mehr und mehr ergänzt durch die Betrachtung alternativer Kategorien sozialer Differenzierung, wie eben Geschlecht und Ethnizität. Die Komplexität der Strukturen gesellschaftlicher Ungleichheiten betont auch Hauck (2012). Ihm zu Folge sind »Machtverhältnisse zwischen herrschenden und beherrschten Klassen [...] selten monolithisch« (ebd.: 40):

> Die tatsächlichen Ergebnisse sind stets die Resultanten aus den strategischen Auseinandersetzungen zwischen einer Vielzahl von Klassen, Fraktionen und Kategorien, nicht nur zwischen Herrschenden und Beherrschten, sondern auch zwischen verschiedenen Gruppierungen im Block an der Macht wie in den beherrschten Klassen und zwischen verschiedenen durch zur Klassenherrschaft querstehende Merkmale definierten Kategorien (Gender, »Rasse«, Ethnizität z.B.) – und dies auf nationaler wie auf internationaler Ebene.

Ein Versuch, das komplizierte Dickicht der Auseinandersetzungen um soziale Kategorien und Disparitäten zu durchschauen, wird seit Anfang der

1990er Jahren von Wissenschaftlern und Wissenschaftlerinnen unter Bezug auf das Konzept der Intersektionalität unternommen.

1. Konzeptionelle Grundlegungen

Mit dem Begriff der Intersektionalität wird ein spezifischer perspektivischer Ansatz bezeichnet, der die Bedeutung unterschiedlicher sozialer Kategorien sowohl für die soziale Positionierung von Individuen und Gruppen als auch für die Strukturierung der Gesellschaft als Gesamtzusammenhang zu erfassen versucht. Als soziale Kategorien gelten hierbei von Menschen verwandte Schemata der Zuordnung von Personen zu gesellschaftlichen Gruppen, wie zum Beispiel der der Klasse, der (regionalen oder nationalen) Herkunft oder auch des Geschlechts. Eine (ungleichheits-)soziologische Kernannahme, die sich hieraus ergibt, fasst Degele (2008: 146) folgendermaßen zusammen: »Es gibt also keine durchgängig diskriminierten Gruppen mehr, Merkmale treten in Kombination auf und müssen zueinander in Beziehung gesetzt werden«. In Bezug auf das Geschlechterverhältnis etwa, folgen die »Differenzlinien, nach denen sich Interessengruppen bilden, [...] nicht der einfachen, dual bestimmten Geschlechterdefinition: hier die Frauen, da die Männer« (Gesterkamp 2010: 3). Obwohl der hier beschriebene Umstand nicht schwer nachzuvollziehen (oder auch: banal) erscheinen sollte - der Königin von England, einer einbeinigen erwerbslosen Mutter mehrerer Kinder und der Zwangsprostituierten ohne Aufenthaltsgenehmigung geht es natürlich nicht gleich, obwohl alle drei als Frauen angesehen werden - wurde die komplexe Aufgabenstellung, die sich hieraus für die Analyse sozialer Ungleichheiten ergibt, in der Soziologie lange Zeit nur unzureichend reflektiert. Das Anliegen einer intersektionalen Analyse richtet sich daher - um erneut mit Degele und Winker (2011: 70) zu sprechen - »gegen die häufig anzutreffende Tendenz, eine soziale Ungleichheit gegen eine andere auszuspielen oder Rangfolgen zu formulieren.«

Der Ursprung der heute diskutierten intersektionellen Perspektive lässt sich zu Anfang der 1970er Jahre im Umfeld der Neuen Frauenbewegungen verorten.[89] In der reflexiven Auseinandersetzung mit ihren internen Binnen-

---

89 Für den deutschen Raum vgl. Lenz (2008). Tatsächlich lassen sich allerdings auch in der früheren Geschichte gesellschaftlicher Konflikte um Anerkennung Referenzen an die multidimensionale Analyse und Kritik sozialer Lagen finden. So verweisen etwa Brah und Phoenix (2004: 76) auf die standpunktbezogene Widerständigkeit schwarzer Sklavinnen in den USA des 19ten Jahrhunderts. Ein weiteres Beispiel hierfür bietet die proletarische

differenzierungen versuchten zahlreiche Akteurinnen der Neuen Frauenbewegungen eine integrative Sichtweise auf die Wirkung der gleichzeitigen
Zugehörigkeit zu mehreren sozialen Kategorien zu entwickeln. Während
also orthodoxe Vertreterinnen einer monolithischen Patriarchatskritik die
Herrschaft von Männern über Frauen in den Fokus zu rücken suchten,
stellten andere die implizite Homogenitätsannahme in Frage.[90] Im Rahmen der seit den frühen 1970er Jahren währenden Diskussion prägte gegen
Ende der 1980er Jahre Kimberly Crenshaw den Begriff der Intersektionalität. Die Metapher der Straßenkreuzung soll hierbei die Verschränkung der
unterschiedlichen sozialen Kategorien (in ihrem Fall ›race‹[91] und gender)
veranschaulichen. Die Frage, inwiefern die Auseinandersetzung mit Intersektionalität eine inhaltliche Ergänzung für die feministische (sowie un-
gleichheitssoziologische) Diskussion darstellt, wird von VertreterInnen unterschiedlicher theoretischer Spektren auf verschiedene Weise beantwortet.
So bezeichnet McCall (2005: 1771) den Ansatz auch als »most important
contribution that women's studies have made so far«. Entsprechend hat
sich auch die Anzahl der Publikationen in den letzten Jahren relativ dy-
namisch entwickelt. Dies lässt sich nicht zuletzt für den deutschen Sprachraum nachweisen. Nachdem mit Klinger (2003) sowie vor allem den Bänden
von Klinger et al. (2007) sowie Klinger und Knapp (2008) eine grundlagen-
theoretische Debatte angefacht worden war, fand diese ihren Ausdruck unter
anderem in einer groß angelegten Konferenz in Frankfurt im Januar 2009
(Tolasch 2009; siehe auch den zugehörigen Band von Lutz et al. 2010). Eine ebenfalls stilbildende Bedeutung kommt für die erste Phase verstärkter

Frauenbewegung des 19ten Jahrhunderts in Deutschland, die ebenfalls die Verschränkung
von Klassenherrschaft und Frauenunterdrückung betonte (vgl. Nave-Herz 1993, S.30ff). So
kritisiert Clara Zetkin (1979: 148) als zentrale Vertreterin eines proletarisch-feministischen
Standpunktes die bürgerliche Frauenbewegung auf Grund ihrer Annahme, »dass die Frau-
enrechtlerinnen das große und verwickelte Problem der Frauenbefreiung nicht in seinen
vielverzweigten sozialen Zusammenhängen erfassen, vielmehr aus der Froschperspektive
der Interessen der bürgerlichen Gesellschaft erfassen«.

90 So zum Beispiel auch Hazel Carby als Vertreterin des US-Amerikanischen ›black feminism‹ - mit ihrem charakteristisch-provokativen Ausspruch »what exactly do you mean,
when you say WE?« (Carby 1982: 233).

91 Die mittlerweile für die in Deutschland geführte Diskussion charakteristischen Apostro-
phe vor und hinter dem Wort ›race‹ tragen dem Umstand Rechnung, dass die spezifische
historisch-genozidale Konnotation des Begriffs im deutschen Sprachraum vielen als nicht
angemessen erscheint. Interessanterweise führt dies - besonders in der Diskussion um Intersektionalität - häufig zu einem undifferenzierten Gebrauch des Begriffes der Ethnizität,
der mit der Bedeutung von ›race‹ gleichgesetzt wird (für eine ausführliche Unterscheidung
siehe Hund 2007).

Diskussion auch dem Text von Walgenbach et al. (2007) zu, die mit ihrer Sicht auf »Geschlecht als interdependente Kategorie« einen alternativen methodologischen Blickwinkel zum Ausgangspunkt nehmen. Konzeptionelle Grundlagenarbeit leisten darüber hinaus auch Kerner (2009) mit ihrer an Foucault anschließenden Studie zum Zusammenhang von Sexismus und Rassismus sowie – wie erwähnt – Degele und Winker (2008; 2009; 2011) mit ihrem Vorschlag für eine intersektionelle Mehrebenenanalyse. Ein weiteres Anzeichen für die Etablierung des Ansatzes als Paradigma liefern im deutschen Sprachraum eine Reihe von Anthologien, die sich jeweils vertiefend mit unterschiedlichen Facetten des Themas in Theorie und Praxis auseinandersetzen. (siehe Hess et al. 2010; Smykalla/Vinz 2011; Busche et al. 2010; Knüttel/Seeliger 2011; Jacob 2011; sowie die Sonderausgabe des Berliner Journal für Soziologie 1/2012 oder auch die Monografie von Kalender 2011). Neben den zahlreichen Herausgeberschaften zum Thema finden intersektionale Perspektiven außerdem zunehmend Anwendung in kleineren Arbeiten (vgl. Spindler 2011; Groß 2010; Beckmann).

Entsprechende Resonanzen lassen sich zunehmend auch aus dem Feld der allgemeinen Ungleichheitsforschung vernehmen: »Die Intersektionalitätsdebatte hat die Ungleichheitsforschung in den letzten Jahren spürbar belebt« (Bieling 2012: 56; siehe auch die erstmalige Berücksichtigung des Themas in einem Lehrbuch zur Sozialstrukturanalyse bei Weischer 2011). Trotz derartiger Akzeptanzbekundungen lassen sich gleichzeitig auch einige kritische Positionen erkennen, so etwa Weinbach (2008), die einige systemtheoretische Zweifel an der theoretisch-methodologischen Wertigkeit des Intersektionalitätsansatzes anmeldet. Sie hält »die grundlegende Annahme des Intersektionalitäts-Paradigmas – es existierten bestimmte, per se soziale Ungleichheit stiftende Kategorien – für empirisch falsch und plädier[t] für eine Grundlegung, die eine größere konzeptionelle Offenheit beim Zugriff auf die soziale Wirklichkeit erlaubt« (ebd. 174). Während diese Kritik prinzipiell richtig ist (natürlich sind soziale Kategorien nicht von sich aus, sondern innerhalb spezifischer Kontexte ungleichheitsstiftend), lässt Weinbach allerdings offen, wann und von wem ein entsprechend substanzialistisches Kategorienverständnis zu Grund gelegt wird. Weiterhin stellt sie dem Konzept der »Dreifachen Vergesellschaftung« von Lenz (1995) die Idee einer temporären Inklusion einzelner Personen über organisational vermittelte Inklusionsrollen in verschiedene gesellschaftliche Funktionsbereiche entgegen. So interessant und vielversprechend eine differenzierte Betrachtung der verschiedenen Inklusionslogiken unterschiedlicher gesellschaftlicher Segmente allerdings auch erscheinen mag – eine theoretische Entkräftung einer intersektionellen Sichtweise lässt sich auf diesem Wege nicht leisten. Weiterhin ist es – entgegen Weinbachs impliziter Annahme – keineswegs so, dass VertreterInnen einer intersektionellen Perspektive unterschiedliche Feldlogiken der ungleichheitsgenerierenden Kraft der Überkreuzungen sozialer Kategorien unterordnen würden. Vielmehr betonen Degele und Winker (2008: 206), dass einzelne »Herrschaftsverhältnisse je nach Kontext unterschiedliche Bedeutungen erlangen können«. Mehrfachdiskriminierung (oder Privilegierungen) im Betrieb (Acker 2006) folgen demnach einem anderen Muster als im reproduktiven Bereich (Bock/Duden 1977) oder an ihrer Schnittstelle (Lutz 2007).

Obligatorisch sei an dieser Stelle auf die antikategoriale (McCall 2005) Kritik von queer-theoretischer Seite verwiesen, wie sie am prominentesten von Judith Butler (1991: 210) vorgebracht wird: »Auch die Theorien feministischer Identität, die eine Reihe von Prädikaten wie Farbe, Sexualität, Ethnie, Klasse und Gesundheit ausarbeiten, setzen stets ein verlegenes ›usw.‹ an das Ende ihrer Liste.« Die hier formulierte Kritik einer Annahme von Homogenität und Kohärenz eines – wie auch immer gearteten – feministischen Subjekts folgt einem Prinzip, dem auch Butlers subjekttheoretische Überlegungen auf der gesellschaftlichen Mikroebene entsprechen. Identität wird demnach durch den Ausschluss (der Zuschreibung und Empfindung) charakterlicher Aspekte erzeugt. »Keine Identität eines Individuums ist mit dem Mantra aus ›race‹, *class, gender* hinreichend beschrieben. Nicht etwa deshalb, weil die Liste nur empirisch ergänzt werden müsste, etwa durch Alter, nationale Identität oder Gesundheit, sondern weil keine der aufgelisteten Identitäten in sich stabilisierbar ist und ihre Verknüpfung nur noch zu instabileren und widersprüchlicheren Identitätskonglomeraten führen kann« (Machard 2010: 220). Während dieser Einwand auf einer epistemologischen Ebene die Grenzen einer induktiven Setzung kategorialer Analyseeinheiten deutlich aufzeigt, bleibt die Überführung ungleichheitssoziologischer Anliegen in ein auf soziale Strukturen ausgerichtetes Forschungsdesign bis heute als unumgänglich anzusehen. Ungeachtet dieser Kontroverse ist es wohl sicher festzustellen, dass der intersektionellen Perspektive – vor allem in den Gender Studies – in den letzten Jahren eine immer größere Popularität zuteil wird.[92] Gleichzeitig zeichnet sich die Diskussion aber auch

---

92 Zur Aktualität der Diskussion über das Konzept der Intersektionalität im transnationalen Rahmen siehe den Bericht von Tolasch (2009) über die internationale Konferenz »Celebrating Intersectionality« im Januar 2009 in Frankfurt a.M.

durch eine relative Unsicherheit über einen einheitlichen Umgang mit dem Konzept - sowohl hinsichtlich theoretischer[93] als auch methodologischer Implikationen - aus. Hierzu schreibt Davis (2008: 67): »Despite its popularity, there has been considerable confusion concerning what the concept actually means and how it can or should be applied in feminist inquiry«. Im Anschluss an die in diesem Zitat geäußerte Skepsis gegenüber einer schon jetzt relativ verallgemeinerbaren Auffassung des Intersektionalitätsansatzes möchte ich im Folgenden kurz auf einige Punkte eingehen, die die hier zu entwickelnde Perspektive von gängigen Herangehensweisen unterscheiden: Bei einer Sichtung der relevanten Literatur fällt auf, dass die intersektionelle Sichtweise sozialer Phänomene hauptsächlich auf die Analyse von Benachteiligungsverhältnissen ausgerichtet ist. Dieser »monolithic focus on difference as source of disempowerment«[94] (Davis 2008: 26) scheint der ambivalenten Wirkungsweise sozialer Kategorien in vielen Fällen nicht ausreichend Rechnung tragen zu können. So erscheint es zwar banal, dass die Benachteiligung bestimmter Personen(-gruppen) unweigerlich mit der Bevorzugung anderer einhergehen muss. Der - oftmals ausschließliche - Fokus auf Formen der Benachteiligung führt allerdings häufig zu einer pathologisierenden Konnotation der Situation der Betroffenen. Anstatt also vordergründig die Unterlegenheit von Individuen und Gruppen zu untersuchen, erscheint es sinnvoll, gleichzeitig auch etwaigen Handlungsspielräumen und Strategien der Betroffenen Aufmerksamkeit entgegenzubringen.[95] Durch die Entwicklung derartiger Agency-Konzepte zeichnet sich etwa ein neuerer Diskurs innerhalb der transkulturellen Genderforschung aus. So definiert Mahmood (2001: 210) den Agency-Begriff »not simply as a synonym for resistance to relations of domination, but as a capacity for action that specific relations of *subordination* [Herv. im Orig., M.S.] create and enable«. Dieser Fokus auf Momente des Empowerment, die mit spezifischen Kombi-

---

93 So umfasst das Feld unterschiedlicher Sichtweisen sowohl mikro- als auch meso- und makro-theoretische Desiderate der Theoriebildung. Für die Mikro-Ebene siehe exemplarisch West und Zimmermann (1987) sowie West und Fenstermaker (1995), für eine Meso-Perspektive Akka und Pohlkamp (2008) und für einen makro-theoretischen Ansatz Knapp (2005) sowie Klinger (2003).

94 Während sich Davis vordergründig auf die US-amerikanische Diskussion bezieht, kann das Zitat m.E. auch für den europäischen Diskurs Gültigkeit beanspruchen.

95 Für das ambivalente Verhältnis von Etablierung und Wirksamkeit weiblicher Gegenmacht im Rahmen männlich dominierter Strukturen prägt Kandiyoti (1997) den Begriff des »patriarchalen Verhandelns«, welcher allerdings im Zusammenhang der vorliegenden Arbeit nicht ohne weiteres übernommen werden kann. Die grundsätzliche Annahme einer Dialektik widerständigen Handelns wird allerdings auch hier noch weiter auszuführen sein.

nationen unterschiedlicher sozialer Kategorien an identitären Schnittstellen einhergehen können, stellt eine so grundlegende wie notwendige Erweiterung einer erklärungskräftigen intersektionellen Perspektive dar.

Weiterhin zeichnen sich aktuelle Diskurse um Intersektionalität durch eine mangelhafte Berücksichtigung von Männlichkeit als Gegenstand des Erkenntnisinteresses aus. Einerseits mit dem Anspruch angetreten, die Verbindung unterschiedlicher Konfigurationen von Geschlecht mit weiteren sozialen Kategorien transparent zu machen, sind die gegenwärtig eingenommenen Forschungsperspektiven hauptsächlich durch die Betrachtung subordinierter Weiblichkeiten geprägt. Im Anschluss an das Postulat der Relationalität als Grundlage der Geschlechterforschung lässt sich gegen eine derartige Perspektive die Außerachtlassung der wechselseitig wirksamen Konstitutionsmodi des Geschlechter*nexus* einwenden. Ausgehend von einem Verständnis von Gesellschaft als Relationsbegriff gilt es demnach, die Verhältnisbestimmungen zwischen den Gesellschaftsmitgliedern zu untersuchen. Ein derart dialektisches Verständnis gesellschaftlicher Geschlechterverhältnisse entwickeln Becker-Schmidt und Knapp (2007: 50): »Kein Element einer Relation hat seine eigene Identität, es ist immer auch das Nicht-Identische des anderen; keines hat als selbständiges seine soziale Stellung in der Gesellschaft, sondern jedes gewinnt sie erst aus der Entgegensetzung zum anderen«. Demnach erscheint es wenig sinnvoll, die soziale Positionierung von Frauen zu untersuchen, ohne dabei gleichzeitig auch die spezifischen Konstitutionsweisen von Männlichkeit in den Blick zu rücken.

Eine weitere nachteilige Implikation der hauptsächlichen Fokussierung subordinierter Weiblichkeiten wäre die mögliche Gefahr einer diskursiven Affirmation und Festschreibung eben dieser Formen von Unterordnung. So bildet die Konzentration auf die Verletzlichkeit unterschiedlicher Gruppen von Frauen nicht nur nicht die komplexe gesellschaftliche Wirklichkeit ab, sondern liefert in ihrer unvollständigen Darstellung möglicherweise einen - m.E. unberechtigten - Grund zur Annahme monolithischer Männerherrschaft, die zu widerlegen sie eigentlich angetreten war.[96] Um zu ermög-

---

96 Die hier vertretene Auffassung spiegelt sich in der Zusammenstellung der Beiträge in folgenden Sammelbänden, von Knapp und Wetterer (2003); Klinger, Knapp und Sauer (2007) sowie Klinger und Knapp (2008), die die Diskussion intersektioneller Ansätze im deutschen Sprachraum maßgeblich beeinflusst haben. Zwar wird - den Beitrag von Davis (2008) ausgenommen - an keiner Stelle offen auf die - aus welchem Grund auch immer - größere Bedeutung weiblicher Inferiorität als Forschungsgegenstand verwiesen. Strukturell findet sich dennoch eine starke Unterrepräsentation von Fragestellungen der Männlichkeitsforschung - einerseits in der dezidierten Konzentration auf Frauen-spezifische Fragen

lichen, dass »Männer sich selbst als ein ›besonderes Geschlecht wie jedes
andere auch‹ wahrnehmen [können M.S.]« (Lenz/Villa 2006: 267), gälte es
also zuerst die diskursive Besonderung zu verhindern, die Frauen durch eine derartige thematische Schwerpunktsetzung zuteil werden kann. Zwar ist
dieser perspektivische Bias einer Frauen-zentrierten Geschlechterforschung
sicherlich nicht auf irgendeine böse Absicht zurückzuführen. Um die Notwendigkeit einer konnexionalen Sichtweise auf gesellschaftliche Verhältnisse
zwischen den Genus-Gruppen – wie Becker-Schmidt und Knapp sie einfor-
dern – einzulösen, müsste sie der Erweiterung um Fragen von Männlichkeit und ihren Wechselwirkungen mit Weiblichkeit in ausreichender Weise
Rechnung tragen.

2. Der Ansatz Hegemonialer Männlichkeit

Zur Analyse der Bildwelten des Gangstarap soll nun mit dem Konzept
der hegemonialen Männlichkeit nach Connell (2006) und Meuser (2010)
ein Ansatz bemüht werden, der in seinem grundsätzlichen Verständnis der
Wechselwirkung unterschiedlicher sozialer Kategorien bei der sozialen Positionierung von Individuen und Gruppen einer intersektionalen Heran-
gehensweise entspricht.[97] Connell zu Folge ergibt sich der Komplex hegemonialer Männlichkeit aus dem Zusammenwirken verschiedener Achsen
männlicher Macht. Im Einklang mit dem zu Anfang explizierten Kulturverständnis beschreibt hegemoniale Männlichkeit hierbei ein »Orientierungsmuster, ein Modell, das nur von den wenigsten Männern in vollem Umfang realisiert werden kann, das aber von den meisten gestützt wird, da es

und andererseits in der vordergründigen Fokussierung auf Weiblichkeit unter dem La-
bel der Gender- oder Geschlechterforschung. Gleichzeitig lässt sich allerdings auch ein
Anwachsen der Literatur zu Fragen von Intersektionalität und Männlichkeit verzeichnen.
Hierbei bleibt allerdings auch festzustellen, dass diese dezidiert unter dem Begriff der
Männlichkeitsforschung verzeichnet wird (siehe hierzu etwa die Beiträge von Huxel (2008)
sowie Spindler (2007), die beide in Sammelbänden zum Thema Männlichkeit erschienen).
Angesichts dieser Entwicklung in der geschlechterforschungsrelevanten Publikationsland-
schaft entsteht der Eindruck, dass die eigentliche Fragestellung des Forschungsfeldes in
der Analyse von Weiblichkeiten liegt, während die Auseinandersetzung mit Männlichkeiten weiterhin als Sonderfall gilt.

97 Eingeführt wurde das Konzept bereits in einem für die sich zu diesem Zeitpunkt formie-
renden Men's Studies programmatischen Aufsatz von Carrigan, Connell und Lee (1985).
Als Ausgangspunkt des Ansatzes dient hierbei der ursprünglich vom italienischen Marxis-
ten Antonio Gramsci (1991) eingeführte Begriff der Hegemonie (vgl. auch Opratko 2012;
Mouffe/Laclau 2000).

ein effektives symbolisches Mittel zur Reproduktion gegebener Machtrela-
tionen zwischen den Geschlechtern darstellt« (Meuser 2010: 104f). Muster
hegemonialer Männlichkeit prägen demnach die sinnstiftende Dimension
geschlechtlicher Zuschreibungen durch eine über

> Ideologien und kulturelle Deutungsmuster erzeugten Einwilligung in Verhältnisse,
> welche die eigene Unterlegenheit festschreiben [...]. Gewalt ist die ultima ratio, wenn
> kulturelle Hegemonie versagt, damit aber auch ein Indikator für die Unvollkommen-
> heit des Systems, ein Zeichen für Legitimationsprobleme (ebd.: 101f).

Als Hauptachse hegemonialer Männlichkeit identifiziert Connell (2006: 94)
»die allgegenwärtige Unterordnung von Frauen unter die Dominanz der
Männer« (ebd.: 94). Neben diesen zwischengeschlechtlichen Beziehungen
spielen zudem die Beziehungen von Männern untereinander eine Rolle.
Hierbei identifiziert er unterschiedliche Attribute, die gemeinsam einen
idealen Typus von Männlichkeit konstituieren. Neben dem männlichen
Geschlecht spielen hierbei statuszuweisende Kategorien wie etwa Ethnizität,
Alter, sexuelle Präferenzen oder beruflicher Erfolg, aber auch idealistische
Orientierung wie die der religiösen Einstellung eine Rolle[98]: »Die Männlichkeit weißer Männer ist zum Beispiel nicht nur in Relation zu weißen
Frauen konstruiert, sondern auch in Relation zu schwarzen Männern« (ebd.
96). Als komplementäre Ausprägungen typischer Männlichkeitsmuster identifiziert Connell außerdem untergeordnete, komplizenhafte und schließlich
marginalisierte Männlichkeiten, die, wie Spindler (2007: 121) bemerkt, die
»Kehrseite« hegemonialer Männlichkeit darstellen. Hegemoniale Männlichkeit ergibt sich demnach also einerseits aus ihrer Beziehung zu den verschiedenen untergeordneten Formen von Männlichkeit und andererseits aus
ihrer Superiorität gegenüber Formen von Weiblichkeit.

Aber was genau ist nun hegemoniale Männlichkeit? Oder genauer: Durch
welche Attribute zeichnet sich ihre Repräsentation aus? Connell und Messerschmidt (2005: 838) betonen in diesem Zusammenhang ihren historisch-
dynamischen Charakter: »It is desirable to eliminate any usage of hegemonic
masculinity as a fixed, transhistorical model.« Cornell versteht hegemoniale Männlichkeit demnach »nicht als ein starres, ahistorisches Phänomen,
sondern als eine ständig anfechtbare, umkämpfte Position« (Aulenbacher
et al. 2012: 18). Um herauszufinden, auf welche Weise derart idealisier-
te Geschlechterwürfe in der Gesellschaft verankert sind, eignet sich nun

---

98 Obwohl Connell dies nicht dezidiert anmerkt, liegt hierin bereits die Grundannahme des
    intersektionellen Ansatzes, der – wie oben erläutert – ebenfalls die Wechselwirkung unter-
    schiedlicher gesellschaftlicher Kategorien bei der sozialen Positionierung von Individuen
    und Gruppen in den Fokus rückt.

die Analyse symbolischer Repräsentationen auf dem Feld der Kultur: »Geschlechtersoziologisch leistet die Analyse narrativer Elemente in Diskursen einen Beitrag für das Verständnis der Herstellungsweisen von hegemonialer Männlichkeit bzw. des Kampfes um verschiedene Versionen hegemonialer Männlichkeit« (Paulitz 2012: 61). Aktuell sehen Vertreter der Forschung einen wesentlichen Aspiranten auf die Vertreterschaft in der Sozialfigur des Managers als gegenwärtig vorherrschender institutioneller Verkörperung hegemonialer Männlichkeit« (Meuser 2009: 258). Ähnlich identifiziert auch Pohlmann (2002: 228) die »Chiffre vom Management als sozialprestigeträchtiger, symbolischer Ausweis von Entscheidungskompetenz.« Als zentraler Bezugspunkt für die These dieser symbolischen Vertreterschaft männlicher Führungskräfte wird in der Literatur vor allem auf die Bedeutung von Leistungsfähigkeit abgehoben (vgl. Seeliger 2011a). Mit Bezug auf die Idee eines historisch-dynamischen Charakters hegemonialer Männlichkeit (und auch im Einklang mit dem weiter oben beschriebenen Aushandlungscharakter kultureller Symbole) unterliegen Formen der zugeschriebenen Leistungsfähigkeit damit ebenfalls einer kulturellen Konstruktionsleistung:

> Welche Tätigkeiten und Befähigungen als »Leistung« qualifiziert werden sollten, was die Maßstäbe der Leistungsbemessung und von Leistungsvergleichen sind, in welchem Verhältnis verschiedenste Komponenten des Leistungsbegriffs wie Aufwand, Regelhaftigkeit, Wettbewerb, Zielverwirklichung und Ertrag zueinander stehen – all dies muss offenbar jede Epoche für sich neu diskutieren, will sie die besondere Relevanz des Leistungsthemas in der je eigenen Gegenwart erfassen (Neckel 2008: 81).

Wie Lenz und Scheu (2010: 310) betonen, lässt eine Auseinandersetzung hegemonialer Männlichkeit als kulturell repräsentativem Ordnungsmuster nun potenziell weitreichende Rückschlüsse auf umfassende gesellschaftliche Dynamiken zu: »Die Machtdifferenzen und die Variabilität von Männlichkeiten sowie die soziale Konstruktion sind besonders wichtig, um die gesellschaftliche Entwicklung zu verstehen.« Für Aulenbacher et al. (2012: 18f), die diese Konstruktionsleistung in einen breiteren gesellschaftlichen Zusammenhang einordnen, werden damit »Veränderungen der kulturellen Konstruktion von Männlichkeit [...] als Folgeerscheinung von Entwicklungen des Kapitalismus« erkennbar. »Die generalisierten kulturellen Leitbilder und Handlungsdispositionen nehmen in unterschiedlichen kapitalistischen Epochen eine spezifische Gestalt an« (Kraemer et al. 2012: 42). Anschließend an die weiter oben getroffenen Ausführungen zur aktuellen Verfasstheit des Verhältnisses von wirtschaftlicher Ordnung und kulturellem Repräsentationsregime erkennt Neckel (2006: 360) im »Neuen Kapitalismus« die »Ausbreitung einer Gewinner/Verlierer-Kultur.« Im Bezug auf den Aspekt der Leistungsfähigkeit handelt es sich ihm zu Folge um »drei gesellschaftliche Entwicklungen [...], die uns heute das Phänomen einer ›Pflicht zum Erfolg‹ wesentlich vertrauter gemacht haben« (Neckel 2008: 9). Zum einen habe sich eine Interaktions- und Subjektivierungslogik des Wettbewerbs über die Wirtschaft hinaus bis in die Selbstkonzepte der Individuen hinein verallgemeinert. Eine »Individualisierung gesellschaftlicher Selbstzuschreibungen« bedinge darüber hinaus eine Orientierung, die Verantwortung für soziale Lagen den einzelnen Akteuren zuschreibe. Dies bedinge schließlich eine »Ausbreitung instrumentalistischer Verhaltensweisen und Einstellungen in zahlreichen Lebensbereichen« (ebd.). Inwiefern sich entsprechende Repräsentationen in den Bildwelten der Popkultur unter zeitgenössischen Bedingungen widerspiegeln, wird im folgenden Abschnitt zu erörtern sein.

3. Repräsentationen hegemonialer Männlichkeit in der Popkultur

Dass sich kulturelle Ideale und Leitbilder mit dem Strukturwandel wirtschaftlicher Arrangements (d.h. in westlichen Gesellschaften der Transformation vom Fordismus zum Post-Fordismus) auch auf dem Feld der Popkultur niederschlagen, zeigt sich, wie Misik (2010) betont in einer Verschränkung symbolischer Referenzen der Bezugssysteme. So seien »Ähnlichkeiten
zwischen der kapitalistischen Konkurrenzethik und popkulturellen Ethi-
ken auszumachen« (ebd. 185). Diese weiter oben bereits unter dem Ober-
begriff einer ›Dezentrierung von Popkultur‹ behandelte Entwicklung zeige
sich nun – so Misik (ebd.: 184) weiter – in der der semantischen Aufwertung entsprechender Charaktere: »In den vergangenen Jahrzehnten wurde
der raffinierte Investor, der wendige Zocker regelrecht zur Kultfigur. Broker
und coole Banker mutierten zu paradigmatischen Leitgestalten eines halben
Zeitalters« (Misik 2010: 184). Wie bereits an anderer Stelle (Seeliger 2011a)
beschrieben, lassen sich entsprechende Idealbilder etwa in Gestalt popkultureller Narrative in Lifestylemagazinen erkennen, in denen neue Formen
von Männlichkeit unter Bezug auf Leistungsorientierung in Freizeit *und*
Beruf hergestellt werden. Dass etwa im Business-Punk Magazin junge (weiße) Männer sowohl als hochqualifizierte Wissensarbeiter (Banken- und Im-
mobilienwesen, d.h. vermutlich auf Basis eines BWL-Studiums) als auch
als erlebnisorientierte Urlauber über die Stränge schlagen, verdeutlicht eine
neue Leitorientierung, die von Misik (2010: 185) folgendermaßen auf den
Punkt gebracht wird: »Mach Dein Ding und schau nicht links, schau nicht
rechts! Sei ein wilder Typ! Bleib nie stehen! Verändere die Welt! Verachte
das Bestehende! Belächle das Mittelmaß! All das wären Slogans, auf die sich
neoliberale *masters of the universe* und der ›Geist des Pop‹ einigen konnten.«
Die Figur des selbständigen Musikers (oder auch: Kulturunternehmers, wie
sie aktuell von vielen Gangstarappern verkörpert wird, oder wenigstens werden soll), eignet sich so ausgezeichnet zur Verkörperung entsprechender
Ideale: »Das Künstlerethos scheint inzwischen gesellschaftlich soweit absor-
biert, dass selbst die prekäre Lebenslage des Künstlers dabei ist, zur Leitfigur
für den neuen Arbeitnehmer im flexiblen Kapitalismus zu werden« (Neckel
2008: 40). Im Hinblick auf die popkulturelle Konstruktion von Gangstarapimages lässt sich hier eine deutliche Parallele feststellen. So bietet die Figur
des ›Hustlers‹, also des kleinkriminellen Tagelöhners, der seinen Lebensun-
terhalt im (meist ethnisch segmentierten) Milieu mit allerlei Gaunereien verdient, von jeher einen zentralen identitären Bezugpunkt in den Bildwelten

des HipHop und Gangstarap (vgl. Cohn 2008). Der ständige Umgang mit den Unwägbarkeiten der ›Ghetto‹-Existenz als Zumutung und die prinzipielle Selbstbestimmtheit als Privileg werden hier als wesentliche Parallele zur kulturellen Ordnung erkennbar, die unternehmerisches Engagement auch aus mehrheitsgesellschaftlicher Sicht als ehrenwert erscheinen lässt. Wie weiter unten noch auszuführen sein wird, wurde dieser Topos im Gangstarap der letzten Jahre nicht nur in Deutschland wesentlich weiter entwickelt. Anstatt lediglich auf die ökonomische Bastler-Existenz innerhalb einer milieugebundenen Netzwerkökonomie zu bauen, inszenieren sich Gangstarapper mehr und mehr als Unternehmer im großen Stil. Während im Bezug auf die Darstellung von Gangstarapimages also einige Parallelen zum Konstruktionsmodus derjenigen Idealbilder erkennbar sind, die von Meuser und anderen als Aspiranten auf die aktuelle Vertreterschaft hegemonialer Männlichkeit vorgestellt werden (i.e. globale Managermännlichkeiten), lassen sich gleichzeitig aber auch einige wesentliche Unterscheidungsmerkmale identifizieren. So beschränkt sich die Herleitung legitimer Vertreterschaft keineswegs auf die genannten Dimensionen von Leistungsfähigkeit in Bezug auf Wirtschaft und Amüsement: »Auch in hegemonialen Männlichkeitskonstruktionen der aktuellen Popkultur spielen – neben den normativen Kriterien Heterosexualität und Whiteness als rassisierte Dominanzkategorie – nach wie vor traditionelle maskulin-heroische, soldatische Rollenbilder der Tapferkeit, Härte und Stärke eine tragende Rolle« (Dunja 2012: 181). Um die These zu belegen, dass sich Gangstarapimages – dem beschriebenen Aushandlungscharakter der Repräsentationen hegemonialer Männlichkeit entsprechend – als Versuch der Aneignung legitimierter Vertreter interpretieren lassen, eignet sich der von der Forschungsgruppe ›Staatsprojekt Europa‹ (2012) aus Frankfurt am Main eingeführte und ebenfalls an Gramsci (1991) anschließende Begriff des Hegemonieprojekts. Mit Blick auf Auseinandersetzungen zwischen unterschiedlichen politischen Lagern im Rahmen der Europäischen Union arbeiten die Autorinnen hier heraus, wie eine »Vielzahl unterschiedlicher Taktiken und Strategien« (Buckel 2012: 88) einen »Status der Verallgemeinerung« der eigenen Vertreterschaft begründen sollen.[99] Nun sind EU-Politik und Geschlechterkonstruktion zwei verschiedene Dinge. Dass sich die abstrakten Bezugsmuster beider Sphären prinzipiell nicht unähnlich zu sein scheinen, verdeutlicht der folgende Absatz: »Einem

---

99 In Bezug au die EU unterscheiden die AutorInnen hier ein neoliberales, ein national-soziales, ein national-konservatives sowie ein proeuropäisch-soziales und ein linksliberal-alternatives Hegemonieprojekt.

hegemonialen Projekt muss es gelingen, in einer krisenhaften Situation eine ›Lösung‹ zu präsentieren, die möglichst viele Strategien, Diskurse und
Subjektpositionen miteinander kombiniert – insbesondere solche, die eher
zum Gegenprojekt gehören« (ebd.: 90). Wenn nun weiße Managermännlichkeiten als legitime Vertreter hegemonialer Männlichkeit gelten, müssten
sich demnach in den Bildwelten des Gangstarap explizite Referenzen erkennen lassen, die auf eine Aneignung derjenigen Aspekte zielen, welche eine
legitime Vertreterschaft (i.e. in diese Fall vor allem Leistungsfähigkeit) begründen können. Dass genau dies im Feld des Gangstarap der Fall ist, zeigt
im Folgenden die intersektionale Analyse der kulturellen Repräsentationen
des Genres.

Intersektionale Analyse von Gangstarap

Ausgehend von der weiter oben dargestellten Annahme, dass kulturell vermittelte Identitätsangebote in einem Spannungsfeld zwischen kulturindustrieller Fabrikation auf der einen und kontextueller Adaption auf der anderen Seite generiert werden, sollen nun eine Reihe zentraler symbolischer
Bezugspunkte herausgearbeitet werden, die im Feld des Gangstarap eine
wesentliche Rolle spielen. Die Darstellung stützt hierbei die im letzten Abschnitt dargelegte Interpretation, dass es sich bei den Ausdrucksformen des
Gangstarap um einen Versuch der Aneignung und Aktualisierung legitimer
Vertreterschaft hegemonialer Männlichkeit handelt. Wie die intersektionale
Analyse der vier Kategorien zeigt, manifestiert sich aus den gesellschaftlichen Bezügen der Genre-Repräsentationen eine Reihe von Verweisen auf
die eigene Leistungsfähigkeit der Sprecher. Die Auswahl der Kategorien er-
folgte hierbei in enger Auseinandersetzung mit den Bildwelten des Genres.
Während hier einerseits Stigmatisierungserfahrungen innerhalb der Dimensionen Klasse, Ethnizität und teilweise auch Geschlecht erlebt werden, dient
letzteres in Verbindung mit einer vierten Dimension der Körperlichkeit und
Sexualität nicht nur zur offensiven Auseinandersetzung mit den Formen
gesellschaftlicher Stigmatisierung. Als Ausgangspunkt dieser Überlegungen
dienen die weiter oben angestellten Ausführungen zu den Bezugsmustern
von HipHop-Kultur und Gangstarap und insbesondere die Referenzen an
Segregation im städtischen Raum (vgl. auch Janitzki 2012).

1. Geschlecht

Als wesentliche Strukturkategorie (Beer 1990) sowie sinnstiftende Deu-
tungsressource (Scott 1997) in der Gesellschaft und eigenständiges Konstruk-
tionsobjekt in Situationen (West/Fenstermaker 1987) ergibt sich die gesellschaftliche Wahrnehmung von Geschlecht (hauptsächlich) in Bezug auf die
Unterscheidung zwischen Männern und Frauen: »Gender is constituted by
the social relations between the sexes« (Walby 2011: 103). Während die Blickwinkel auf Geschlecht als Forschungsgegenstand damit variieren, herrscht
in der Forschung Einigkeit im Hinblick auf seine ungleichheitsbegründen-

de Bedeutung: »Die Geschlechterdifferenz ist nicht die einzige, wohl aber eine zentrale Differenzierungslinie, entlang der in unserer Kultur eine Zuweisung von Verletzungsmacht und -offenheit erfolgt« (Aulenbacher et al. 2010: 110). Die kulturellen Erscheinungsformen des Gangstarap sind geprägt von der Inszenierung einer spezifischen Form von Männlichkeit, die sich durch ihren martialisch-gewaltaffinen Charakter genauso auszeichnet wie durch die offen misogyne Abwertung von Frauen und Weiblichkeit und die aggressive Abgrenzung von Homosexualität. Bei der (Selbst-)Darstellung der Sprecher wirkt diese Form der Männlichkeit häufig als zentrale Ressource der Inszenierung, so dass die Auseinandersetzung mit den ihr zu Grunde liegenden Geschlechterverhältnissen für die Analyse dieser kulturellen Formen von zentraler Bedeutung ist. Im Einklang hiermit beschreiben auch Friedrich und Klein HipHop als »Männerwelt, von Männern – für Männer. [...] HipHop ist nicht nur quantitativ von Männern dominiert, er reproduziert einen Männlichkeitskult und eine traditionelle Geschlechterhierarchie, in der Frauen Männern untergeordnet sind« (Friedrichs/Klein 2003: 24). Offene Auseinandersetzungen werden im Feld des Gangstarap daher in aller Regel zwischen Männern geführt. So bemerkt auch Meuser (2010: 316) im Anschluss an Bourdieu (2005), »dass Männlichkeit zuallererst auf eine Anerkennung durch andere Männer angewiesen ist.«

Der Verlauf von Konflikten mit anderen Männern begründet daher (vordergründig) die soziale Positionierung von Sprechern im Feld des Gangstarap: Ihre »Leistungen und Fähigkeiten gilt es im Wettbewerb zu überbieten. Der Erfolg in diesem Wettbewerb steigert, gewissermaßen als sekundärer Gewinn, die Attraktivität für Frauen« (ebd. 316). Die Repräsentation von Frauen in den kulturellen Formen des Gangstarap verweist gleichzeitig auf ein stets wiederkehrendes Muster der Unterordnung von Frauen unter männliche Macht. Neben einer medialen Inszenierung von Frauen als sexualisierte Objekte nehmen auch textliche Motive häufig gewaltförmige Ausprägungen an – oftmals ebenfalls geprägt von sexualisierten Konnotationen, wie sie etwa Wilke (2009: 169) am Beispiel des Rappers ›Sido‹ und seinem ›Arschficksong‹ beschreibt.

Doch lassen sich bei der Darstellung von Frauen in HipHop-kulturellen Formen gleichzeitig starke Ambivalenzen ausmachen. Während beispielsweise der eben erwähnte Rapper ›Sido‹ in einem Song noch die Vorzüge von Analverkehr mit vor Schmerzen schreienden Frauen zum Thema macht, handelt ein weiteres Stück (namentlich ›Mama ist stolz‹) von dem großen Respekt, den er vor seiner – in äußerst idealisierter Form dargestellten –

Mutter verspürt. In einem Interview beschreibt Güngör (2006: 81) dieses Verhältnis folgendermaßen:

> Rollenvorstellungen aus der Vergangenheit und archaische Bilder wie das von der Heiligen und Hure rücken zunehmend in den Vordergrund und bestimmen das Denken und Handeln von Jugendlichen. Rap ist im Moment das Medium, in dem diese rückständigen Bilder immer wieder durchgekaut werden. Als vaterlose Söhne produzieren Rapper wie *Sido* oder *Bushido* [Herv im Orig. M.S.] ja auch ein marien-ähnliches Frauenbild, das jungen Mädchen die Chance gibt, sich auf der Seite der Heiligen zu positionieren. Auf der anderen Seite signalisiert die Hypersexualität in den Rap-Videos jungen Mädchen, dass ihr Körper in diesem Spiel ein wichtiges Kapital ist, ein Objekt des permanenten Begehrens, das für Männer offenbar elementar wichtig ist.[100]

Männliche Hegemonie lässt sich als paradigmatisches Ordnungsmuster des allergrößten Teils HipHop-kultureller Formen beschreiben. So ist nicht nur der Großteil einflussreicher Sprecherpositionen innerhalb des Feldes der HipHop-Kultur männlich besetzt. Auch das weiter oben beschriebene Set von Symbolen, Artefakten und sozialen Praktiken, das die Bestandteile von HipHop-Kultur umfasst, ist in weiten Teilen geprägt durch Formen einer männlichen Konnotation.[101] Derartige Konnotationsmuster beschreibt auch Spindler (2007). Ihr zu Folge zeigen sich delinquent gewordene Jugendliche migrantischer Herkunft geleitet von ihrer Auffassung von Männlichkeit als »stark, mächtig, durchsetzungsfähig und überlegen, auch unter Einsatz von Gewalt« (ebd.: 124).[102] Im Zusammenhang mit der Inszenie-

---

100 So sind beide – zumindest ihrer kulturindustriellen Inszenierung zu Folge – in Abwesenheit der Väter aufgewachsen. Beide beschreiben dies ausführlich in ihren Autobiografien (Feige/Sido 2005; Amend/Bushido 2008).

101 Es existieren allerdings auch einige ›female MC's‹, die sowohl kommerzielle als auch subkulturelle Erfolge erzielen. Teilweise ist sogar eine offen artikulierte Widerständigkeit gegen die beschriebene männliche Vorherrschaft zu verzeichnen. So beschreiben Friedrich und Klein (2003: 206), wie Rapperinnen »mit sexuellen Anspielungen oder sexuell aufgeladenen Inszenierungen [...] auch im männlich dominierten Feld des HipHop Weiblichkeit selbstbewusst, frivol und mitunter zynisch als ein *being bad* [Herv. im Orig. M.S.] in Szene setzen«, interpretieren dies aber »weniger als politische, sondern eher als ästhetische Praxis« (ebd.). An der weiterhin wirksamen Überrepräsentation männlicher Akteure und einer maskulin konnotierten Symbolik, die sich nicht zuletzt im Zusammenhang mit Sexualität als machtdurchdrungenem Feld manifestiert, ändert dies also – bisher – wenig.

102 Wie noch zu zeigen sein wird, ist die Verbindung von Männlichkeit und Migrationshintergrund bei der Entschlüsselung der Herstellungsweise des Identitätsangebotes, das Gangstarap zur Verfügung stellen kann, nicht zufällig gewählt, sondern geht einher mit der vorherrschenden Repräsentationspraxis massenmedialer Inszenierungen.

rung HipHop-kultureller Identitäten auf der Akteursebene identifiziert Liell (2007: 279) das Attribut der Härte, das »auf einer Verhüllung des eigenen Selbst, auch gegenüber Freunden« (ebd.) beruht. Der harte Akteur
erscheint »als unverletzt und unverletzbar in einem psychischen wie physi-
schen Sinne« (ebd.). Die Darstellung »schematischer Versionen von Hyper-
maskulinität« (Bereswill 2007: 108) dient der Ausgrenzung alles vermeintlich Weichen, Verletzlichen aus der eigenen Erscheinung. Die Tatsache, dass
die Inszenierung der durch das kulturelle Set des Gangstarap verfügbar gemachten Identitätsmuster auf einer Orientierung an der Artikulation von
Härte beruht, steht in enger Verbindung mit den von Spindler (2007) beschriebenen Männlichkeitsattributen. In der Inszenierung einer mit Härte
konnotierten Form von Männlichkeit bedienen die Akteure also eine in
der Feldlogik des Gangstarap verankerte Notwendigkeit. [103] In Vorgängen
wie dem hier beschriebenen sieht Kauer (2009: 13) – im Einklang mit
den oben beschriebenen Bezugsmustern – den »Wert, den Popkultur für
Männer etabliert, indem sie ihnen ideelle und materielle Güter bereitstellt,
deren Konsum ›Männlichkeit‹ verspricht«. Die Darstellung gewaltbetonter
Maskulinität dient ihnen als identitäre Ressource.[104] Diese gewaltförmige
Konnotation von Maskulinität bleibt gleichsam exklusiv gegenüber etwaigen weiblichen Aneignungsversuchen. So beschreibt Meuser (2005: 21) Gewalt unter den herrschenden Geschlechterverhältnissen zwar als legitime
»jedermann-Ressource«, nicht aber als legitime »jedefrau-Ressource«. Dass
vor dem Hintergrund der im Gangstarap gepflegten Erscheinungsformen
männlicher Herrschaft ernst zu nehmende Formen weiblicher Gegenmacht
bestehen könnten, erscheint mehr als absurd.[105] Gleichzeitig verweist die
scheinbare Notwendigkeit überspitzter Gewaltinszenierungen auch auf die
Fragilität männlicher Herrschaft. So ist sie einerseits zu verstehen als »Teil
eines Unterdrückungssystems, gleichzeitig [...] aber auch ein Maß für seine Mangelhaftigkeit. Eine vollkommen legitimierte Herrschaft hätte Ein-
schüchterung weniger nötig (Connell 2006: 105).

---

103 Dies lässt sich auch im Rückgriff auf das von West und Zimmermann (1987) entwickelte Konzept des Doing Gender erklären, dem zu Folge geschlechtliche Identitäten einem
kontextuell wirksamen Aushandlungscharakter unterliegen.

104 Auch Meuser (2005: 18) identifiziert Gewalt als möglichen Modus der – besonders im
Alter von 14 bis Mitte 20 – »zu leistenden Aneignung einer erwachsenen Männlichkeit«.

105 Was allerdings nicht heißen soll, dass diese tatsächlich nicht denkbar, geschweige denn
verwirklichbar wären.

2. Ethnizität

Wie weiter oben bereits in Bezug auf die Inszenierung urbaner Bildwelten
expliziert, kommt der ethnischen Dimension bei der kulturellen Konstruktion von Gangstarapimages eine tragende Bedeutung zu. Der Begriff der
Ethnizität soll hier im Anschluss an die Definition Max Webers verstanden
werden:

> Wir wollen solche Menschengruppen, welche aufgrund von Ähnlichkeiten des äu-
> ßeren Habitus oder der Sitten oder beider oder von Erinnerungen an Kolonisation
> und Wanderung einen subjektiven Glauben an eine Abstammungsgemeinschaft he-
> gen, derart, dass dieser für die Propagierung von Vergemeinschaftung wichtig wird,
> dann, wenn sie nicht ›Sippen‹ darstellen, »ethnische« Gruppen nennen, ganz einerlei,
> ob eine Blutsgemeinschaft vorliegt oder nicht (Weber 1956: 307).

Aus der geteilten Annahme einer gemeinsamen Abstammung leiten Akteure
demnach einen wichtigen Bezugspunkt bei der Bildung von Gemeinschaften ab. Nach Elwert (1989) gewinnt dieser gemeinsame Bezugspunkt vor allem dann an Bedeutung, wenn die Organisation in »Wir-Gruppen« als »Sta-
bilitätsgewinn durch Substrukturierung« (ebd.: 455) entlang ethnischer Linien Akteuren und Gruppen einen Vorteil im Wettstreit um gesellschaftlich
relevante Ressourcen verspricht. Wie auch Bieling (2012: 59) sind ethnische
Vorstellungen oder Konstruktionen »keineswegs vollkommen willkürlich.«
Soziale Diskriminierung wie z.B. in Bezug auf Arbeitsmarktbestimmungen,
die oben ausgeführten Segregationsphänomene oder generelle kulturelle Stereotype tragen so zur Festigung ethnischer Gemeinschaftsbildung bei: Auf
diese Weise »werden die ethnischen Gemeinschaftsbezüge politisch aufgela-
den und manifestieren sich in Strategien der institutionalisierten Abgrenzung und Identitätsbildung. Im Umkehrschluss tragen gemeinschaftsstabli-
lisierende Infrastrukturen und übergreifende, identitätsfördernde Diskurse ihrerseits dazu bei, dass sich ethnisch geprägte Kollektive stabilisieren«
(ebd.). Wie bereits in den vorangegangenen Kapiteln deutlich geworden ist,
kommt der Kategorie der Ethnizität im Feld der HipHop-Kultur ein zentraler Stellenwert zu. Zum einen liegt die Bedeutung im Ursprungsmythos, in
dessen Rahmen sich die Akteure auf den spezifischen US-amerikanischen
Entstehungszusammenhang und die marginalisierte Position großer Teile
der schwarzen Bevölkerung beziehen. Zum anderen bestätigt sich die These
aber auch im Bezug auf die tragende Rolle, die Jugendliche mit Migrationshintergrund bei der Einführung HipHop-kultureller Formen in der BRD
spielten. Die weiter oben geschilderten Mechanismen sozialer Schließung,

die Menschen mit Migrationsgeschichte von gesellschaftlicher Teilhabe ex-
kludieren - etwa in Form der beschriebenen residenziellen Segregation -,
können hierfür als anschauliches Beispiel dienen. Doch nicht nur als von
Seiten der Mehrheitsgesellschaft wirksamer Exklusionsmechanismus entfaltet Ethnizität eine zentrale Bedeutung. So dienen zahlreiche textliche und
bildhafte Motive, die im Feld der HipHop-Kultur Verwendung finden, dem
Bezug auf die eigene ethnische Gemeinschaft. Der »Pathologisierung der
anderen, fremden Kultur« (Liell 2007: 270) durch die Mehrheitsgesellschaft
setzen von derartigen Stigmatisierungen Betroffene ihrerseits einen Rück-
bezug auf die eigene Gemeinschaft entgegen. Solche Mechanismen sozialer
Schließung wirken in den Formen HipHop-kultureller Inszenierungen etwa
über die martialische Darstellung von Ethnizität in Verbindung mit gewaltförmigen Attributen. Die oben beschriebenen Bildwelten urbaner ›Ghettos‹,
die im hegemonialen gesellschaftlichen Diskurs nicht von der Verbindung
mit ethnischen Segregationsphänomenen zu trennen sind, spielen hierbei
genau so eine Rolle wie die rhetorische Homogenisierung und Aufwertung
der ›eigenen‹ Kultur in textlichen Motiven.

Bei der Analyse der Bedeutung von Ethnizität für die kulturellen Formen
des Gangstarap muss zudem der im vorangegangenen Kapitel ausführlich
vorgestellte Krisendiskurs um migrantische Männlichkeiten in Betracht gezogen werden. Nach Huxel (2008: 66)

werden männliche Jugendliche mit Migrationshintergrund vor allem als »Problem-
fälle« thematisiert, als Verursacher von Gewalt und Kriminalität, als Integrationsver-
weigerer oder als Schulversager. Populärwissenschaftliche oder auch autobiografische
Bücher und Filme sowie die mediale Berichterstattung tragen dazu bei, dieses Bild zu
prägen, indem die dort beschriebenen und oftmals unter künstlerischen oder journalistischen Gesichtspunkten dramatisierten Fälle als typische Formen migrantischer
Männlichkeit diskutiert werden.

Zu einem ähnlichen Ergebnis gelangt auch Liell (2007: 269): »Kulturelle
Differenz und Gewalt verdichten sich in diesen, periodisch immer wieder neu aufflammenden Diskussionen zu einem Bedrohungsszenario, in
dem die Gesellschaft auseinanderzubrechen und zu zerfallen droht«. Die
hier beschriebene Skandalisierung der gesellschaftlichen Position von jungen Männern mit Migrationshintergrund dient gewissermaßen als Nährboden von Gangstarap-Images.[106] Indem innerhalb der Mehrheitsgesellschaft

---

106 Eine interessante Variante der Adaption gesellschaftlich zugewiesener Stigmata (post-
)migrantischer Jugendlicher findet sich in der Geschäftsidee des ehemaligen Mitglieds der

die Information verbreitet wird, dass es sich bei Jugendlichen mit Migrationsgeschichte und vermeintlich ›fremdem‹ kulturellen Hintergrund um ein Risikopotential handelt, entsteht gleichzeitig eine kulturell (und kulturindustriell) verwendbare Repräsentationsressource.[107] Um die Bedeutung von Ethnizität als Ressource in der kulturellen Herstellung von Identitätsangeboten vollständig erklären zu können, erscheint es vorerst wiederum notwendig, sie mit der Wirkungsweise anderer sozialer Kategorien zu kontextualisieren.

3. Klasse

Das traditionelle Verständnis des Klassenbegriffs nach Marx (1963: 507f.) besagt, »daß die Existenz der Klassen [...] an bestimmte historische Entwicklungsphasen der Produktion gebunden ist [...], daß der Klassenkampf notwendig zur Diktatur des Proletariats führt [...], daß diese [...] selbst nur der Übergang zur Aufhebung aller Klassen und zu einer klassenlosen Gesellschaft bildet.« Traditionell dient die Kategorie der Klasse in der Sozialwissenschaft damit der Erfassung von Unterschieden zwischen Menschen, die »über Eigentum an Produktionsmittel verfügen und jenen, die lediglich ihre eigene Arbeitskraft zum Tausch anbieten können« (Klinger 2003: 26). Neben der makrosoziologisch-marxistischen Perspektive, die Klassenzugehörigkeit allein aus der Stellung im Produktionsprozess ableitet, spielen bei der Betrachtung von Klassenlagen aus mikro- und meso-soziologischer Sicht, aber auch subjektive Faktoren eine wichtige Rolle.[108] So erscheint zusätzlich zur Betrachtung der »jeweils spezifischen Verwertungsstrategien, politisch-institutionellen Formen und sozialen Konfliktverhältnisse« (Hirsch 2001:

bekannten Kreuzberger Gang ›36-Boys‹, der in seinem Berliner Modegeschäft Streetwear-Kleidung mit dem aufgedruckten Gang-Namen verkauft. Ukena (2009) beschreibt, »dass die Kids weniger das Kleidungsstück als eine Sehnsucht suchen. Denn die gleichen Sachen gibt es ohne Aufdruck in jedem Sportgeschäft. Erst die verschiedenen Variationen der ›36‹ – mal als Würfel, mal als Rapport am Ärmel, kombiniert mit den richtigen Turnschuhen und etwas Ghetto-Gold – verschaffen ihnen ihren Wert. Und man muss die Geschichte hinter der Zahl kennen, um ihre Bedeutung zu verstehen«.

107 Dies bedeutet nicht, dass – wie auch zahlreiche Ergebnisse der empirischen Sozialstrukturforschung widerlegen würden – Jugendliche mit Migrationshintergrund nicht tatsächlich überproportional auf negative Weise von der Ungleichverteilung gesellschaftlich relevanter Ressourcen betroffen sind (siehe etwa Geißler 2006, Kap. 11.).

108 Für die moderne Gesellschaft diagnostiziert Deutschmann in einer klassentheoretischen Mikro-Makro-Perspektive (2009: 36) eine »sozialstrukturelle Spannung [als] objektiver Grundbedingung kapitalistischer Dynamik«.

171) postfordistischer Gesellschaftsformationen auch die Berücksichtigung
von »in der Subjektdimension angesiedelte[n] Merkmale[n]« (Klinger 2003:
26) von großer Bedeutung.

Die Skala dieser Zuordnung reicht von maximaler Privilegierung in den
Dimensionen von Bildungsstand, gesellschaftlichem Ansehen und ökonomischer Leistungsfähigkeit in habitualisierter wie nach außen hin dargestell-
ter Form auf der einen bis hin zu »Mangel an (Aus-)Bildung, an unterneh-
merischer Eigeninitiative, an Leistungsfähigkeit oder -bereitschaft, an Ar-
beitskapazität oder -disziplin« (ebd.: 26f.) auf der anderen Seite. Als zentraler
legitimatorischer Bezugspunkt dient(e)[109] in der Kultur spätkapitalistisch-
meritokratischer Gesellschaften die Ideologie einer flexiblen Sozialstruktur,
die durch Chancengerechtigkeit relativ gleiche Lebenschancen für alle Gesellschaftsmitglieder sicherstellt. Wer über zwei gesunde Hände und einen
Kopf zum Denken verfügt, findet Arbeit, die ihm ein angemessenes Aus-
kommen garantiert. Wer darüber hinaus nach sozialem Aufstieg strebt, dem
steht es frei, sich eben ein bisschen mehr anzustrengen.[110] »In diesem Sinne«, so Klinger (2003: 27), ist »die Kategorie Klasse mit den Ideen von
Freiheit und Gleichheit kompatibel.« Vor diesem Hintergrund gewinnt die
symbolische Repräsentation von Klassenzugehörigkeit in den kulturellen
Formen von HipHop und Gangstarap ihre besondere Bedeutung. Neben
der bereits umfassend erläuterten ›Ghetto‹-Symbolik, die neben der eth-
nisierten Komponente außerdem geprägt ist von einer klassenspezifischen
Konnotation, dienen auch häufig textliche Motive der Referenz an geringere
Lebenschancen der Sprecher, die diese auf ihre Klassenlage zurückführen.[111]
Begreift man im Anschluss an Vester et al. (2001: 163) die Klassenzugehörig-
keit von Personen als »umfassende Kombination [...] von praktischen und
moralischen Einstellungs-, Klassifikations- und Wertmustern«, lässt sich ein
Bezug zur Verkörperung von Authentizität als Voraussetzung für soziale
Anerkennung im Feld der HipHop-Kultur herstellen. Akteure erscheinen

---

109 Die Andeutung der Vergangenheitsform trägt der Tatsache Rechnung, dass derlei neoliberale Ideologien – nicht zuletzt im Zuge der globalen Finanzkrise – auch im öffentlichen
Diskurs mehr und mehr in die Kritik geraten (siehe hierzu etwa Butterwege/Lösch/Ptak
2007). Eine ähnliche Tendenz spiegelt sich auch in der jüngeren Entwicklung der Wirtschaftssoziologie (siehe Beckert/Besedovsky 2009).

110 Dass die hier karikierte Auffassung mit den Ergebnissen empirischer Studien nicht überein-
stimmt, belegt etwa der Band von Becker und Lauterbach (2006), in dem auf die strukturell
ungleichheitsgenerierende Platzierungsfunktion des Bildungssystems verwiesen wird.

111 Wie oben erläutert, gewinnen diese ihre Bedeutung nicht zuletzt im Kontext eines häufig
pathologisch geführten Unterschichtendiskurses (vgl. Nolte 2005; kritisch Anhorn 2008).

dann glaubwürdig, wenn sie eine bestimmte Klassenidentität zu verkörpern in der Lage sind.[112]

»In allen Gesellschaften hängen Schulleistungen und Bildungschancen von der sozialen Herkunft der Schüler ab, aber Deutschland gehört zu denjenigen Ländern, wo die Unterschiede zwischen Schülern von oben und unten besonders weit auseinanderklaffen.« (Geißler 2012: 193). Mit Rodrigues-Ramirez und Dohmen (2010) lässt sich hier demnach eine »Ethnisierung von geringer Bildung« feststellen. Hinweise auf eine empirische Verschränkung der Dimensionen von Klasse und Ethnizität ergeben sich aus der Tatsache, dass 11,6 % der 15,6 Mio. Menschen mit Migrationshintergrund, die im Jahr 2008 in Deutschland lebten, keinen allgemeinbildenden Schulabschluss und 46,8% keinen beruflichen Abschluss vorweisen konnten (bei den Personen ohne Migrationshintergrund waren es lediglich 1,6%, bzw. 20,1%; vgl. ebd. 289). Dementsprechend dienen auch den Gangstarapsprechern zahlreiche textliche Bezüge zum Verweis auf die Verschränkung von Ethnizität und Klassenzugehörigkeit. Indem diese beiden Formen der Vergesellschaftung miteinander in Verbindung gebracht werden, unterstellen Sprecher im Rahmen zahlreicher textlicher Bezüge den (implizit als männlich adressierten) Angehörigen weißer Mittel- oder Oberklassen eine a priori vorteilhafte Position im System sozialer Mobilität. Solche Referenzen werden in Bezug auf das Konzept hegemonialer Männlichkeit weiter unten aufzugreifen sein.

4. Körper/Sexualität

Während die ersten drei vorgestellten Kategorien sich jeweils auf ein einzelnes Merkmal bezogen haben, werden die Kategorien Körper und Sexualität gemeinsam analysiert. Dies bedeutet zwar nicht, dass es nicht möglich - und lohnenswert - wäre, sie isoliert zu betrachten. Da die Inszenierung von Sexualität in den Bildwelten des Gangstarap aber im direkten Bezug zum Körper vollzogen wird, erscheint eine integrative Sichtweise auf beide Kategorien an dieser Stelle geboten.

In einer grundsätzlichen Begriffsbestimmung beschreiben Aulenbacher et al. (2012: 125) den Körper »als Einheit von physischer Materialität und kul-

---

112 Dass dies nicht nur für die Dimension der Klasse gilt, sondern auch im Zusammenhang mit den anderen drei angeführten Kategorien der Fall ist, wird weiter unten noch genauer auszuführen sein.

tureller Formung.« Für die soziologische Perspektive erscheint der Körper hierbei vor allem als Resultat und Konstruktionsmerkmal sozialer Wirklichkeit. Gugutzer (2004: 7) spricht auch von einer »*wechselseitigen Durchdringung von Körper und Gesellschaft* [Herv. im Original, M.S.]«.

Der Körper ist also einerseits zu sehen als Objekt sozialer Strukturen und andererseits als Subjekt sozialen Handelns. Als Träger persönlicher Merkmale besitzt der Körper für die Präsentation der eigenen Identität nach außen eine wesentliche Mediationsbedeutung: »Am Körper kann der einzelne sich darstellen und sozial sichtbar machen – ohne ein einziges Wort zu verlieren« (Bette 1987: 613).[113] Für die Analyse symbolischer Repräsentationen im Feld der Popkultur ist der Fokus auf Körperlichkeit also von zentraler Bedeutung. Wichtig ist hierbei, dass Körperinszenierungen geprägt sind von gesellschaftlichen Vorstellungen darüber› wie Körper zu sein haben‹. Soziale Normen prägen die unterschiedlichsten Auffassungen über ästhetische Standards, denen Körper je nach Kontext entsprechen können, sollen oder sogar müssen. Den hieraus entstehenden Zwang, den eigenen Körper entsprechend der in den sozialen Bezugsgruppen verbreiteten Auffassungen zu optimieren, bringt Schroer (2005: 14) folgendermaßen auf den Punkt: »Statt der Arbeit mit dem Körper haben wir es heute verstärkt mit der *Arbeit am Körper* [Herv. im Orig. M.S.] zu tun«. Körperlichkeit ist demnach – genau wie bereits weiter oben im Zusammenhang mit Sexualität beschrieben – nicht frei von Macht.

Dass Körper in Bezug auf geschlechtliche Zuschreibungen eine wesentliche Bedeutung besitzen, gehört nach Bourdieu (2005: 22) zum gemeinhin geteilten Alltagswissen: »Die soziale Welt konstruiert den Körper als geschlechtliche Tatsache und als Depositorium von vergeschlechtlichten Interpretations- und Einteilungsprinzipien« (Bourdieu 2005: 22). Für die häufig gewaltförmigen (wenn auch oft nur angedeuteten) Darstellungen im Feld des Gangstarap spielt hier vor allem die physische Durchsetzungsfähigkeit eine Rolle. Die offensiv gesuchte physische Auseinandersetzung dient so als Schauplatz eines körperbetonen Risikohandelns, im Rahmen dessen »der Status respektierter Männlichkeit gelernt und verdient« wird (Helferich (1997: 153; siehe auch Meuser 2005). Um den Anforderungen, die im Norm-System der kulturellen Formen des Gangstarap an ihn ge-

---

113 Eine Bedeutungsverschiebung, die dem Körper im Zuge gesellschaftlicher Individualisierungsentwicklungen zuteil wird, bemerkt auch Schroer (2005). So erscheint ihm (ebd. S. 19) »der Übergang von der Fremd- zur Selbstkontrolle vor allem am Umgang mit dem Körper ablesbar«.

richtet werden, entsprechen zu können, müssen Körper also bestimmte Voraussetzungen erfüllen. Im Anschluss an Dahrendorf (1974) möchte ich die unterschiedlichen Abstufungen der Verbindlichkeit, mit der bestimmte Formen von Körperlichkeit vorausgesetzt werden, in Muss-, Soll- und Kann-Erwartungen untergliedern. Muss-Erwartungen umfassen im Fall des Gangstarap demnach die sichtbare Fähigkeit, alltägliche Handlungen ohne größere Einschränkungen vollziehen zu können. Hiermit einher geht die Notwendigkeit einer Erscheinung, die der gesellschaftlich gängigen Auffassung von psychischer sowie physischer Gesundheit entspricht. So ist etwa ein Gangstarapper mit Down-Syndrom genau so schwer vorstellbar wie einer, der im Rollstuhl auf die Bühne geschoben wird (ausgenommen der Fall, dass er gerade eine Schussverletzung auskuriert). Die Verletzung von Muss-Erwartungen ist demnach praktisch nur in absoluten Ausnahmefällen auszugleichen. Als mögliche Sanktion einer Nicht-Erfüllung durch den Akteur erfolgt in der Regel die Verweigerung sozialer Anerkennung. Die Soll-Erwartungen sind von geringerer Verbindlichkeit als die Muss-Erwartungen. Der martialischen Symbolik des Gangstarap entsprechend umfassen sie etwa die Auflage, einen sportlichen, durchtrainierten Körper zu haben, der physische Durchsetzungsfähigkeit signalisiert und gleichzeitig einem verbreiteten Schönheitsideal entspricht. Nichterfüllung wird weniger hart sanktioniert als im Fall der Muss-Erwartungen. Auch ist sie leichter durch andere Image-Komponenten auszugleichen. Kann-Erwartungen richten sich beispielsweise auf die Zurschaustellung spezifischer Accessoires wie Ketten oder bestimmter Kleidungsstücke[114] oder anderer Körperpraktiken wie Haltungen oder Tanzstile. Ihre Erfüllung ist als optional zu betrachten. Dementsprechend muss eine Nicht-Erfüllung praktisch keine negativen Sanktionen nach sich ziehen und die Erfüllung wird in der Regel durch relativ wenig positive Anerkennung belohnt.

In einer multidimensionalen Perspektive offenbart sich die Verschränkung, die Körperlichkeit mit den anderen betrachteten Kategorien eingeht. So erscheinen Körper in den kulturellen Formen des Gangstarap zum einen als ethnisierte und zum anderen als vergeschlechtlichte Merkmalsträger. Für die Dimension der Ethnisierung schildern Akka und Pohlkamp (2008: 326) dies am Beispiel »aufwendig ornamierte[r] Bartfrisuren« bei Jugendlichen mit orientalischem Migrationshintergrund. Hierzu wäre eben-

---

114 Akka und Pohlkamp (2008: 333) beschreiben einen »Dresscode von HipHop, der in der Tendenz die Körpersilhouette [...] aufbläht und bedrohlich wirken lässt«.

falls der Mythos des Schwarzen Mannes mit dem groß-gewachsenen Geni-
tal zu zählen. Weiterhin lässt sich in zahlreichen Gangstarap-Videos eine
Verbindung martialischer Inszenierungen durchtrainierter Körper, die ein
ausgeprägtes Gewaltpotential signalisieren, mit migrantischen Männlichkeiten feststellen. Diese hieran verdeutlichte Vergeschlechtlichung von Körperlichkeit lässt sich allerdings auch auf Weiblichkeit beziehen. So dienen
auf sexualisierte Weise dargestellte Frauenkörper in den visuellen Formen
von HipHop-Kultur häufig als Symbolträger männlicher Herrschaft. In den
Körperpraktiken der von ihr interviewten Jugendlichen mit Migrationshintergrund sieht Weber-Menges (2005: 312) außerdem eine Referenz an ihre
Klassenzugehörigkeit: »In der von Armut und sozialem Ausschluss gepräg-
ten Lebenslage wird der Körper zum Kapital, um zu legitimer Anerkennung
zu kommen«. In der Entwicklung des Körpers durch Training finden die
Jugendlichen eine zentrale Ressource zur Selbstaufwertung. Wie weiter unten noch zu zeigen sein wird, muss die Entwicklung des Körpers hierbei
kein Wert an sich sein, sondern kann sich gezielt auf die Wahrnehmungs-
möglichkeit von Identitätsangeboten richten, wie sie etwa im Gangstarap
vermittelt werden.

Wie bereits weiter oben angemerkt steht die soziale Kategorie der sexuellen Orientierung hinsichtlich ihrer Repräsentation häufig in enger Verbindung mit der körperlichen Erscheinung. Dies belegen unter anderem
zahlreiche optische Klischees über Lesben und Schwule, die sowohl Klei-
dungsstil als auch Praktiken des Schminkens oder bestimmte Gesten umfassen. Eitler (2008: 258) beschreibt Sexualität als »Zentralmoment der Subjekt-
konstitution«. Neben der Wirkung, die bestimmte sexuelle Orientierungen
auf einer subjektiven Ebene auf einzelne Menschen haben können, kommt
ihrer Darstellung nach außen hin ebenfalls eine wichtige Bedeutung zu.
Herstellung und Wahrnehmung kultureller Repräsentationen von Sexua-
lität(en) werden strukturiert durch ein »diskursives Regime hegemonialer
Heterosexualität« (Hartmann/Klesse 2007: 9).[115] Gängigen Normalitätsvor-
stellungen entsprechend ist sexuelles Begehren also eine Sache zwischen
›richtigen‹ Männern auf der einen und ›richtigen‹ Frauen auf der anderen

---

115 Diesen Zusammenhang zwischen Sexualität, Zweigeschlechtlichkeit und hierarchischer
Differenzierung betont auch Bourdieu (2005: 27): »Durch die Assoziation der phallischen
Erektion mit der vitalen, dem ganzen Prozeß der natürlichen Fortpflanzung immanen-
ten Dynamik des Anschwellens (Keimung, Schwangerschaft usf.) registriert und ratifiziert
die gesellschaftliche Konstruktion der Sexualorgane symbolisch bestimmte unbestreitbare
natürlich Eigenschaften.«

Seite, die ihren Bestand erst im Zusammenhang des breiteren Repräsentationsregimes gewinnt: »Das Mode- und Schönheitssystem operiert im Sinn der patriarchalen Autorität und stellt so die Stabilität der heterosexuellen Matrix sicher« (McRobbie 2010: 108). Eine Abweichung unterliegt je nach sozialem Kontext unterschiedlichen Sanktionslogiken. Während Sexualität für den schwulen besten Freund, der verständnisvoll zuhört und das beste Waldbeerensorbet zubereitet, als kulturelles Kapital verfügbar wird, kann Homophobie in anderen Situationen sogar gewaltförmige Konsequenzen nach sich ziehen. In Bezug auf die Auseinandersetzung um die legitime Vertreterschaft hegemonialer Männlichkeit stellt eine homosexuelle Orientierung (oder auch bereits ihre glaubhafte Zuschreibung durch andere) unter gegebenen kulturellen Bedingungen ein verbindliches Ausschlusskriterium dar: »Homosexualität ist die am stärksten ausgegrenzte Form von Männlichkeit. Homophobie gehört zum Kernbestand der hegemonialen Männlichkeit in der bürgerlichen Gesellschaft« (Meuser 2010: 104).[116]Wie auch Bourdieu (2005: 27) in Bezug auf seine ethnologischen Studien in der Kabylei betont, gibt es »keine schlimmere Beleidigung für den Mann, als mit Ausdrücken wie ›genommen‹ oder ›gebumst‹ (aniuk, qawad) bedacht zu werden.« So wirkt auch in den Symbolwelten des Gangstarap ein strikter Bezug auf heterosexuelle Ordnungsvorstellungen als zentrales Orientierungsmuster. Hier dient die Unterstellung von Homosexualität an einen imaginierten oder realen Kontrahenten seiner Abwertung. Einher mit der Bezeichnung als ›schwul‹, ›Homo‹, ›Arschficker‹ etc. geht die Zuschreibung ›unmännlicher‹ Eigenschaften wie Schwäche oder Verweichlichung sowie genereller Negativ-Abweichung von der gesellschaftlichen Norm. In der Selbstdarstellung des Sprechers als zweifelsfrei heterosexuell ist ein Moment der Selbstaufwertung begründet. Als heterosexueller Mann grenzt dieser sich nicht nur positiv von den devianten Schwulen ab, sondern dominiert auch die symbolische Ordnung der Geschlechter mit all ihren gesellschaftlichen Implikationen:

> Wenn die Sexualbeziehung als Herrschaftsverhältnis erscheint, dann deshalb, weil sie anhand des fundamentalen Einteilungsprinzips zwischen dem Männlichen, Aktiven, und dem Weiblichen, Passiven, konstruiert wird und weil dieses Prinzip den Wunsch

---

116 In Bezug auf die gesellschaftlichen Rahmenbedingungen sieht bereits Peter L. Berger (2011 :183) eine deutliche Parallele zwischen sexistischer und rassistischer Diskriminierung in der Selbst-Bestätigung einer verunsicherten Gesellschaft: So soll ihm zu Folge »beide Male die wackelige Identität der Verächter durch das Gegenbild der Verachteten sichergestellt werden.«

hervorruft, ausformt, ausdrückt und lenkt, den ähnlichen Wunsch als Besitzwunsch, als erotisierte Herrschaft und den weiblichen Wunsch als Wunsch nach männlicher Dominanz, als erotisierte Unterordnung oder gar, im Extremfall, als erotisierte Anerkennung der Herrschaft (Bourdieu 2005: 41).

So kommt auch der weiblichen Sexualität in den Images des Gangstarap eine wichtige Bedeutung zu. Deshalb beschreiben Sprecher häufig ihre große Anziehungskraft, der sich zu entziehen die Frauen praktisch keine Chance haben. Die Darstellung weiblicher Körper, die ständig als objektivierte Träger gesellschaftlicher Attraktivitätsideale zur sexuellen Verfügung der Gangstarapper stehen, wirkt als zentraler Stützpfeiler im symbolischen Fundament männlicher Herrschaft im Gangstarap.

Nachdem durch die gemeinsame Betrachtung der sozialen Kategorien Geschlecht, Ethnizität, Klasse und Körper/Sexualität die zentralen symbolischen Bezugspunkte herausgearbeitet werden konnten, die bei der Konstruktion von Gangstarapimages zum Tragen kommen, leistet der nächsten Abschnitt die Entschlüsselung und Interpretation dieser Images vor dem Hintergrund der Theorie hegemonialer Männlichkeit.

5. Gangstarapimages als Versuch der Aktualisierung hegemonialer Männlichkeit

Wie weiter oben vor allem im Anschluss an Connell (2006) und Meuser (2010) dargelegt wurde, ist die kulturelle Konstruktion von Idealbildern hegemonialer Männlichkeit immer nur vor dem jeweiligen gesellschaftlichen Hintergrund zu verstehen. Wie Connell (2006: 97) bemerkt, ist sie daher »kein starr, über Zeit und Raum unveränderlicher Charakter. Es ist vielmehr jene Form von Männlichkeit, die in einer gegebenen Struktur des Geschlechterverhältnisses die bestimmende Position einnimmt, eine Position allerdings, die jederzeit in Frage gestellt werden kann.« Wie ebenfalls erörtert, richten sich unter den gegebenen Bedingungen eines gesamtwirtschaftlichen Strukturwandels in den westlichen Ländern, der sowohl Produktions- als auch Regulationsregime (Agglietta 2000) wesentlich in ihrer Verfasstheit berührt, spezifische neue Anforderungen an derartige Idealbilder. Diese konnten, etwa unter Bezug auf Lessenich (2008) oder Bröckling (2007), als Flexibilitäts- und Belastbarkeitsnorm skizziert werden, welche sich nicht zuletzt in den Bildwelten der Populärkultur niederschlägt. Dass dieser Umstand nicht nur auch, sondern *gerade* im symbolischen Rahmen von Gangstarapimages zum Tragen kommt, betont auch Fischer (2007). Ihm zu Folge inszenieren Gangstarap bewusst und absichtsvoll das »Bild vom geschäftlich, sexuell und physisch unverletzlichen Supermann.« Eine wesentliche Komponente dieser symbolischen Konstruktionsleistung liegt einerseits im anhaltenden Verweis der Sprecher auf den wirtschaftlichen Erfolg, welcher sich entweder aus ihrer Tätigkeit im Showbusiness oder aber anderen schattenwirtschaftlichen Aktivitäten wie Drogenhandel oder Prostitution ergibt.[117] Connell (2006) und Meuser (2010) zu Folge kommt dem auf Leistungsfähigkeit basierenden beruflichen Erfolg eine zentrale Bedeutung für die Konstitution hegemonialer Männlichkeit zu. Indem der Sprecher den Adressaten nun eine von vornherein privilegierte Position mit größeren Mobilitätschancen zuschreibt, schmälert er ihre Errungenschaften und liefert gleichzeitig eine Erklärung für seine eigene prekäre Situation. Auch ist es denkbar, dass sich der Sprecher als Absolvent einer erfolgreichen Künstler- und/oder Kriminellenbiografie inszeniert. Als besonders herausstechende Beispiele lassen sich hier Rapper wie 50 Cent und Bushido anführen, deren popkulturelles Angebotsportfolio längst über Tonträger und Konzerte hinaus über ein breites Sortiment an Merchandise-Artikeln bis hin zu Büchern und Filmen reichen, die die eigene Biografie darstellen. Diese Form der Selbststilisierung kann bei der Arbeit an der eigenen Rapperkarriere als kulturunternehmerische Laufbahn als besonderer Kunstgriff gelten. Man verdient Geld und Anerkennung, indem man darüber redet, wie man Geld und Anerkennung verdient.

Die Begründung des legitimen Anspruchs auf die Vertreterschaft hegemonialer Männlichkeit ergibt sich hierbei vor allem aus dem Kontrast, den diese erfolgreiche Karriere mit den Ausgangsbedingungen eingeht, wie sie durch den wiederholten Verweis auf den ›Ghetto‹-Hintergrund anhaltend kommuniziert werden: Gelang der soziale Aufstieg also trotz der proklamierten ethnischen und klassistischen Diskriminierung, fallen die rhetorische Selbstaufwertung und der vermeintliche Triumph über die hegemoniale Männlichkeit deutlich stärker aus. Anhand dieses Versuches der Aktualisierung hegemonialer Männlichkeitsmuster im Wege einer externalen Attribuierung der Ursachen widriger Umstände, die den Akteur trotzdem

---

117 Ob das tatsächlich der Fall ist, bleibt in aller Regel dahingestellt. Wichtig für die popkulturelle Darstellung ist daher nicht die empirische Lebensrealität der Gangstarapsprecher, sondern - wie weiter oben in Bezug auf Pop- und HipHop-Kultur erörtert, eine glaubwürdige, ›authentische‹ Inszenierung.

nicht vom Erlangen sozialen Prestiges abhalten konnten, verdeutlicht sich
der Aushandlungscharakter des von Connell vorgeschlagenen Konzepts.
Neben der Selbstdarstellung als erfolgreiche Unternehmerpersönlichkeit
kommt – wie gezeigt werden konnte – auch der körperlichen und sexuellen Leistungsfähigkeit eine wesentliche Bedeutung für die Begründung der
Vertreterschaft zu. Deren Inszenierung vollzieht sich in den Bildwelten des
Gangstarap einerseits in der homosozialen Dimension, d.h. in der (konkreten oder, wesentlich häufiger, auch nur angedrohten) Auseinandersetzung
mit anderen, konkurrierenden Sprechern. Dass der Verweis auf physische
und häufig insbesondere sexuelle Potenz hierbei oftmals als Synonym für
ein generell hohes Leistungspensum (manifest in Intelligenz, Standhaftig-
keit und Durchsetzungsvermögen) gelten kann, lässt sich als weiteres Indiz
für die Verschränkung von Sexualität und Klassenzugehörigkeit interpretieren. Begreift man die popkulturelle Inszenierung von Gangstarapimages
aus einem solchen Blickwinkel, wird schließlich ihre Bedeutung innerhalb
des breiteren Zusammenhangs gesellschaftlicher Auseinandersetzungen um
Anerkennung offenbar.[118]

---

118 Dass dies nicht die einzige Interpretationsvariante ist, der eine Analyse von Gangstarapimages folgen kann, wurde an anderer Stelle (Seeliger 2012) am Beispiel des Hamburger
Rappers Nate57 gezeigt. Im Rahmen seiner Thematisierung sozialer Ungleichheitsverhältnisse hebt dieser nicht vordergründig auf die Herleitung eigener Leistungsfähigkeit ab,
sondern spürt den Ursachen seines eigenen abweichendes Verhaltens in Bezug auf breitere
gesellschaftliche und politische Rahmenbedingungen nach.

Fazit

Wie die vorangegangenen Kapitel (hoffentlich) zeigen konnten, handelt es sich bei den kulturellen Formen des Gangstarap – wie vermutlich bei allen Spielarten der Popkultur – um ein gesellschaftlich höchst voraussetzungsreiches Feld. Durch den Fokus auf den Aspekt sozialer Ungleichheit ließ sich in Auseinandersetzung mit den Bildwelten des Genres und ihren kulturellen Konstitutionsmodi nachweisen, inwiefern diese mit Mustern der gesellschaftlichen Verteilung von Ressourcen und Zugangsmöglichkeiten verflochten sind. Vor dem Hintergrund der deutschen Migrationsgeschichte konnte so verdeutlicht werden, dass HipHop als Kulturform in seiner Entstehung und Entwicklung eng an die Randständigkeit ethnischer Bevölkerungssegmente gebunden war und ist. Während sich die Adaption durch Vertreter entsprechender Milieus in Bezug auf den US-amerikanischen Ursprungsmythos vollzog, spiegeln die kulturellen Repräsentationen von Gangstarapsprechern auch heutzutage die Auseinandersetzung zwischen unterschiedlichen Bevölkerungsteile auf dem Feld der Kultur wider. In diesem Zusammenhang konnten so zwei Interpretationsstränge herausgearbeitet werden, die die kulturelle Bedeutung von Gangstarap in der bundesrepublikanischen Gesellschaft (und vermutlich auch darüber hinaus) klar verdeutlichen:

Zum einen handelt es sich hier um die Rolle des Gangstarappers als Sozialfigur in einem Krisendiskurs um deviante migrantische Männlichkeiten, der dort als Sinnbild für symbolische Projektionen dient. In Auseinandersetzungen zwischen gesellschaftlichen Gruppen dient diese so als Bezugspunkt der Zuschreibung spezifischer Eigenschaften wie Delinquenz oder unredliche Dominanzambitionen. Das Bild des jungen männlichen Gewaltkriminellen mit Migrations- und ohne Bildungshintergrund, der seine Frau(en) schlägt, Homosexuelle verachtet und überhaupt eine große Bedrohung für den moralisch integeren Mehrheitsdeutschen darstellt (vgl. Seeliger/Knüttel 2010), dient so als Referenz zur Delegitimierung spezifischer Lebensstile, etwa im Rahmen von Diskussionen um angemessene Formen von Leitkultur, wie sie etwa mit sozialpolitischen Hintergründen in den Feuilletons und Talkshows der Nation geführt werden. Eine alternative Lesart ergibt sich

aus einer zweiten Interpretation der kulturellen Formen des Gangstarap
als Versuch der symbolischen Aktualisierung von hegemonialer Männlichkeit. Indem Gangstarapsprecher unter Bezug auf die vier im Rahmen der
intersektionalen Analyse behandelten Kategorien einerseits die eigene Stigmatisierung zum Ausgangspunkt machen, schaffen sie sich andererseits die
Grundlage für die Legitimierung ihrer Vertreterschaft durch den Verweis
auf ihre eigene Leistungsfähigkeit als Kernelement hegemonialer Männlichkeit. Was auch hier ersichtlich erscheint, ist der permanente Bezug von
Genreäußerungen zu sozialen Ungleichheitsverhältnissen. Indem das eigene
biografische Projekt zur Geschichte der permanenten Bewältigung gesellschaftlich induzierter Widrigkeiten stilisiert wird, schaffen sich Gangstarapsprecher einen kulturellen Ausgangspunkt ihrer Selbstdarstellung, auf den
sie als (vermeintlich) etablierte und erfolgreiche Geschäftsleute als Beweis
ihrer außergewöhnlichen Leistungsfähigkeit verweisen können. Stoff für eine abschließende Bemerkung zum Thema birgt nun der Umstand, dass
die beiden hier herausgearbeiteten Interpretationsweisen keineswegs isoliert
voneinander existieren. So ist die anhaltende Befeuerung des Krisendiskurses im Rahmen des gesellschaftlichen Repräsentationsregimes durch die verschiedenen Teilnehmer einerseits auf die Verfügbarkeit entsprechender symbolischer Materialen angewiesen, wie sie sich in den ständigen Äußerungen
der Vertreter des Genres finden. Eben dieser Krisendiskurs stellt gleichzeitig wiederum einen Pool kultureller Referenzpunkte für die Inszenierung
der Sprecher dar. Indem sie glaubhaft versichern können, eben diejenigen
skandalträchtigen Sozialfiguren zu verkörpern, wie sie von den Diskursteil-
nehmern an die mediale Leinwand projiziert werden, stellen sie die notwen-
digen Bezüge her, um die eigene Biografie als den steinigen Durchsetzungs-
weg erscheinen zu lassen, den sie für ihre erfolgreiche Selbststilisierung als
glaubhafte Vertreter ihres Hegemonieprojekts benötigen. Inwiefern die Ausdrucksformen des Genres nun eine tatsächlich deliberative Wirkung für die
Betroffenen entfalten können, kann an dieser Stelle nicht geklärt werden.
Es erscheint fraglos, dass es einigen Genrevertretern durch ihr Engagement
im Feld des Gangstarap gelungen ist, Anerkennung und materiellen Reichtum zu erlangen, wobei dies beim Großteil der Aspiranten sicherlich nicht
der Fall gewesen ist. Wenn sich mit Berger (2011: 153) festhalten lässt, dass
gesellschaftliche Systeme der sozialen Kontrolle, wie sie weiter oben unter dem Begriff des Repräsentationsregimes beschrieben worden sind, immer auch »der Versicherung und Rückversicherung seitens derer, die durch
sie kontrolliert werden sollen« bedürfen, liegt hierin eine Deutungsmög-

lichkeit von Gangstarap als potenziell systemstabilisierender Kulturkomponente, die sicherlich nicht einfach von der Hand zu weisen ist. Inwiefern Rezeption der und Identifikation mit den kulturellen Symbolen des Genres für Akteure andererseits auch als Ressource der Lebensbewältigung dienen können, bleibt gleichzeitig dennoch ein Desiderat weiterer empirischer Forschung: »Die in allen gesellschaftlichen Bereichen gegenwärtigen, dabei aber stark differenzierten Praktiken der Musikrezeption bieten sich als Forschungsfeld für allgemeinere soziologische Fragestellungen an, insbesondere in der Identitäts- und Ungleichheitsforschung« (Inhetveen 2010: 335). Hierzu könnte unter anderem natürlich erst einmal geklärt werden, wer eigentlich Gangstarap hört und ob sich in diesem Zusammenhang auch unterschiedliche Lesarten identifizieren lassen: »Eine echte Wissenschaft von der menschlichen Praxis kann sich indessen nicht damit zufrieden geben, eine soziale Topologie phänomenologisch nachzuvollziehen. Sie muß auch die Wahrnehmungs- und Bewertungsschemata sichtbar machen, die die Akteure in ihrem Alltagsleben anwenden« (Bourdieu/Wacquant 2006: 30). Möchte man herausfinden, inwiefern es sich beim Gangstarap nun eher um Affirmation gesellschaftlicher Verhältnisse oder Empowerment unterdrückter Minderheiten handelt, erscheinen entsprechende Forschungsanstrengungen für die Zukunft als unumgänglich.

Literatur

Abels, Heinz (2001): Einführung in die Soziologie. Wiesbaden

Acker, Joan (2006): Inequality Regimes. Gender, Class and Race in Organizations. In: Gender & Society, 20 (4): 441-464

Adorno, Theodor W. (1922): Ad Vocem Hindemith. In: Adorno Gesamtausgabe XVII

Adorno, Theodor W. (1933): Notiz über Wagner. Adorno Gesamtausgabe XVIII

Adorno, Theodor W. (1937): Über Jazz. In: Adorno Gesamtausgabe XVII

Adorno, Theodor W. (1997): Gesammelte Schriften in 20 Bänden. Frankfurt a.M.

Adorno, Theodor W. (2003): Briefe an die Eltern 1939-1951. Frankfurt a.M.

Agglietta, Michel (2000): Ein neues Akkumulationsregime. Die Regulationstheorie auf dem Prüfstand. Hamburg

Akka, Abousoufiane; Pohlkamp, Ines (2008): Pädagogik der Oberfläche. Gender und Ethnizitäten in der antirassistischen Mädchen- und Jungenarbeit. In: Riegel, Christine; Geisen, Thomas (Hg.): Jugend, Zugehörigkeit und Migration. Subjektpositionierung im Kontext von Jugendkultur, Ethnizitäts- und Geschlechterkonstruktionen. Wiesbaden: 323-341

Anderson, Benedikt (2005): Die Erfindung der Nation. Zur Erfindung eines erfolgreichen Konzepts. Frankfurt a.M.

Anhorn, Roland (2008): Zur Einleitung: Warum sozialer Ausschluss für Theorie und Praxis sozialer Arbeit zum Thema werden muss. In: Anhorn, Roland et al. (Hg.): Sozialer Ausschluss und Soziale Arbeit. Positionsbestimmungen einer kritischen Theorie und Praxis sozialer Arbeit: 13-48

Antroutsopulos, Jannis (2003): HipHop. Globale Kultur, lokale Praktiken. Bielefeld

Auer, Katja (2011): Gangsta aus Erlangen. Sohn des Innenministers macht auf Skandal-Rapper. In: Süddeutsche Zeitung, 21.1.2011, 30

Aulenbacher, Brigitte et al. (2010): Soziologische Geschlechterforschung. Eine Einführung. Wiesbaden

Aulenbacher, Brigitte et al. (2012): Geschlecht, Ethnie, Klasse im Kapitalismus – Über die Verschränkung sozialer Verhältnisse und hegemonialer Deutungen im gesellschaftlichen Reproduktionsprozess. Berliner Journal für Soziologie 22: 5-27

Balci, Güner (2009): Arabboy: Eine Jugend in Deutschland oder Das kurze Leben des Rashid A. Frankfurt a.M.

Barthes, Roland (2000): Der Tod des Autors. In: Jannidis, Fotis (Hg.): Texte zur Theorie der Autorschaft. Stuttgart: 185-193

Barlösius, Eva (2004): Kämpfe um soziale Ungleichheit. Machttheoretische Perspektiven. Wiesbaden

Beck, Ulrich (1983): Jenseits von Klasse und Stand? Soziale Ungleichheit, gesellschaftliche Individualisierungsprozesse und die Entstehung neuer sozialer Formationen und Identitäten. In: Kreckel, Reinhard (Hg.): Soziale Ungleichheiten (Soziale Welt: Sonderband 2). Göttingen: 35-74

Beck, Ulrich (1986): Risikogesellschaft. Auf dem Weg in eine andere Moderne. Frankfurt a.M.

Beck, Ulrich (Hg.) (1997): Was ist Globalisierung? Frankfurt a.M.

Beck, Ulrich (2007): Weltrisikogesellschaft. Frankfurt a.M.

Becker, Rolf; Lauterbach, Wolfgang (Hg.) (2007): Bildung als Privileg. Erklärungen und Befunde zu den Ursachen der Bildungsungleichheit. Wiesbaden

Becker-Schmidt, Regina; Knapp, Gudrun-Axeli (2007): Feministische Theorien zur Einführung. Hamburg

Beckert, Jens (2006): The Moral Embeddedness of Markets. In: Jane Clary, Wilfred Dolfsma, Deborah M. Figart (Hg.): Ethics and the Market: Insights from Social Economics. London: 11-25

Beckert, Jens; Besedovsky, Natalia (2009): Die Wirtschaft als Thema der Soziologie. Zur Entwicklung wirtschaftssoziologischer Forschung in Deutschland und den USA. MPIfG Discussion Paper 09/1 Quelle: http://www.mpifg.de/pu/mpifg_dp/ ↩ dp09-1.pdf

Beckmann, Sabine (2011): Intersektionale Perspektiven auf Care in Frankreich – methodologische Überlegungen zu migrantischer Sorgearbeit in der feministischen Wohlfahrtsstaatsforschung. In: Gender: 24-31

Beer, Ursula (1990): Geschlecht, Struktur, Geschichte. Soziale Konstituierung des Geschlechterverhältnisses. Frankfurt am Main/New York

Behrens, Roger (2004): Adornos Rap. Quelle: http://txt.rogerbehrens.net/Rap.pdf

Behrens, Roger (2005): Die Diktatur der Angepassten. Texte zur kritischen Theorie der Popkultur. Bielefeld

Behrens, Roger (2007): Kritische Theorie der Stadt. Quelle: http://txt.rogerbehrens.net/rb_stadt.pdf

Behrens, Roger (2009): Kick Out The Jams. Vorläufige Notizen zu Pop, Protest und Politik. Quelle: http://txt.rogerbehrens.net/kickout.pdf

Bell, Daniel (1978): The Cultural Contradictions of Capitalism. New York

Benz, Wolfgang (2012): Deutschlands Muslime im Spiegel des Antisemitismus. Anmerkungen zur Entstehung und Tradition des Feindbildes Islam. In: Schneiders, Torsten Gerald (Hg.): Verhärtete Fronten. Der schwere Weg zu einer vernünftigen Islamkritik. Wiesbaden: 15-25

Bereswill, Mechthild (2007): Sich auf eine Seite schlagen. Die Abwehr von Verletzungsoffenheit als gewaltsame Stabilisierung von Männlichkeit. In: Bereswill, Mechthild et al. (Hg.): Dimensionen der Kategorie Geschlecht: Der Fall Männlichkeit. Münster: 101-118

Berger, Peter (2011): Einladung zur Soziologie. Eine humanistische Perspektive. Konstanz

Berger, Peter; Luckmann Thomas (2009): Die gesellschaftliche Konstruktion der Wirklichkeit. Frankfurt a.M.

Bette, Karl-Heinrich (1987): Wo ist der Körper? In: Backer, Dirk et al. (Hg.): Theorie als Passion. Niklas Luhmann zum 60. Geburtstag. Frankfurt a.M.: 600-628

Beucker, Pascal (2008): Der hessische Hausmeister. In: Jungle World 2, 7

Bieling,, Hans-Jürgen (2012): Transnationale (Krisen-)Dynamiken des Finanzmarktkapitalismus, Klassenverhältnisse, Gender und Ethnizität aus politökonomischer Perspektive. In: Berliner Journal für Soziologie 22: 53-77

Blumer, Herbert (1981): Der methodologische Standort des Symbolischen Interaktionismus. In: Arbeitsgruppe Bielefelder Soziologie (Hg.): Alltagswissen, Interaktion und gesellschaftliche Wirklichkeit 1+2. Opladen

Bock, Gisela; Duden, Barbara (1977): Arbeit aus Liebe – Liebe als Arbeit. Zur Entstehung der Hausarbeit im Kapitalismus. In: Dokumentationsgruppe der Berliner Sommeruniversität für Frauen (Hg.): Frauen und Wissenschaft. Berlin

Bock, Karin et al. (2007): HipHop meets Academia. Positionen und Perspektiven. In: Dies (Hg.): HipHop meets Academia. Globale Spuren eines lokalen Kulturphänomens. Bielefeld: 11-15

Bock, Karin et al. et al. (Hg.) (2007): HipHop meets Academia. Globale Spuren eines lokalen Kulturphänomens. Bielefeld

Bojadzijev, Manuela (2008): Die windige Internationale. Rassismus und Kämpfe der Migration. Münster

Boltanski, Luc; Chiapello, Eve (2006): Der neue Geist des Kapitalismus. Konstanz

Bispinck, Reinhard et al. (Hg.) (2012): Sozialpolitik und Sozialstaat. Wiesbaden

Bourdieu, Pierre (1983): Ökonomisches Kapital, Kulturelles Kapital und Soziales Kapital. In: Soziale Welt Sonderband: 183-198

Bourdieu, Pierre (1999): Sozialer Sinn. Kritik der theoretischen Vernunft. Frankfurt a.M.

Bourdieu, Pierre (1987): Die feinen Unterschiede. Kritik der gesellschaftlichen Urteilskraft. Frankfurt a.M.

Bourdieu, Pierre (2005): Die männliche Herrschaft. Frankfurt a.M.

Bourdieu, Pierre; Wacquant, Loïc J. D. (2006): Reflexive Anthropologie. Frankfurt a.M.

Brah, Avtar; Phoenix, Ann (2004): Ain't I a Woman? Revisiting Intersectionality. In: International Journal of Women's Studies. Vol. 5: 75-86

Breyvogel, Wilfried (Hg.) (2005): Eine Einführung in Jugendkulturen. Veganismus und Tattoos. Wiesbaden

Bröckling, Ulrich (2007): Das unternehmerische Selbst. Soziologie einer Subjektivierungsform. Frankfurt a.M.

Brill, Dunja (2010): »Black Metal ist Krieg«. Die mythische Konstruktion weißer Männlichkeiten in subkulturellen Musikszenen. In: Kauer, Katja (Hg.): Pop und Männlichkeit. Zwei Phänomene in prekärer Wechselwirkung? Berlin: 181-204

Bryman, Alan (1999): The Disneyization of Society. In: Sociological Review 47: 25-47

Buckel, Sonja (2012): »Managing Migration«. »Managing Migration« – Eine intersektionale Kapitalismusanalyse am Beispiel der Europäischen Migrationspolitik. In: Berliner Journal für Soziologie 22: 79-100

Bührmann, Andrea; Schneider, Werner (2008): Vom Diskurs zum Dispositiv. Eine Einführung in die Dispositivanalyse. Bielefeld

Büsser, Martin (2000): Popmusik. Hamburg

Busch, Michael et al. (2010): Einleitung. In: Ders. et al. (Hg.): Zwischen Prekarisierung und Protest. Die Lebenslagen und Generationsbilder von Jugendlichen in Ost und West. Bielefeld: 11-38

Busche, Mart et al. (Hg.) (2010): Feministische Mädchenarbeit weiterdenken. Zur Aktualität einer bildungspolitischen Praxis. Bielefeld

Butler, Judith (1991): Das Unbehagen der Geschlechter. Frankfurt a.M.

Butler, Judith (1993): »Für ein sorgfältiges Lesen«. In: Benhabib, Seyla; Butler, Judith; Cornell, Drucilla; Fraser, Nancy (Hg.): Der Streit um Differenz. Feminismus und Postmoderne in der Gegenwart. Frankfurt a.M.: 122-132

Butterwegge, Christoph (2007): Rechtfertigung, Maßnahmen und Folgen einer neoliberalen Sozialpolitik. In: Butterwegge, Christoph et al. (2007): Kritik des Neoliberalismus. Wiesbaden: 135-219

Butterwegge, Christoph; Lösch, Bettina; Ptak, Ralf (2007): Kritik des Neoliberalismus. Wiesbaden

Carby, Hazel (1982): White women listen! Black feminism and the boundaries of sisterhood. In: The Centre for Contemporary Cultural Studies (Hg.): The Empire Strikes Back: Race and Racism in 70s Britain. London: 212-235

Carrigan, Tim; Connell, Robert W.; Lee, John (1985): Toward a New Sociology of Masculinity. In: Theory and Society, Vol. 14: 551-604

Cassierer, Ernst (1990): Versuch über den Menschen. Einführung in eine Philosophie der Kultur. Frankfurt a.M.

Castel, Robert (2009): Negative Diskriminierung. Jugendrevolten in den Pariser Banlieues. Hamburg

Celikbas, Güler; Zdun, Steffen: Die türkischen Ecksteher. In: Schweer, Thomas; Strasser, Hermann; Zdun, Steffen (Hg.):»Das da draußen ist ein Zoo, und wir sind die Dompteure«. Polizisten im Konflikt mit ethnischen Minderheiten und sozialen Randgruppen. Wiesbaden: 117-138

Cohn, Niklas (2008): Triksta. Leben, Tod und Rap in New Orleans. München

Connell, Robert W. (2006): Der gemachte Mann. Konstruktion und Krise von Männlichkeiten. Wiesbaden

Connell, Robert; Messerschmidt, James W. (2005): Hegemonic Masculinity. Rethinking the Concept. In: Gender & Society 6: 829-859

Dahrendorf, Ralf (1974): Homo Sociologicus. Ein Versuch zur Geschichte, Bedeutung und Kritik der Kategorie der sozialen Rolle. Opladen

Davis, Kathy (2008): Intersectionality as buzzword. A sociology of science on what makes a feminist theory successful. In: Feminist Theory 9: 67-85

Davis, Kathy (2008): Intersectionality in Transatlantic Perspective. In: Klinger, Cornelia; Knapp, Gudrun-Axeli (Hg.): ÜberKreuzungen. Fremdheit, Ungleichheit, Differenz. Münster: 19-35

Davis, Mike (2007): Planet der Slums. Berlin

Degele, Nina (2008): Gender/Queer Studies. Paderborn

Degele, Nina; Winker, Gabriele (2008): Praxeologisch differenzieren. Ein Beitrag zur intersektionalen Gesellschaftsanalyse. In: Klinger, Cornelia; Knapp, Gudrun-Axeli (Hg.): ÜberKreuzungen. Fremdheit, Ungleichheit, Differenz. Münster: 194-209

Degele, Nina; Winker, Gabriele (2009): Intersektionalität. Zur Analyse sozialer Ungleichheiten. Bielefeld

Degele, Nina; Winker, Gabriele (2011): Intersektionalität als Beitrag zu einer gesellschaftstheoretisch informierten Ungleichheitsforschung. In: Berliner Journal für Soziologie 21: 69-90

Deutschmann, Christoph (2009): Soziologie kapitalistischer Dynamik. MPIfG Discussion Paper 09/5. Quelle: http://www.mpifg.de/pu/workpap/wp09-5.pdf

Dietrich, Marc; Seeliger, Martin (Hg.) (2012): Deutscher Gangsta-Rap. Sozial- und kulturwissenschaftliche Beiträge zu einem Pop-Phänomen. Bielefeld

Deutscher Bundestag (2001): Drucksache 14/6993 – Antwort der Bundesregierung auf die Große Anfrage der Abgeordneten S. Kampeter, Dr. N. Lammert, B. Neumann, weiterer Abgeordneter und der Fraktion CDU / CSU. Berlin

Dietze, Gabriele et al. (Hg.) (2009): Kritik des Okzidentalismus. Transdisziplinäre Beiträge zu (Neo-)Orientalismus und Geschlecht. Bielefeld

Dörre, Klaus et al. (2009): Soziologie - Kapitalismus - Kritik. Eine Debatte. Frankfurt a.m.

Dubiel, Helmut (1992): Kritische Theorie der Gesellschaft: Eine einführende Rekonstruktion von den Anfängen im Horkheimer-Kreis bis Habermas. München/Weinheim

Eitler, Pascal (2008): Die Produktivität der Pornographie. Visualisierung und Therapeutisierung der Sexualität nach 1968. In: Pethes, Nicols; Schicktanz, Silke (Hg.): Sexualität als Experiment? Körpertechniken zwischen Science und Fiction. Frankfurt a.M.

Elias, Norbert (2009): Was ist Soziologie? Weinheim

Engels, Friedrich (1972): Die Lage der arbeitenden Klasse in England. In: MEW 2: 225-506

Engels, Friedrich; Marx, Karl (1959): Manifest der Kommunistischen Partei. In: MEW 4. Berlin: 459-491

Engels, Friedrich; Marx, Karl (1990): Die deutsche Ideologie. Kritik der neuesten deutschen Philosophie in ihren Repräsentanten Feuerbach, B.Bauer und Stirner, und des deutschen Sozialismus in seinen verschiedenen Propheten. In: MEW 3. Berlin

Esser, Hartmut (2002): Soziologie. Spezielle Grundlagen. Bd. 2: Die Konstruktion der Gesellschaft. Frankfurt a.M./New York

Fanon, Franz (1981): Die Verdammten dieser Erde. Frankfurt a.M.

Feige, Marcel; Sido (2005): Sido. Ich will mein Lied zurück. Berlin.

Figatowski, Bartholomäus et al. (2007): Vorwort: The Making of Migration. In: Ders. et al. (Hg.): Repräsentationen - Erfahrungen - Analysen. Münster: 14-23

Fischer, Jonathan (2007): Jetzt ohne Goldkette. In: Die Zeit 43, 55

Forman, Murray (2007): HipHop Meets Academia: Fallstricke und Möglichkeiten der HipHop Studies. In: Bock, Karin; Meier, Stefan, Süss, Günter (Hg.): HipHop meets Academia. Globale Spuren eines lokalen Kulturphänomens. Bielefeld: 17-35

Forschungsgruppe ›Staatsprojekt Europa (Hg.) (2012): Die EU in der Krise: Zwischen autoritärem Etatismus und europäischem Frühling. Münster

Foucault, Michel (1973): Archäologie des Wissens. Frankfurt a.M.

Foucault, Michel (1978): Dispositive der Macht. Über Sexualität, Wissen und Wahrheit. Berlin

Foucault, Michel (2003): Was ist ein Autor? In: Ders.: Schriften zur Literatur. Frankfurt a. M., 7-31

Friedrich, Malte; Klein, Gabriele (2003): Is this real? Die Kultur des HipHop. Frankfurt a.m.

Gebesmair, Andreas (2008): Die Fabrikation globaler Vielfalt. Struktur und Logik der transnationalen Popmusikindustrie. Bielefeld

Geißler, Rainer (2006): Die Sozialstruktur Deutschlands. Zur gesellschaftlichen Entwicklung mit einer Bilanz zur Vereinigung. Wiesbaden

Geißler, Rainer (2012): Die meritokratische Illusion - oder warum Reformen beim Bildungssystem ansetzen müssen. In: Haller, Michael; Niggeschmidt, Martin (Hg.): Der Mythos vom Niedergang der Intelligenz. Springer VS. 193-210

Geißler, Rainer; Pöttker, Horst (Hg.) (2005): Massenmedien und die Integration ethnischer Minderheiten in Deutschland. Problemaufriss, Forschungsstand, Bibliographie. Bielefeld

Gesterkamp, Thomas (2010): Geschlechterkampf von rechts. Wie Männerrechtler und Familienfundamentalisten sich gegen das Feindbild Feminismus radikalisieren. Friedrich Ebert-Stiftung. Quelle: http://library.fes.de/pdf-files/wiso/07054.pdf

Giesen, Bernhard (2004): Latenz und Ordnung. Eine konstruktivistische Skizze. In: Schlögl, Rudolf et al. (Hg.): Die Wirklichkeit der Symbole : Grundlagen der Kommunikation in historischen und gegenwärtigen Gesellschaften. Konstanz: 73-100

Giddens, Anthony (1990): The Consequences of Modernity. Stanford

Goßmann, Malte (2012): Männlichkeitskonstruktionen in deutschsprachigen Rap-Texten. In: Studentische Untersuchungen der Politikwissenschaften & Soziologie 2, 83-101

Gramsci, Antonio (1991): Gefängnishefte. Hamburg

Greve, Jens; Schnabel, Annette (2011): Emergenz. Zur Analyse und Erklärung komplexer Strukturen. Frankfurt a.M.

Gross, Thomas (2010): Bushido der Herzen. In: Die Zeit 11.10.2010

Gross, Thomas (2010a): Die Kunst des Ideendiebs. In: Die Zeit, 30.3.2010: 42

Gülay, Cem (2009): Türken-Sam: Eine deutsche Gangsterkarriere. München

Güngör, Murat (2006): »in meinem block träumt jeder von dem großen geld«. Ein Gespräch mit Murat Güngör über Getto, Gangstarap und Migration. In: Loh, Verlan: (2006) S. 69-83.

Güngör, Murat (2007): Ganz verliebt ins Ghetto-Klischee. In: Tageszeitung, 3.8.2007, 11

Gugutzer, Robert (2004): Soziologie des Körpers. Bielefeld

Groß, Melanie (2010): "Wir sind die Unterschicht– Jugendkulturelle Differenzartikulationen aus intersektionaler Perspektive. In: Kessl, Fabian; Plößer, Melanie (Hg): Differenzierung, Normalisierung, Andersheit. Soziale Arbeit als Arbeit mit den Anderen. Wiesbaden: 34-48.

Ha, Kein Nghi (2005): Hype um Hybridität. Kultureller Differenzkonsum und postmoderne Verwertungstechniken im Spätkapitalismus. Bielefeld

Habermas, Jürgen (1990): Strukturwandel der Öffentlichkeit: Untersuchungen zu einer Kategorie der bürgerlichen Gesellschaft. Frankfurt a.M.

Hall, Stuart (2000): Die Bedeutung der Neuen Zeiten. In: Ders.: Cultural Studies. Ein politisches Theorieprojekt. Ausgewählte Schriften 3. Hamburg: 78-97

Hall, Stuart (2004): Das Spektakel des ›Anderen‹. In: Ders. Ideologie, Identität, Repräsentation. Ausgewählte Schriften 4. Hamburg: 108-16

Haller, Martin; Niggeschmidt, Michael (Hg.) (2012): Der Mythos vom Niedergang der Intelligenz. Von Galton zu Sarrazin: Die Denkmuster und Denkfehler der Eugenik. Wiesbaden

Haller, Martin; Niggeschmidt, Michael (2012a): Einführung. In: Dies. (Hg.): Der Mythos vom Niedergang der Intelligenz. Von Galton zu Sarrazin: Die Denkmuster und Denkfehler der Eugenik. Wiesbaden: 7-17

Hartmann, Eddie (2008):Die »Banlieue-Krise« und die émeutes urbaines. Soziologische Perspektiven auf einen gesellschaftlichen Konflikt. In: Berliner Journal für Soziologie 19: 503-517

Hartmann, Jutta; Klesse, Christian (2007): Heteronormativität. Empirische Studien zu Geschlecht, Sexualität und Macht. In: Hartmann et al. (Hg.): Heteronormativität. Empirische Studien zu Geschlecht, Sexualität und Macht. Wiesbaden: 11-15

Häußermann, Hartmut; Kronauer, Martin (2009): Räumliche Segregation und innerstädtisches Getto. In: Castel, Robert; Dörre, Klaus (Hg.): Prekarität, Abstieg, Ausgrenzung. Frankfurt a.M./New York: 113-130

Häußermann, Hartmut; Siebel, Walter (2004): Stadtsoziologie – Eine Einführung. Frankfurt a.M./New York

Hauck, Gerhard (2012): Globale Vergesellschaftung und koloniale Differenz. Münster

Hecken, Thomas (2006): Populäre Kultur. Mit einem Anhang ›Girl und Popkultur‹. Bochum

Hecken, Thomas (2007): Theorien der Populärkultur. Dreißig Positionen von Schiller bis zu den Cultural Studies. Bielefeld

Hecken, Thomas (2009): Pop. Geschichte eines Konzepts 1955-2009. Bielefeld

Hecken, Thomas (2010): Das Versagen der Intellektuellen. Eine Verteidigung des Konsums gegen seine deutschen Verächter. Bielefeld

Hecken, Thomas (2012): Avant-Pop: Von Susan Sontag über Prada und Sonic Youth bis Lady Gaga und zurück. Berlin

Heinze, Rolf G. (2011): Die erschöpfte Mitte. Zwischen marktbestimmten Soziallagen, politischer Stagnation und der Chance auf Gestaltung. München/Weinheim

Helms, Dietrich; Phleps, Thomas (Hg.) (2007): Sound and the City. Populäre Musik im urbanen Kontext. Bielefeld

Helsper, Werner (1997): Das ›Echte‹, das ›Extreme‹ und die Symbolik des Bösen. In: SPoKK (Hg): Kursbuch Jugendkultur. Mannheim: 116-118

Herlyn, Ulfert et al. (1991): Armut und Milieu. Basel/Berlin/Boston

Hesmondhalgh, David (2009): In: Hodkinson, Paul; Deicke, Wolfgang, (eds.): Abingdon: 37-50

Hess, Sabine et al. (Hg.) (2010): Intersektionalität revisited. Empirische, theoretische und methodische Erkundungen. Bielefeld

Hirsch, Hans (1987): Schallplatten zwischen Kunst und Kommerz. Fakten, Tendenzen und Überlegungen zur Produktion und Verbreitung von Tonträgern. Taschenbücher zur Musikwissenschaft, Band 106. Wilhelmshaven

Hirsch, Joachim (2001): Postfordismus: Dimensionen einer neuen kapitalistischen Formation. In: Hirsch, Joachim; Jessop, Bob; Poulantzas, Nicos: Die Zukunft des Staates. Denationalisierung, Internationalisierung, Renationalisierung. Hamburg: 171-221

Hitzler, Ronald (2008): Brutstätten posttraditionaler Vergemeinschaftung. Über Jugendszenen. In: Hitzler, Ronald; Honer, Anne; Pfadenhauer, Michaela (Hg.): Posttraditionale Gemeinschaften. Ethnografische Erkundungen. Wiesbaden: 55-72

Hitzler, Ronald et.al. (2005): Leben in Szenen. Formen jugendlicher Vergemeinschaftungen heute. Wiesbaden

Hitzler, Ronald et.al. (Hg.) (2009): Posttraditionale Gemeinschaften. Theoretische und ethnografische Erkundungen. Wiesbaden

Hitzler, Ronald; Niederbacher, Arne (2010): Leben in Szenen. Formen juveniler Vergemeinschaftung heute. Wiesbaden

Höller, Christian (1996): Widerstandsrituale und Pop-Plateaus. In: Holert, Tom; Terkessidis, Mark (Hg.): Mainstream der Minderheiten. Pop in der Kontrollgesellschaft. Siege: 55-71

Hoffmann, Dagmar (2008). »Lost in Music« oder »Musik für eine andere Wirklichkeit«? Zur Sozialisation Jugendlicher mit Musik und Medien. In: Weinacht, Stefan; Scherer, Helmut (Hg.): Wissenschaftliche Perspektiven auf Musik und Medien. Wiesbaden: 155-176

Hörner, Fernand; Kautny, Oliver (Hg.)(2009): Die Stimme im HipHop. Untersuchungen eines intermedialen Phänomens. Bielefeld

Horkheimer, Max (1936): Fanatismus und Freiheitsbewegung. In: Horkheimer Gesamtausgabe Teil IV

Horkheimer, Max (1992): Traditionelle und Kritische Theorie. Fünf Aufsätze. Frankfurt a.M.

Hüetlin, Thomas (2010): Moks Revier. In: Der Spiegel 6: 50-57

Hund, Wulf D. (2007): Rassismus. Bielefeld

Huq, Rupa (2007): Resistance or incorporation? Youth policy making and hip hop culture. Hodkinson, Paul; Deicke, Wolfgang, (eds.) Abingdon: 79-92

Huxel, Katrin (2008): Männlichkeit kontextualisieren – Eine intersektionelle Analyse. In: Potts, Lydia; Kühnemund, Jan (Hg.): Mann wird man. Geschlechtliche Identitäten im Spannungsfeld von Migration und Islam. Bielefeld: 65-78

Inhetveen, Katharina (2010): Musiksoziologie. In: Kneer, Georg; Schroer, Markus (Hg.): Handbuch Spezielle Soziologien. Wiesbaden: 325-340

Itzek, Joanna (2008): Wer radikalisiert hier wen? In: tageszeitung 21.11.2008: 15

Jäger, Lorenz (2003): Adorno. Eine politische Biografie. München

Jacob, Jutta (Hg.) (2010): Gendering Disability. Intersektionale Aspekte von Behinderung und Geschlecht. Bielefeld

Jary, David; Jary, Julia (2001): The Harper Collins Dictionary of Sociology. New York

Janitzki, Lena (2012): Sozialraumkonzeptionen im Berliner Gangsta-Rap Eine stadtsoziologische Perspektive. In: Dietrich, Marc; Seeliger, Martin (Hg.): Deutscher Gangsta-Rap. Sozial- und kulturwissenschaftliche Beiträge zu einem Pop-Phänomen. Bielefeld: 285-308

Jazbinsek, Dietmar (2001): Die Großstädte und das Geistesleben von Georg Simmel. Zur Geschichte einer Antipathie. Schriftenreihe der Forschungsgruppe "Metropolenforschung"des Forschungsschwerpunkts Technik – Arbeit – Umwelt am Wissenschaftszentrum Berlin für Sozialforschung. Quelle: http://skylla.wzb.eu/pdf/ ↩ 2001/ii01-504.pdf (Abruf 24.5.09).

Joas, Hans (1994): Die Kreativität des Handelns. Frankfurt a.M.

Juhasz, Anne; Mey, Eva (2003): Die zweite Generation. Etablierte oder Außenseiter? Wiesbaden

Käppner, Joachim (2008): Das Kind, das nicht zurückkam. In: Süddeutsche Zeitung, 28./29.6.2008, 8

Kandiyoti, Deniz (1997): Bargaining with Patriarchy. In: Visvanathan, Nalini u.a. (Hg.): The Women, Gender and Development Reader. London: 86-92

Kauer, Katja (2009): Male Gender als Pop. Eine Einführung. In: Dies. (Hg.): Pop und Männlichkeit. Zwei Phänomene in prekärer Wechselwirkung? Berlin: 9-18

Kage, Jan (2009): Weich gekocht. Aggro Berlin steht mit Künstlern wie Sido für poppige Beats mit harten Texten. In: Tageszeitung 23.4.09: 13

Kalender, Ute (2011): Körper von Wert. Eine kritische Analyse der bioethischen Diskurse über die Stammzellforschung. Bielefeld

Kaya, Ayhan (2007): Rap-Pädagogik: Erziehung zur Kritikfähigkeit? In: Kimminich, Eva et al. (Hg.): Express yourself! Europas kulturelle Kreativität zwischen Markt und Underground. Bielefeld: 117-136

Keller, Reiner (2005): Wissenssoziologische Diskursanalyse. Grundlegung eines Forschungsprogramms. Wiesbaden

Keppler, Angela (2010): Perspektiven einer kultursoziologischen Medienanalyse. In: Wohlrab-Sahr, Monika (Hg.): Kultursoziologie. Paradigmen – Methoden – Fragestellungen. Wiesbaden, 101-126

Kerner, Ina (2009): Differenzen und Macht. Zur Anatomie von Rassismus und Sexismus. Frankfurt a.m./New York

Kessl, Fabian (2012): Die Rede von der ›neuen Unterschicht‹. In: Haller, Martin; Niggeschmidt, Michael (Hg.): Der Mythos vom Niedergang der Intelligenz. Von Galton zu Sarrazin: Die Denkmuster und Denkfehler der Eugenik. Wiesbaden, 185-192

Kimminich, Eva (Hg.) (2003): Kulturelle Identitäten. Konstruktion und Krisen. Frankfurt a.m.

Kimminich, Eva (2003): »Lost Elements« im »Mikrokosmos«. Identitätsstrategien in der Vorstadt und Hip-Hop-Kultur. In: Kimminich, Eva (Hg.): Kulturelle Identitäten. Konstruktion und Krisen. Frankfurt a.m.: 45-88

Klaus, Elisabeth (2008): Verschränkungen. Zum Verhältnis von Cultural Studies und Gender Studies. In: Hepp, Andreas; Winter, Rainer (Hg.): Kultur – Medien – Macht. Cultural Studies und Medienanalyse. Wiesbaden: 201-218

Klein, Gabriele (2004): Electronic Vibration: Pop Kultur Theorie, Wiesbaden

Klein, Gabriele (2005): Pop leben. Pop inszenieren. Gefälligkeitsübersetzung: Living pop culture. Staging pop culture. In: Neumann-Braun, Klaus (Hg.): Coolhunters. Jugendkulturen zwischen Medien und Markt. Frankfurt a.M.: 44-51

Kleiner, Marcus S.; Nieland, Jörg-Uwe (2007): HipHop und Gewalt: Mythen, Vermarktungsstrategien und Haltungen des deutschen Gangster-Raps am Beispiel von Shok-Muzik. In: Bock, Karin; Meier, Stefan, Süss, Günter (Hg.): HipHop meets Academia. Globale Spuren eines lokalen Kulturphänomens. Bielefeld: 215-244

Klinger, Cornelia (2003): Ungleichheit in den Verhältnissen von Klasse, Rasse und Geschlecht. In: Knapp, Gudrun-Axeli; Wetterer, Angelika (Hg.): Achsen der Differenz. Gesellschaftstheorie und feministische Kritik II. Münster: 14-48

Klinger, Cornelia; Knapp, Gudrun-Axeli (Hg.) (2008): ÜberKreuzungen. Fremdheit, Ungleichheit, Differenz. Münster

Klinger, Cornelia et al. (Hg.) (2007): Achsen der Ungleichheit. Zum Verhältnis von Klasse, Geschlecht und Ethnizität. Frankfurt a.m./New York

Knapp, Gudrun-Axeli; Wetterer, Angelika (Hg.) (2003): Achsen der Differenz. Gesellschaftstheorie und feministische Kritik II. Münster

Knapp, Gudrun-Axeli (2005): »Intersectionality« – ein neues Paradigma feministischer Theorie? Zur transatlantischen Reise von »Race, Class, Gender«. In: Feministische Studien: 68-81

Knüttel, Katharina; Seeliger, Martin (Hg.) (2011): Intersektionalität und Kulturindustrie. Zum Verhältnis sozialer Kategorien und kultureller Repräsentationen. Bielefeld

Kraemer, Klaus et al. (2012): Kapitalismus und Gender. Eine Auseinandersetzung mit der kapitalismuskritischen Intersektionalitätsforschung. In: Berliner Journal für Soziologie 22: 29-52

Kronauer, Martin (2007): Revolte in den Banlieues. Anmerkungen aus deutscher Sicht. In: PROKLA. Zeitschrift für kritische Sozialwissenschaft. 37: 597-602

Krotz, Erich (2008): Gesellschaftliches Subjekt und kommunikative Identität. Zum Menschenbild von Cultural Studies und symbolischem Interaktionismus. In: Hepp, Andreas; Winter, Rainer (Hg.): Kultur – Medien – Macht. Cultural Studies und Medienanalyse. Wiesbaden: 125-138

Krummacher, Michael (2007): Zum Umgang mit »Minderheitenghettos« – Differenzen in der »Sozialen Stadt«. In: In: Bukow, Wolf-Dietrich u.a. (Hg.): Was heisst hier Parallelgesellschaft? Wiesbaden: 109-120

Laclau, Ernesto; Mouffe, Chantal (2000): Hegemonie und radikale Demokratie.. Zur Dekonstruktion des Marxismus. Wien

Lautmann, Rüdiger (1995): Authentizität. In: Fuchs-Heinritz et al.: Lexikon zur Soziologie. Opladen, 75

Lebert, Stephan; Willeke, Stefan (2008): »Ich mach dich fertig, ganz normal.« In: Die Zeit 7: 15-17

Leblanc, Adrian Nicole (2003): Zufallsfamilie. Liebe, Drogen, Gewalt und Jugend in der Bronx. Wien

Lederer, Karin (2008) (Hg.): Zum aktuellen Stand des immergleichen. Dialektik der Kulturindustrie – vom Tatort zur Matrix. Berlin

Leenen, Rainer; Grosch, Harald (2009): Migrantenjugendliche in deutschsprachigen Medien. In: Ottersbach, Markus; Zitzmann, Thomas (Hg.): Jugendliche im Abseits. Zur Situation in französischen und deutschen marginalisierten Stadtquartieren. Wiesbaden: 215-141

Lenz, Ilse (1995): Geschlecht, Herrschaft und internationale Ungleichheit. In: Becker-Schmidt, Regina; Knapp, Gudrun-Axeli (Hg.): Das Geschlechterverhältnis als Gegenstand der Sozialwissenschaft. Frankfurt a.M./New York: 19-46

Lenz, Ilse (1996): Klassen-Ethnien-Geschlechter? Zur sozialen Ungleichheit in Zeiten der Globalisierung. In: Frerichs, Petra; Steinrücke, Margareta (Hg.): Klasse, Geschlecht, Kultur. Dokumentation eines Workshops anläßlich des 25jährigen Bestehens des Institus zur Erforschung sozialer Chancen (ISO) am 8. November 1996 in Köln. Bericht des ISO 54. Köln: 63-80

Lenz, Ilse (2008) (Hg.): Die Neue Frauenbewegung in Deutschland. Abschied vom kleinen Unterschied. Eine Quellensammlung. Wiesbaden

Lenz, Ilse; Scheu, Hildegard (2010): Stichwort Männlichkeiten. In: Peripherie 118/119: 309-311

Lena, Jennifer C.; Peterson, Richard A. (2008): Classification as Culture. Types and Trajectories of Music Genres. In: American Sociological Review, 73: 697-718

Lenz, Ilse; Villa, Paula-Irene (2006): Partnerschaftliche Geschlechterforschung? Ein erfahrungsgesättigtes Nachwort. In: Connell, Robert W.: Der gemachte Mann. Konstruktion und Krise von Männlichkeiten. Wiesbaden

Lessenich, Stephan (2008): Die Neuerfindung des Sozialen. Der Sozialstaat im flexiblen Kapitalismus. Bielefeld

Lessenich, Stephan (2009): Mobilität und Kontrolle. In: Dörre, Klaus; Lessenich, Stefan; Rosa, Hartmut: Soziologie – Kapitalismus – Kritik. Frankfurt a.M.: 126-177

Liell, Christoph (2007): Die Skandalisierung von Differenzen. Das Beispiel ethnisierter Jugendgewalt. In: Bukow, Wolf-Dietrich u.a. (Hg.): Was heisst hier Parallelgesellschaft? Wiesbaden: 269-285

Lill, Max (2011): Neoliberale Alltagsmythologien in der Krise. Zwischen bürgerlichem Ressentiment und Gangsta Rap. In: Sozialismus 5: 1-12

Löw, Martina; Ruhne, Renate (2011): Prostitution – Herstellungsweisen einer anderen Welt. Berlin

Loh, Hannes (2005): Patchwork der Widersprüche – Deutschrap zwischen Ghetto-Talk und rechter Vereinnahmung. In: Neumann-Braun, Klaus; Richard, Birgit (Hg.): Coolhunters. Jugendkulturen zwischen Medien und Markt. Frankfurt a.M.: 111-126.

Loh, Hannes; Güngör, Murat (2002): Fear of a Kanak Planet. HipHop zwischen Weltkultur und Nazirap. Höfen

Loh, Hannes; Verlan, Sascha (2006): 25 Jahre HipHop in Deutschland. Höfen

Lutz, Helma (2007): Vom Weltmarkt in den Privathaushalt: Die neuen Dienstmädchen im Zeitalter der Globalisierung. Kornwestheim

Lutz, Helma et al. (Hg.) (2010): Fokus Intersektionalität. Bewegungen und Verortungen eines vielschichtigen Konzeptes. Wiesbaden

Machard, Oliver (2010): Cultural Studies. Konstanz

Mahmood, Saba (2001): Feminist Theory, Embodiment, and the Docile Agent: Some Reflections on the Egyptian Islamic Revival. In: Cultural Anthropology 16: 202-236

Malinowski, Bronislaw (1986): Die Rolle des Mythos im Leben. In: Ders.: Schriften zur Anthropologie. Frankfurt a.M.. 139-144

Marchart, Oliver (2008): Cultural Studies. Konstanz

Marcuse, Herbert (1966): Repressive Toleranz. In: Wolff, Robert Paul et al.: Kritik der reinen Toleranz. Frankfurt a.m.: 91 – 127

Marx, Karl (1963): Karl Marx an Joseph Weydemeier. In: MEW Bd. 28

Marx, Karl (2004): Der eindimensionale Mensch. Studien zur Ideologie der fortgeschrittenen Industriegesellschaft. München

Mayntz, Renate (1999): Individuelles Handeln und gesellschaftliche Ereignisse: Zur Mikro-Makro-Problematik in den Sozialwissenschaften. MPIfG Working Paper 99/5, Quelle: http://www.mpifg.de/pu/workpap/wp99-5/wp99-5.html

McCall, Lesley (2005): The Complexity of Intersectionality. In: Signs: Journal of Women in Culture and Society 30, 1771-1800

McLeod, Kembrew (1999): »Authenticity Within Hip-Hop and other Cultures Threatened with Assimilation«. In: Journal of Communication 49: 134-150

McRobbie, Angela (2010): Top Girls. Feminismus und der Aufstieg des neoliberalen Geschlechterregimes. Wiesbaden

Meinert, Philipp; Seeliger, Martin (Hg.) (2012): Punk in Deutschland. Sozial- und Kulturwissenschaftliche Perspektiven. Bielefeld

Meinhardt, Birk (2009): Mensch ärgere Dich. In: Süddeutsche Zeitung, 21./22.11.2009: 3

Menden, Alexander (2008): »Eine Gang ist erstmal nur eine Gruppe von Leuten«. In: Süddeutsche Zeitung: 6./7.12.2008

Meuser, Michael (2005): Männliche Sozialisation und Gewalt. Vortrag beim Berliner Forum Gewaltprävention. Quelle: http://www.berlin.de/imperia/md/content/ ↩ lb-lkbgg/bfg/nummer24/06_meuser.pdf (Abruf 1.5.09)

Meuser, Michael (2010): Geschlecht und Männlichkeit. Soziologische Theorie und kulturelle Deutungsmuster. Wiesbaden

Meuser, Michael (2009): Männlichkeiten in Bewegung. In: Aulenbacher, Brigitte/Riegraf, Birgit (Hg.): Erkenntnis und Methode. Wiesbaden, 249-266

Meuser, Michael (2007): Männerkörper. Diskursive Aneignungen und habitualisierte Praxis. In: Bereswill, Mechthild et al. (Hg.): Dimensionen der Kategorie Geschlecht: Der Fall Männlichkeit. Münster: 152-168

Meuser, Michael (2005): Strukturübungen. Peergroups, Risikohandeln und die Aneignung des männlichen Geschlechtshabitus. In: King, Vera; Flaake, Karin (Hg.): Männliche Adoleszenz. Sozialisation und Bildungsprozesse zwischen Kindheit und Erwachsensein. Frankfurt a.M./New York, 309-323

Meier-Braun, Karl-Heinz (1995): 40 Jahre »Gastarbeiter«- und Ausländerpolitik in Deutschland. In: Aus Politik und Zeitgeschichte, Band 35: 14-22

Misik, Robert (2010): «I am a loser baby, so why don't you kill me?« Kapitalismus und popkulturelle MoralIn: Neckel, Sighard (Hg.): Kapitalistischer Realismus. Frankfurt a.M.: 184-196

Mitscherlich, Alexander (2008): Die Unwirtlichkeit unserer Städte. Anstiftung zum Unfrieden. Frankfurt a.M.

Moebius, Stephan; Schroer, Markus (2010): Diven, Hacker, Spekulanten. Diven, Hacker, Spekulanten – Sozialfiguren der Gegenwart. Berlin

Müller, Daniel (2005): Die Darstellung ethnischer Minderheiten in den deutschen Massenmedien. In: Geißler, Rainer; Pöttker, Horst (Hg.): Massenmedien und die Integration ethnischer Minderheiten in Deutschland. Problemaufriss, Forschungsstand, Bibliograhpie. Bielefeld: 83-126

Müller, Hans-Peter (1997): Spiel ohne Grenzen? In: Merkur, Heft 9/10: 805-820.

Müller, Renate et al. (2006): Identitätskonstruktion mit Musik und Medien im Lichte neuerer Identitäts- und Jugendkulturdiskurse. In: Mikos, Lothar et al. (Hg.): Medien – Identität – Identifikation. Weinheim/München: 135-148.

Müller, Stefan (2008): Die Stimme seines Herrn. In: tageszeitung, 7.10.2008

Müller-Jentsch, Walther (2011): Die Kunst in der Gesellschaft. Wiesbaden

Nachtmann, Clemens (2006): Freiheitsbewegung und autoritärer Staat. Die Rezeption der kritischen Theorie in der deutschen Studentenbewegung. In: Grigat, Stephan (Hg.): Feindaufklärung und Reeducation. Kritische Theorie gegen Postnazismus und Islamismus. Freiburg: Ca Ira

Nachtwey, Oliver (2008): Marktsozialdemokratie. Die Transformation von SPD und Labour Party. Wiesbaden

Nave-Herz, Rosemarie (1993): Die Geschichte der Frauenbewegung in Deutschland. Bonn

Neckel, Sighard (2006): Gewinner – Verlierer. In: Lessenich, Stephan; Nullmeier, Frank (Hg.): Deutschland. Eine gespaltene Gesellschaft. Bonn: 351-371

Neckel, Sighard (2008): Flucht nach vorn. Die Erfolgskultur der Marktgesellschaft. Frankfurt a.M.

Nolte, Paul (2005): Generation Reform. München

Oehmke, Philipp (2007): Poesie aus der Siedlung. In: Der Spiegel 16/2007: 180-185

Offe, Claus (2004): Selbstbetrachtung aus der Ferne. Tocqueville, Weber und Adorno in den Vereinigten Staaten. Frankfurt a.M.

Opratko, Benjamin (2012): Hegemonie. Politische Theorie nach Antonio Gramsci, Münster

Parks, Robert Ezra et al. (1925): The City: Suggestions for the Study of Human Nature in the Urban Environment. Chicago

Parzer, Michael (2010): Leben mit Pop. Kulturelle Allesfresser im Netzwerkkapitalismus. In: Neckel, Sighard (Hg.): Kapitalistischer Realismus. Frankfurt a.M.: 166-183

Paulitz, Tanja (2012): Hegemoniale Männlichkeiten als narrative Distinktionspraxis im Wissenschaftsspiel. In: Österreichische Zeitschrift für Soziologie 37: 45-64

Peters, Thomas (2007): Die HipHop-Szene. Online-Publikation http://www.jugendszenen.com. Abgerufen: 13.1.09

Peterson, Richard.A.; Kern, Roger .M. (1996): Changing highbrow taste: from snob to omnivore. In: American Sociological Review 61: 900-907

Pohlmann, Markus C. (2002): Management, Organisation und Sozialstruktur. In: Schmidt, Rudi/ Gergs, Hans-Joachim/Pohlmann, Markus (Hg.): Managementsoziologie – Themen, Desiderate, Perspektiven. Mehring/München: 227-244

Prieberg, Fred K. (1991): Musik und Macht. Frankfurt a.M.

Pries, Ludger (2008): Die Transnationalisierung der sozialen Welt. Sozialräume jenseits von Nationalgesellschaften. Frankfurt a.M.

Raab, Jürgen; Soeffner, Hans-Georg (2004): Kultur und Auslegung der Kultur. Kultursoziologie als sozialwissenschaftliche Hermeneutik. In: Jaeger, Friedrich; Straub, Jürgen (Hg.): Handbuch der Kulturwissenschaften. Bd. 2: Paradigmen und Disziplinen. Stuttgart: 546-567

Rabe, Jens-Christian (2010): Ein Imperium, das wär' schon was. In: Süddeutsche Zeitung, 5.2.2010: 17

Reckwitz, Andreas (2010): Auf dem Weg zu einer kultursoziologischen Analytik zwischen Praxeologie und Poststrukturalismus. In: Wohlrab-Sahr, Monika (Hg.): Kultursoziologie. Paradigmen – Methoden – Fragestellungen. Wiesbaden: 179-205

Reichert, Martin (2007): »Nie wieder freilaufende Gays«. In: Tageszeitung, 18.7.2007, 17

Robertson, Roland (1998): Glokalisierung. Homogenität und Heterogenität in Raum und Zeit. In: Beck, Ulrich (Hg.): Perspektiven der Weltgesellschaft. Frankfurt a.M.: 198-220

Regev, Motti (2003): »Alles Rock«: Vielfalt und Ähnlichkeit im Bereich der globalen Pop-Musik. In: Beck, Ulrich et al. (Hg.): Globales Amerika? Die kulturellen Folgen der Globalisierung. Bielefeld: 284-299

Reuter, Julia (2002): Ordnungen des Anderen. Zum Problem des Eigenen in der Soziologie des Fremden. Bielefeld

Reutlinger, Christian (2009): Jugendprotest im Spiegel von Sichtbarkeit und Unsichtbarkeit – Herausforderungen für die Jugendarbeit. In: Ottersbach, Markus/Zitzmann, Thomas (Hrsg.): Jugendliche im Abseits. Zur Situation in französischen und deutschen marginalisierten Stadtquartieren. Wiesbaden: 285-301

Ramírez-Rodríguez, Rocío; Dohmen, Dieter (2010): Ethnisierung von geringer Bildung. In: Quenzel, Gudrun; Hurrelmann, Klaus (Hg.): Bildungsverlierer. Neue Ungleichheiten. Wiesbaden, 289-311

Roy, William G.; Dowd, Timothy J. (2010): What is sociological about music? In: Annual Review of Sociology 36: 183-20

Saad, Fadi (2008): Der große Bruder von Neukölln: Ich war einer von ihnen – vom Gang-Mitglied zum Streetworker. Freiburg

Sarrazin, Thilo (2010): Deutschland schafft sich ab: Wie wir unser Land aufs Spiel setzen. München

Scambor, Elli; Zimmer, Fränk (2012): Einleitung. In: Dies. (Hg.): Die intersektionelle Stadt. Geschlechterforschung und Medienkunst an den Achsen der Ungleichheit. Bielefeld: 13-22

Scambor, Elli; Zimmer, Fränk (2012a): (Hg.): Die intersektionelle Stadt. Geschlechterforschung und Medienkunst an den Achsen der Ungleichheit. Bielefeld

Scharenberg, Albert (2001): Der diskursive Aufstand der schwarzen ›Unterklassen‹. Hip Hop als Protest gegen materielle und symbolische Gewalt. In: Weiß, Anja et al. (Hg.): Klasse und Klassifikation. Die symbolische Dimension sozialer Ungleichheit. Wiesbaden: 243-269

Schildt, Axel; Siegfried, Detlef (2009): Deutsche Kulturgeschichte. Die Bundesrepublik von 1945 bis zur Gegenwart. München

Schimank, Uwe; Volkmann, Ute (2008): Ökonomisierung der Gesellschaft. In: Maurer, Andrea (Hg.) Handbuch der Wirtschaftssoziologie. Wiesbaden: 382-393

Schönwälder, Karin (2001): Einwanderung und ethnische Pluralität. Politische Entscheidungen und öffentliche Debatten in Großbritannien und der Bundesrepublik von den 1950er bis zu den 1970er Jahren. Essen

Schröer, Sebastian (2009): Die HipHop-Szene als ›Kultur der Straße‹? In: Geschke, Sandra-Maria (Hg.): Straße als kultureller Aktionsraum. Wiesbaden

Schröder, Achim (2005): Gemeinschaften, Jugendkulturen und männliche Adoleszenz. In: King, Vera; Flaake, Karin (Hg.): Männliche Adoleszenz. Sozialisation und Bildungsprozesse zwischen Kindheit und Erwachsensein. Frankfurt a.m./New York: 287-305

Schroer, Markus (2005): Zur Soziologie des Körpers. In: Ders. (Hg.): Soziologie des Körpers. Frankfurt a.m.: 7-47

Schütz, Alfred; Luckmann, Thomas (1979): Strukturen der Lebenswelt. Frankfurt a.m.

Schultz, Clemens (1912): Die Halbstarken. Leipzig

Schulze, Erika (2007): »Und ich fühl mich als Kölner, speziell als Nippeser«. Lokale Verortung als widersprüchlicher Prozess. In: Riegel, Christine; Thomas Geisen (Hg.): Jugend, Zugehörigkeit und Migration. Wiesbaden: 97-110

Schwinn, Thomas (2006): Konvergenz, Divergenz oder Hybridisierung? Voraussetzungen und Erscheinungsformen von Weltkultur. In: Kölner Zeitschrift für Soziologie und Sozialpsychologie. 58 (2): 201-232.

Schwinn, Thomas (2007): Komplexe Ungleichheitsverhältnisse: Klasse, Ethnie und Geschlecht. In: Klinger et al. (Hg.): Achsen der Ungleichheit. Zum Verhältnis von Klasse, Geschlecht und Ethnizität. Frankfurt a.M./New York: 271-286

Scott, Joan (1997): Gender. Eine nützliche Kategorie der historischen Analyse. In: Kimmich, Dorothee (Hg.): Texte zur Literaturtheorie der Gegenwart. Stuttgart: 416-440

Schönebäumer, Mattias (2007): Ein Kühlschrank voll mit Studentenrappern. In: Die Zeit: 35, 42

Seeliger, Martin (2010): »Das integrierte Spektakel« – Zum Dilemma politisierter Pop-Kultur am Beispiel der Live-Aid-Konzerte. In: Tagungsband »Unsichere Zeiten. 34. Kongress der Deutschen Gesellschaft für Soziologie.« Wiesbaden

Seeliger, Martin (2011): Kultur – Struktur – Handlung. Symbolische Formen und Organisationen als zwischen Struktur- und Handlungsebene vermittelnde Instanzen. In: Jacke, Christoph et al. (Hg.): Pop, Populäres und Theorien. Münster

Seeliger, Martin (2011a): »We like to close the bar at four in the morning and be at the office a few hours later.« – Eine intersektionelle Analyse des ›Business-Punk-Magazins‹ unter Aspekten hegemonialer Männlichkeit. In: Knüttel, Katharina; Seeliger, Martin (Hg.): Intersektionalität und Kulturindustrie. Bielefeld, 83-104

Seeliger, Martin (2012): Kulturelle Repräsentation sozialer Ungleichheiten Eine vergleichende Betrachtung von Polit- und Gangsta-Rap. In: Dietrich, Marc; Seeliger, Martin (Hg.): Deutscher Gangstarap. Sozial- und kulturwissenschaftliche Perspektiven. Bielefeld: 165-187

Seeliger Martin; Knüttel, Katharina (2010): »Ihr habt alle reiche Eltern, also sagt nicht, ›Deutschland hat kein Ghetto!‹« Zur symbolischen Konstruktion von Anerkennung im Spannungsfeld zwischen Subkultur und Mehrheitsgesellschaft. In: Prokla 160 (3)

Sennett, Richard (1998): Der flexible Mensch. Berlin

Sennett, Richard (2002): Respekt im Zeitalter der Ungleichheit. Berlin

Sennett, Richard (2005): Die Kultur des Neuen Kapitalismus. Berlin

Simmel, Georg (1995): Die Großstädter und das Geistesleben. In: Rammstedt, Otthein: Georg Simmel Gesamtausgabe. Bd. 7: Aufsätze und Abhandlungen 1901-1908. Frankfurt a.m.

Sloterdijk, Peter (2009): Die Revolution der gebenden Hand. In: FAZ, 13.6.2009

Sloterdijk, Peter (2009a): Aufbruch der Leistungsträger. In: Cicero, November: 94-107

Smykalla, Sandra; Vinz, Dagmar (Hg.) (2011): zwischen Gender und Diversity. Theorien, Methoden und Politiken der Chancengleichheit. Münster

Soeffner, Hans-Georg (2004): Protosoziologische Überlegungen zur Soziologie des Symbols und des Rituals. Die Wirklichkeit der Symbole : Grundlagen der Kommunikation in historischen und gegenwärtigen Gesellschaften. Konstanz: 41-72

Spiegel, Stefan (2009): Adieu, Staatsfeind Nr. 1. Das Rap-Label Aggro Berlin machte Sido und Bushido groß. Jetzt macht es dicht. In: tageszeitung 15.4.09: 14

Spindler, Susanne (2007): Im Netz hegemonialer Männlichkeit: Männlichkeitskonstruktionen junger Migranten. In: Bereswill, Mechthild; Meuser, Michael; Scholz, Sylka (Hg.): Dimensionen der Kategorie Geschlecht: Der Fall Männlichkeit. Münster: 119-135

Spindler, Susanne (2011): Im Spannungsfeld von Differenz und Ungleichheit. Diversity in der Jugendarbeit. In: Allemann-Ghionda, Cristina; Bukow, Wolf-Dietrich (Hg.): Orte der Diversität. Formate, Arrangements und Inszenierungen. Wiesbaden: 129-143

Steenblock, Volker (2004): Kultur. Oder Die Abenteuer der Vernunft im Zeitalter des Pop. Leipzig

Steinert, Heinz (2007): Das Verhängnis der Gesellschaft und das Glück der Erkenntnis. Dialektik der Aufklärung als Forschungsprogramm. Münster

Storey, John (2003): Cultural Studies and the Study of Popular Culture: An Introduction. Georgia

Streeck, W. (2009): Re-Forming Capitalism, Oxford

Strick, Simon (2005): »Rap und Tod. Vom Gangster-Rap zu den amerikanischen Rap-Megastars der 1990er«. In: testcard 14: 114-117

Strinati, Dominik (1995): An Introduction to theories of popular culture. London/NewYork

Szillus, Stephan (2012): UNSER LEBEN. Gangsta-Rap in Deutschland Ein popkulturellhistorischer Abriss. In: Dietrich, Marc; Seeliger, Martin (Hg.): Deutscher Gangsta-Rap Sozial- und kulturwissenschaftliche Beiträge zu einem Pop-Phänomen. Bielefeld: 41-64

Tennbruck, Friedrich (1996): Perspektiven der Kultursoziologie. Opladen

Terkessidis, Marc (2000): Migranten. Hamburg

Terkessidis, Marc (2010): Interkultur. Berlin

Thiermann, Sven (2007): Produktive Identität. In: Mikos, Lothar et al. (Hg.): Mediennutzung, Identität und Identifikation : Die Sozialisationsrelevanz der Medien im Selbstfindungsprozess von Jugendlichen. Weinheim/München: 39-49

Thomas, William I.; Thomas, Dorothy (1928): The Child in America. New York

Thornton, Sarah (1996): Club Cultures: Music, Media and Subcultural Capital. Middletown

Tränhardt, Dietrich (2006): Deutsche – Ausländer. In: Lessenich, Stephan; Nullmeier, Frank (Hg.): Deutschland. Eine gespaltene Gesellschaft. Bonn: Bundeszentrale für politische Bildung: 273-294

Tolasch, Eva (2009): Jenseits der Frage von Celebrating or not Celebrating Intersectionality. In: Feministische Studien, Nr.1: 149-152

Trültzsch, Sascha (2009): Kontextualisierte Medieninhaltsanalyse. Wiesbaden

Türkmen, Ceren (2008): Migration und Regulierung. Münster

Ukena, Silja (2009): »Du kannst Dein Leben ändern«. Nahaufnahme: Wie ein ehemaliges Kreuzberger Gang-Mitglied seinen Ghetto-Mythos in eine Modemarke verwandelt hat. In: Spiegel 20/2009: 162

Venkatesh, Sudhir (2008): Underground Economy. Was Gangs und Unternehmen gemeinsam haben. Berlin

Vester, Michael et al. (2001): Soziale Milieus im gesellschaftlichen Strukturwandel. Zwischen Integration und Ausgrenzung. Frankfurt am Main

Villa, Paula-Irene: Judith Butler. Frankfurt a.M./New York

Von Oertzen, Peter (2006): Klasse und Milieu als Bedingungen gesellschaftlich-politischen Handelns. In: Bremer, Helmut / Lange-Vester, Andrea (Hg.): Soziale Milieus und Wandel der Sozialstruktur. Die gesellschaftlichen Herausforderungen und die Strategien der sozialen Gruppen. Wiesbaden: 37-69

Wacquant, Lois (2009): Die Wiederkehr des Verdrängten. In: Castel, Robert; Dörre, Klaus (Hg.): Prekarität, Abstieg, Ausgrenzung: Frankfurt a.M./New York: 85-113

Walby, Sylvia (2011): The Future of Feminism. Hoboken

Walgenbach, Katharina (2012): Intersektionalität als Analyseperspektive heterogener Stadträume. In: Scambor, Elli; Zimmer, Fränk (2012a): (Hg.): Die intersektionelle Stadt. Geschlechterforschung und Medienkunst an den Achsen der Ungleichheit. Bielefeld: 81-92

Walgenbach, Katharina et al. (2007): Gender als interdependente Kategorie. Neue Perspektiven auf Intersektionalität, Diversität und Heterogenität. Opladen

Walter, Franz (2010): Vorwärts oder abwärts? Zur Transformation der Sozialdemokratie, Berlin

Weber, Martina (2007): Ethnisierung und Männlichkeitsinszenierungen Symbolische Kämpfe von Jungen mit türkischem Migrationshintergrund. In: Riegel, Christine; Geisen, Thomas (Hg.): Jugend, Zugehörigkeit und Migration. Subjektpositionierung im Kontext von Jugendkultur, Ethnizitäts- und Geschlechterkonstruktionen. Wiesbaden: 307-321

Weber, Max (1956): Wirtschaft und Gesellschaft. Tübingen

Weber, Max (2010): Die protestantische Ethik und der Geist des Kapitalismus. München

Weber-Menges, Sonja (2005): Die Wirkungen der Präsentation ethnischer Minderheiten in deutschen Medien. In: Geißler, Rainer; Pöttker, Horst (Hg.): Massenmedien und die Integration ethnischer Minderheiten in Detuschland. Bielefeld: 127-184

Weinbach, Christine (2008): »Intersektionalität«: Ein Paradigma zur Erfassung sozialer Ungleichheitsverhältnisse? Einige systemtheoretische Zweifel. In: Klinger, Cornelia; Knapp, Gudrun-Axeli (Hg.): ÜberKreuzungen. Fremdheit, Ungleichheit, Differenz. Münster: 171-193

Weinfeld, Jean (2000): HipHop – Licht und Schatten einer Jugendkulturbewegung. In: Roth, Roland; Rucht, Dieter (Hg.): Jugendkulturen, Politik und Protest. Vom Widerstand zum Kommerz? Opladen: 253-261

Weinhauer, Klaus (2011):Urbane Jugendproteste, Jugendbanden und soziale Ungleichheit seit dem 19. Jahrhundert. Vergleichende und transnationale Perspektiven auf Deutsch-

land, England und die USA. In: Schäfer, Arne (Hg.): Kulturen jugendlichen Aufbe-
gehrens. München/Weinheim: 25-48

Weischer, Christoph (2011): Sozialstrukturanalyse. Grundlagen und Modelle. Wiesbaden

West, Candace; Fenstermaker, Sarah (1995): Doing Difference. In: Gender&Society. Vol. 9:
8-37

Wellgraf, Stefan (2012): Hauptschüler. Zur gesellschaftlichen Produktion von Verachtung.
Bielefeld

West, Candace; Zimmerman, Don H. (1987): Doing Gender. In: Gender&Society. Vol. 2,
No. 1: 125-151

Wicke, Peter (2011): Rock und Pop. Von Elvis Presley bis Lady Gaga. München

Wiggershaus, Rolf (2001): Die Frankfurter Schule: Geschichte. Theoretische Entwicklung.
Politische Bedeutung. München

Wilke, Kerstin (2009): »Ich fühl mich dann einfach cool!« Inszenierungen von Männlichkeit durch Gangsta Rap. In: Kauer, Katja (Hg.): Pop und Männlichkeit. Zwei
Phänomene in einer prekären Wechselwirkung? Berlin: 165-180

Wimmer, Andreas (1996): Kultur. Zur Formulierung eines sozialanthropologischen
Grundbegriffs. In: Kölner Zeitschrift für Soziologie und Sozialpsychologie 48: 401-
425

Wimmer, Andreas (2005): Kultur als Prozess. Zur Dynamik des Aushandelns von Bedeutungen. Wiesbaden

Wirth, Louis (1928): The Ghetto. Chicago

Wirth, Louis (1938): Urbanism As A Way of Life. In: American Journal of Sociology 44:
1-24

Wobbe, Theresa (2000): Weltgesellschaft. Bielefeld

Yildiz, Erol (2007): Migration bewegt die Gesellschaft. In: Figatowski, Bartholomäus et al.
(Hg.): Repräsentationen - Erfahrungen - Analysen. Münster: 33-45

Zdun, Steffen (2008): Die jungen Rußlanddeutschen. In: Schwer, Thomas (Hg.): »Das da
draußen ist ein Zoo und wir sind die Dompteure. Wiesbaden: 39-64

Zetkin, Clara (1958): Zur Geschichte der proletarischen Frauenbewegung in Deutschland.
Berlin

Ziemann, Andreas (2006): Soziologie der Medien. Bielefeld

Zur Reihe: Schriften zur Popkultur

Wenn die Frage beantwortet werden soll, was zur Pop-Kultur gehört, wird man sich schnell auf einige Musterobjekte einigen können: McDonalds, Beatles, Ronald Reagan, Punk, Chanel, auflagenstarke Zeitschriften, viel gesehene Fernsehsendungen, Hollywoodfilme ...

Lange Jahre haben Diskussionen über den Wert und vor allem Unwert dieser Phänomene aber die Antwort auf die wichtige Frage behindert, was die Gemeinsamkeiten oder Ähnlichkeiten dieser populären Dinge sind, was zu ihrer Produktion beiträgt und wie ihre Rezeption aussieht.

Die Reihe »Schriften zur Popkultur« will darum kulturwissenschaftliche und essayistische Arbeiten zur Analyse der populären Kultur versammeln. Im Mittelpunkt sollen nicht nur bereits hochkulturell kanonisierte Richtungen wie Pop Art oder Nouvelle Vague stehen. Das Ziel besteht darin, theoretische Modelle und detaillierte Betrachtungen auch zu weniger stark erforschten Themen auf unterschiedlichen Feldern von Mode bis Popmusik vorzustellen.

Band 1
Thomas Hecken: Populäre Kultur

Wer ist der Träger der populären Kultur: Das Volk, die Masse, verführbare Frauen und Jugendliche, Subkulturen, die breite Mitte, der Durchschnitt oder doch der Dandy und avantgardistische Künstler? »Populäre Kultur« stellt die wichtigsten historischen Antworten auf die Frage vor - Bestimmungen und Einschätzungen von Herder und John Stuart Mill, von F. T. Marinetti und Rolf Dieter Brinkmann, von Tom Wolfe, Valerie Solanas, Gustave Le Bon, Theodor W. Adorno und vielen weiteren Künstlern und Theoretikern.

In einem zweiten Schritt wird eine andere Möglichkeit durchgespielt, die mit den vertrauten Wesensbestimmungen einer ›vermassten‹ oder ›oberflächlich-weiblichen‹ Popkultur nachhaltig bricht: Populäre Kultur wird als Verfahren beschrieben, in Ranglisten unterschiedliche Kauf- und Wahlakte zu bilanzieren. So kommen nicht nur Charts und Bestsellerlisten in den Blick, sondern auch Meinungsumfragen, Börsenkurse, wissenschaftliche Paradigmen, moralische Entscheidungen und Wahlergebnisse.

Thomas Hecken: Populäre Kultur.
Mit einem Anhang ›Girl und Popkultur‹
Schriften zur Popkultur, Bd. 1
Posth Verlag 2006, 215 Seiten
Kartoniert, EUR 29,99
ISBN-13 978-3-9810814-1-1

Band 2
Sara Hakemi: Anschlag und Spektakel

»Die Welt verändern, hat Marx gesagt. Das Leben verändern, hat Rimbaud gesagt. Diese beiden Forderungen sind für uns ein und dasselbe«, lautet ein bekanntes surrealistisches Diktum. Die bundesrepublikanische radikale Linke nimmt für sich ab Mitte der 60er Jahre nicht nur eine politische Vorreiterrolle in Anspruch, sondern sieht sich auch als Teil einer kulturellen Avantgarde, die ihren Ursprung in den historischen Avantgardebewegungen hat, im Futurismus, Dadaismus und Surrealismus. Den bedeutenden Aspekten dieser vielfältigen Versuche einer erneuten politischen wie ästhetischen Grenzüberschreitung geht »Anschlag und Spektakel« erstmals anhand umfangreicher Analysen der wichtigsten deutschen Texte der Zeit um 1968 nach.

Früh wird der radikal anti-bourgeoise Diskurs bereits von der situationistischen Subversiven Aktion aufgenommen. Entscheidend für dessen Fortschreibung und Vermittlung an eine breite linke Öffentlichkeit sind jedoch die Texte und Aktionen der neo-avantgardistischen Kommune I, die verwirrende Textformen und Happenings außerhalb des künstlerischen Bereichs als Mittel im subversiven Kampf um die Diskurshoheit einsetzt und das Spiel mit dem Terror als ästhetische Form etabliert. Andreas Baader und Gudrun Ensslin, die Umherschweifenden Haschrebellen, die Tupamaros West-Berlin wie auch die spätere, so genannte erste Generation der RAF folgen alsbald dem Impuls der Kommune I, politische und kulturelle Repräsentation als Kampfstätte aufzuschließen und vermittels des anti-bourgeoisen Diskurses auf einen Umsturz der Alltagskultur und der Machtverhältnisse abzuzielen. »Anschlag und Spektakel« widmet sich der genauen, kritischen Rekonstruktion dieses Diskurses.

Sara Hakemi: Anschlag und Spektakel.
Flugblätter der Kommune I, Erklärungen von Ensslin / Baader
und der frühen RAF
Schriften zur Popkultur, Bd. 2
Posth Verlag 2008, 208 Seiten
Kartoniert, EUR 39,99
ISBN-13 978-3-9810814-3-5

Band 3
Ralf Hinz: Pop-Diskurse

Popmusik ist ein wichtiger Gegenstand in einer Vielzahl unterschiedlicher Diskurse. In Internetforen, in Musikzeitschriften, im Feuilleton und an verschiedenen wissenschaftlichen Fakultäten widmet man sich popkulturellen Phänomenen. »Pop-Diskurse« untersucht, welchen institutionellen und politischen Stellenwert diese Einordnungen und Bewertungen der Popmusik besitzen. Sowohl im etablierten Diskurs der Jugendforschung (etwa bei Dieter Baacke) als auch in den Cultural Studies (u. a. Dick Hebdige, Simon Frith) und der journalistischen Poptheorie (Greil Marcus, Diedrich Diederichsen) droht der hedonistische Impuls populärer Kultur und die in ihr artikulierte Unzufriedenheit mit ökonomischen und politischen Verhältnissen zu kurz zu kommen. Kritisch analysiert wird, wie die Orientierung an Standards der legitimen Kultur und ein avantgardistischer Gestus die anspruchsvolle Rede über populäre Kultur in der Poptheorie bestimmen – und ob sich popkulturelle Vorlieben zu mehr als zum Zwecke sozialer und kultureller Abgrenzung ausmünzen lassen.

Hinz, Ralf: Pop-Diskurse.
Zum Stellenwert von Cultural Studies, Pop-Theorie
und Jugendforschung
Schriften zur Popkultur, Bd. 3
Posth Verlag 2009, 148 Seiten
Kartoniert, EUR 39,99
ISBN-13 978-3-9810814-4-2

Band 4
André Menke: Die Popliteratur nach ihrem Ende.

Die Popliteratur hat während der letzten Jahre eine wechselhafte Konjunktur durchlebt: Vom medialen Boom-Phänomen Ende der 1990er Jahre über eine breite publizistische und literaturwissenschaftliche Rezeption bis hin zum Ausruf ihres vermeintlichen Todes. »Popliteratur nach ihrem Ende« führt die Forschungsergebnisse zum jüngsten popliterarischen Jahrzehnt zusammen und geht in literarischen und kulturwissenschaftlichen Analysen zu neuen Werken von Rocko Schamoni, Thomas Meinecke und Christian Kracht der Frage nach, in welcher Weise dort Positionen aus der literarischen Popästhetik fortgesetzt oder in andere Kontexte überführt werden.

Menke, André: Die Popliteratur nach ihrem Ende.
Zur Prosa Meineckes, Schamonis, Krachts in den 2000er Jahren
Schriften zur Popkultur, Bd. 4
Posth Verlag 2010, 141 Seiten
Kartoniert, EUR 39,99
ISBN-13 978-3-9810814-5-9

Band 5
Philosophie und Popkultur

»Philosophie und Popkultur« bietet eine der ersten umfangreichen Betrachtungen ihres wechselvollen Verhältnisses. Galt aus philosophischer - besonders aus kantianischer, hegelianischer, kulturkritischer, neomarxistischer - Sicht die Popkultur lange als kaum erwähnenswertes oder minderwertiges Phänomen, ändert sich das in den letzten zwei Jahrzehnten, nicht zuletzt unter dem Einfluss des Pragmatismus und der analytischen Philosophie.

Ein Teil des Bandes widmet sich der Rekonstruktion und Analyse dieser Philosophiegeschichte, der andere beleuchtet von philosophischer Warte aus Gegenstände der Popkultur von Warhol über Nirvana bis hin zu deutschsprachigem Rap.

Philosophie und Popkultur
Herausgegeben von Thomas Hecken und Marcel Wrzesinski
Schriften zur Popkultur, Bd. 5
Posth Verlag 2010, 223 Seiten
Kartoniert, EUR 39,99
ISBN-13 978-3-9810814-6-6

Band 6
Maren Volkmann: Frauen und Popkultur

Weibliche Fans, Popmusik, Frauen in der Punk- und Rockmusikerszene, Riot Grrrl, Post- und Popfeminismus – das Verhältnis von Popmusik und Gender hat in den letzten Jahrzehnten viele Autorinnen beschäftigt. »Frauen und Popkultur« gibt einen Überblick zu Untersuchungen aus dem anglo-amerikanischen Raum, die seit den 1970er Jahren in den Cultural Studies und im avancierten Musikjournalismus männliche Sichtweisen herausgefordert haben. Deren Ergebnisse und Thesen werden genutzt, um Romane von Kerstin Grether, Françoise Cactus u.a. in Hinblick auf gender und (post-)feministische Positionen zu analysieren.

Volkmann, Maren: Frauen und Popkultur.
Feminismus, Cultural Studies, Gegenwartsliteratur
Schriften zur Popkultur, Bd. 6
Posth Verlag 2011, 480 Seiten
Kartoniert, EUR 49,99
ISBN-13 978-3-9810814-7-3

Band 7
Thomas Hecken: Avant-Pop

Avant-Pop – dazu gehören Prada und Lady Gaga, Sonic Youth und Takashi Murakami, »Bitch« und »Mad Men«, dazu gehört ein großer historischer Kanon von den Beach Boys bis Velvet Underground, von Richard Hamilton bis Cindy Sherman, von Rolf Dieter Brinkmann bis zum New Journalism. Die Gründe und Argumente, mit denen der Avant-Pop zur heute dominanten Kunst- und Geschmacksrichtung durchgesetzt worden ist, stellt der Band kritisch pointiert in Kapiteln zur Musik, bildenden Kunst, Literatur, Publizistik sowie zur Ästhetik und Soziologie des Avant-Pop vor.

Hecken, Thomas: Avant-Pop
Von Susan Sontag über Prada und Sonic Youth
bis Lady Gaga und zurück
Schriften zur Popkultur, Bd. 7
Posth Verlag 2012, 159 Seiten
Kartoniert, EUR 29,99
ISBN-13 978-3-9810814-9-7

Band 8
Gerd Katthage: 1972

1972 – ein Jahr Popkultur. Ein kurzer Sommer, der selbstbewusst eine große Utopie verkündet: Rockmusik erlöst und erträumt eine andere, eine neue Welt. (Kraut)Rock ist Freiheit. Auf dem Höhepunkt seiner Bedeutung entdeckt der Rock zugleich die dunkle Seite seines traumhaften Sounds, ahnt ein tragisches Scheitern.

1972 – Storys, Anekdoten, Analysen, Fantasien und zahlreiche Bilder knüpfen die Textur einer popkulturellen Metapher: Kein Anlass für behagliche Nostalgie, sondern notwendige Erinnerung an ein außergewöhnliches Jahr, das einer Zukunft der Popkultur Modell stehen kann.

Katthage, Gerd: 1972
Storys aus einem Jahr Popmusik
Schriften zur Popkultur, Bd. 8
Posth Verlag 2012, 124 Seiten
Kartoniert, 141 farbige Abbildungen, EUR 19,99
ISBN-13 978-3-98108148-0

.